# 24th Design Review 2019 in Fukuoka

## Design Review 2019

デザインレビュー実行委員会

## 2019年テーマ「繫花(けいか)」

私たちが各々持つ個人の価値観は、それまで過ごした周りの環境や関わってきた人々、手に取った本など、さまざまなものに影響されて形成されていきます。デザインレビューを通じて、出展者やクリティーク、実行委員、来場者が、作品の良し悪しだけでなく、その価値観を語り合うことで、互いに刺激を受け、新たな価値観やアイデアの蕾が生まれ、これらの蕾が花開き、更には繋がっていくことでより良いものになることを願っています。

# お詫びと訂正

本書『Design Review 2019』に下記の誤りがありました。

6〜7ページ、64〜65ページ、136〜137ページ

JIA賞

誤：ID23　村上　優太（九州産業大学　工学部建築学科　4年）「ツツクシチク」
正：ID22　戸上　夏希（九州産業大学　工学部建築学科　4年）「生活の痕跡」

正しくは、136〜137ページのID22　戸上　夏希さん（九州産業大学　工学部建築学科　4年）の作品「生活の痕跡」がJIA賞受賞作品となります。

読者の皆様ならびに関係者の皆様にご迷惑をお掛けしましたことを深くお詫び申し上げます。

## タイムテーブル
Timetable

### 3月8日(金)

| 9:00 | 開場 |
| 10:00 | 出展者受付 |
| 11:30 | 開会式 |
| 12:00 | ポスターセッション1 |
| 12:45 | ポスターセッション2 |
| 13:30 | ポスターセッション3 |
| 14:15 | ポスターセッション4 |
| 15:00 | ポスターセッション5 |
| 15:45 | ポスターセッション6 |
| 16:30 | クリティーク自由審査 |
| 17:10 | 1日目講評・閉会式 |

### 3月9日(土)

| 9:00 | 開場・出展者受付 |
| 9:40 | 開会式 |
| 10:00 | クリティーク自由審査 |
| 12:00 | 決勝選抜 |
| 13:10 | 決勝プレゼンテーション |
| 15:00 | 全体講評・結果発表 |
| 16:00 | 表彰式・閉会式 |

## 実行委員長あいさつ
Greeting

本年度でデザインレビューは九州内外のご協賛により第24回目を迎えることができました。また、福岡市の後援をいただきこのぐりんぐりんの会場を利用させていただいています。この場を借りてお礼申し上げます。デザインレビューの趣旨は最優秀賞を決めることではありません。出展者の建築作品を通して、クリティーク、出展者、運営をした実行委員など来場した全員に対して、建築の在り方、建築の可能性、自分の建築的思想などを議論する場を提供することに趣旨を置いています。自分の思想を口に出して話をすることは難しいことでもあります。クリティークの先生からすれば、自分の意見は間違っているかもしれない。別の出展者からすれば、自分の意見は意味がわからないかもしれない。そんな風に心のなかで思っていたとしても、自分の考えていることを口に出してレビューすることには大きな価値があると考えています。今大会では、そんな思想を口に出して言うだけでなく、文字として本を出していらっしゃる方をクリティークとして呼ぼうという学生実行委員内の話し合いから、5名のクリティークの方々をお呼びしました。また、本年度は新企画として予選登録の段階で、「自分の建築的な思想や作品に最も影響のあるもの」という質問をさせていただきました。回答は出展者の各パネルと名札に記載しています。この企画がクリティーク、出展者、来場者間の議論の引き金になればと考えています。今日、明日の2日間のデザインレビューを通して、このぐりんぐりんという1つのホールに集まった皆さんにとって、企画で質問をしたような「自分の建築的な思想に影響を与えたもの」の1つに、デザインレビュー2019という大会が加わることを期待して、実行委員長の挨拶とさせていただきます。

デザインレビュー2019
実行委員長
**日野 友太**

# 目次
Contents

- 008　クリティーク紹介
- 012　受賞作品紹介

014　ID47　森山 広崇　滋賀県立大学 環境科学部環境建築デザイン学科 B4
最優秀賞
## 潜

020　ID49　鈴木 遼太　明治大学 理工学部建築学科 B4
優秀賞
## たとえば基準線にかさぶたを

026　ID58　中家 優　愛知工業大学 工学部建築学科 B4
優秀賞
## 輪中建築

032　ID48　石橋 佑季　九州大学 工学部建築学科 B4
光嶋賞 / JIA賞
## 石橋の恣意性或は地球

036　ID45　小澤 成美　九州産業大学 工学部建築学科 B4
島田賞 / JIA賞
## 妄想道路 ― 道に溶ける建築と暮らし ―

040　ID50　伊藤 京子　慶應義塾大学 理工学部システムデザイン工学科 B4
竹山賞
## 森の入り口

044　ID31　市川 和樹　名城大学 理工学部建築学科 B4
土居賞
## はるかな未来のために… ― 自己の確立を目的とした深層空間 ―

048　ID56　佐塚 有希　明治大学 理工学部建築学科 B4
藤村賞
## 再結晶する空間的感情 ― 情調を纏うエレメント ―

| | | |
|---|---|---|
| 052 | ID13 梶浦 悠翠　名城大学 理工学部建築学科 B4 | |

**8選**

### 妄想都市ノ解体絵図 ― 抽象画からみた都市空間の気づき ―

| | | |
|---|---|---|
| 056 | ID30 重村 浩槻　慶應義塾大学 理工学部システムデザイン工学科 B4 | |

**8選**

### 築地再考

| | | |
|---|---|---|
| 060 | ID53 十文字 萌　明治大学 理工学部建築学科 B4 | |

**8選**

### 渋谷受肉計画 ― 商業廃棄物を用いた無用地の再資源化 ―

| | | |
|---|---|---|
| 064 | ID23 村上 優太　九州産業大学 工学部建築学科 B4 | |

**JIA賞**

### ツヅクケンチク

| | | |
|---|---|---|
| 066 | ID38 田口 未貴　九州大学 芸術工学部環境設計学科 B4 | |

**JIA賞**

### 洋灰を紡ぐ

| | | |
|---|---|---|
| 068 | ID52 谷口 ぴあの　佐賀大学 理工学部都市工学科 B4 | |

**JIA賞**

### 14にんのこれから ― 絵本の中に住む ―

| | | |
|---|---|---|
| 070 | ID55 松尾 賢史　熊本大学 工学部建築学科 B4 | |

**JIA賞**

### 橋の下に残る二つの風景 ― 道の駅 南阿蘇 ―

---

- 072　審査過程
- 074　予選審査
- 076　決勝選抜議論
- 083　決勝プレゼンテーション
- 092　受賞者選抜議論

- 096　出展作品紹介

- 098　ID01 加納 健一　名古屋工業大学 工学部社会工学科 B2
  ### "あいだ"としてあるモノ
  ― 自然が持つ感覚的要素を建築に共有させることを考える ―

- 100　ID02 板倉 知也　愛知工業大学 工学部建築学科 B3
  ### 表裏の再構築
  ― 2027年リニア中央新幹線開通によって奪われる駅西の表裏を解体し、神社空間として再構築する ―

- 102　ID03 畠山 拓也　九州大学大学院 人間環境学府空間システム専攻 M1
  ### 折り鶴のチャペル

- 104　ID04 尾崎 彬也　立命館大学 理工学部建築都市デザイン学科 B3
  ### 看板都市

- 106　ID05 山田 千彬　神戸大学 工学部建築学科 B4
  ### 作劇のまち ― 宝塚南口駅前地区からの都市回遊性の創出 ―

- 108　ID06 森田 聖也　琉球大学 工学部環境建設工学科 B4
  ### 子どもの声が聞こえる街 ― 認可外保育園の可能性 ―

- 110　ID08 田丸 文菜　多摩美術大学 美術学部環境デザイン学科 B4
  ### 慈雨 ― 雨の恵みと暮らすということ ―

- 112　ID09 奥村 仁祥　熊本大学 工学部建築学科 B4
  ### 枝分かれの風景

- 114　ID10 本田 祐基　福岡大学 工学部建築学科 B4
  ### 塀でつながる町

- 116　ID11 杉浦 雄一郎　近畿大学 建築学部建築学科 B4
  ### Instagenerative Architecture
  ― インスタ映え至上主義における設計手法の提案 ―

- 118　ID12 原 良輔　九州大学 工学部建築学科 B4
  ### 神秘なる邪魔者 ― 竹建築辞書を用いた里山再興 ―

- 120　ID14 出口 貴太　福岡大学 工学部建築学科 B4
  ### 過疎化に向けた最小のまち

- 122　ID15 竹村 寿樹　千葉工業大学 創造工学部建築学科 B2
  ### 引き込む襞

- 124　ID16 石胗晨　大阪市立大学 工学部建築学科 B4
  ### 階段を纏う家 ― 木津南配水池から集合住宅へのコンヴァージョン ―

| | | |
|---|---|---|
| 126 | ID17 成定 由香沙　明治大学 理工学部建築学科 B2 | |
| | **本能を呼び覚ませ！わくわくを引き出す幼稚園** | |
| 128 | ID18 平見 康弘　近畿大学 産業理工学部建築・デザイン学科 B4 | |
| | **カミとカミの間** | |
| 130 | ID19 二田水 宏次　九州大学 工学部建築学科 B4 | |
| | **読書行為が織りなす情景** | |
| 132 | ID20 福井 靖範　近畿大学 建築学部建築学科 B4 | |
| | **街路ネットワークを活かした塀と蔵とアートによる木密エリア再編の提案** | |
| 134 | ID21 清水 史子　九州産業大学 工学部住居・インテリア設計学科 B4 | |
| | **瀬戸内の窓辺** | |
| 136 | ID22 戸上 夏希　九州産業大学 工学部建築学科 B4 | |
| | **生活の痕跡** | |
| 138 | ID24 坂井 健太郎　島根大学 総合理工学部建築・生産設計工学科 B4 | |
| | **海女島** ― 荒布栽培から始まるこれからの海女文化 ― | |
| 140 | ID25 正治 佑貴　信州大学 工学部建築学科 B3 | |
| | **ハレとケの可視化　人生二度目のブライダル** | |
| 142 | ID26 土田 昂滉　佐賀大学 理工学部都市工学科 B3 | |
| | **紡ぐ途** | |
| 144 | ID27 西堀 槙一　慶應義塾大学 理工学部システムデザイン工学科 B4 | |
| | **都市ニテ登ル** ― 高尾山に学ぶ都市型高齢者施設の提案 ― | |
| 146 | ID28 屋宜 望　福岡大学 工学部建築学科 B4 | |
| | **天草廻りて** | |
| 148 | ID29 田中 惇　神戸大学 工学部建築学科 B4 | |
| | **大和の暁** ― リニア新幹線地下駅計画 ― | |
| 150 | ID32 春田 隆道　北九州市立大学 国際環境工学部建築デザイン学科 B4 | |
| | **となりの空き地は使えない。** | |
| 152 | ID33 堅田 千尋　神戸大学 工学部建築学科 B4 | |
| | **"東向き"商店街** | |
| 154 | ID34 大崎 真幸　神戸大学大学院 工学研究科 建築学専攻 M2 | |
| | **カバタの共同利用コミュニティ** | |
| 156 | ID35 永本 聡　神戸大学 工学部建築学科 B4 | |
| | **甲斐絹は、彩る。** ― 山梨県・猿橋における絹生産ミュージアム ― | |
| 158 | ID36 小日向 孝夫　早稲田大学 創造理工学部建築学科 B4 | |
| | **災害と付き合う暮らし** ― 桜島における日常と結びついた新たな防災提案 ― | |
| 160 | ID37 小林 亮太　九州大学 芸術工学部環境設計学科 B4 | |
| | **貯水ビルディング** | |
| 162 | ID39 井上 恵友　慶應義塾大学 環境情報学部環境情報学科 B4 | |
| | **expand** | |

| | | |
|---|---|---|
| 164 | ID40 荒木 俊輔　九州大学 工学部建築学科 B4 | |
| | **匿名のヘテロトピア** | |
| 166 | ID41 山本 佳明　麻生建築&デザイン専門学校建築士専攻科 B4 | |
| | **美しい過去になる** ― 暮らしと海を繋げる防潮堤の提案 ― | |
| 168 | ID42 野尻 勇気　多摩美術大学 美術学部環境デザイン学科 B4 | |
| | **連なる風景の先に** ― 住宅街に佇む木造建築の可能性 ― | |
| 170 | ID43 竹内 宏輔　名古屋大学 工学部環境土木・建築学科 B4 | |
| | **ときの残し方** ― 発掘が創る遺跡保存の未来 ― | |
| 172 | ID44 永松 怜子　福岡大学 工学部建築学科 B4 | |
| | **重ねて、辿って** ― 八幡の未来を創る道空間と建築 ― | |
| 174 | ID46 田所 佑哉　九州産業大学 工学部建築学科 B3 | |
| | **連なる水切り瓦** ― 風土を継承する町の食堂 ― | |
| 176 | ID51 山田 泰輔　大阪工業大学 工学部空間デザイン学科 B3 | |
| | **衝突と葛藤** 造船所跡地を利用したアーティスト・イン・レジデンス | |
| 178 | ID54 津田 健太　名古屋工業大学 工学部建築・デザイン工学科 B4 | |
| | **くらしのモノサシ** ― 地域内林業とモノづくりが紡ぐ風景 ― | |
| 180 | ID57 横田 芙実子　立命館大学 理工学部建築都市デザイン学科 B4 | |
| | **「生」を感じ、自我を深く内省する空間** ― 藪塚石切場跡を環境芸術因子へ ― | |
| 182 | ID59 中村 勇太　愛知工業大学 工学部建築学科 B4 | |
| | **建築大学** | |
| 184 | ID60 山口 裕太　名古屋工業大学 工学部建築・デザイン工学科 B4 | |
| | **動態作法** ― 卒業論文『利用者の主体的な行為を誘発する建築設計手法』の実践 ― | |

| | |
|---|---|
| 186 | 出展者企画回答 |
| 188 | 出展者データ・アンケート |
| 190 | クリティーク講評 |
| 196 | 実行委員紹介 |
| 209 | あとがき |
| 210 | 協賛リスト |

# Critique
クリティーク紹介

光嶋裕介建築設計事務所
神戸大学客員准教授

## 光嶋 裕介
Koshima Yusuke

1979年　　米国生まれ
2004年　　早稲田大学大学院修士課程建築学専攻修了
2004-08年　ザウアブルッフ・ハットン・アーキテクツ（ベルリン）勤務
2008年〜　光嶋裕介建築設計事務所主宰

社会を変えるような強度ある建築、新しい空間の意欲的な提案に出会えることを心より楽しみにしています。

タトアーキテクツ
京都造形芸術大学客員教授

# 島田 陽
Shimada Yo

| 1972年 | 神戸生まれ |
| --- | --- |
| 1997年 | 京都市立芸術大学大学院修了 |
| | タトアーキテクツ／島田陽建築設計事務所設立 |
| | 神戸大学、神戸芸術工科大学、広島工業大学、 |
| | 大阪市立大学等非常勤講師 |
| | 京都造形芸術大学客員教授 |

さまざまな大学、学年の作品が集まるデザインレビューですのでどんな作品に出会えるのか楽しみにしています。

建築は空間架構のイメージを通して自由の在処を見定める想像力解放の装置です。みずみずしい感性で豊かな世界を拓いていってくれることを期待します。

**京都大学教授**

# 竹山 聖
Takeyama Sey

| | |
|---|---|
| 1977年 | 京都大学を卒業、東京大学大学院に進学、原広司研究室にて修士課程・博士課程修了 大学院在学中に設計組織アモルフを創設 |
| 1992年 | 京都大学にて教鞭をとり、現在に至る |
| 2009年 | 建築新人戦を立ち上げ実行委員長と審査員長、その後10年にわたってその育成に努める |
| 2014年 | 日本建築設計学会を創設、会長を務め現在に至る |

なにごとも徹底的に
やるものです。

**九州大学教授**

# 土居 義岳
Doi Yoshitake

1956年生まれ
東京大学建築学科卒業、同大学院博士課程満期退学、博士（工学）
パリ＝ラ＝ヴィレット建築大学修了、フランス政府公認建築家
東京大学建築学科助手、九州芸術工科大学助教授を経て現職

デザインレビューに参加して新しい世代のヒーロー、ヒロインが誕生する瞬間に立ち会いたい。楽しみにしています。

東京藝術大学准教授
RFA 主宰

## 藤村 龍至
Fujimura Ryuji

| | |
|---|---|
| 1976年 | 東京生まれ |
| 2008年 | 東京工業大学大学院博士課程単位取得退学 |
| 2005年 | 藤村龍至建築設計事務所(現RFA) 主宰 |
| 2010年 | 東洋大学専任講師 |
| 2016年 | 東京藝術大学准教授 |
| 2017年 | アーバンデザインセンター大宮(UDCO)副センター長/ディレクター、鳩山町コミュニティ・マルシェ総合ディレクター |

惜しくも本選に進めなかった人は、自分の作品で何を投げかけたかったのか、そしてそれが建築やまちづくりのデザインとどう関係していたのか、今一度レビューしてみてください。

── 本選司会 予選審査員　兼任 ──
熊本大学大学院教授/TASS建築研究所

## 田中 智之
Tanaka Tomoyuki

| | |
|---|---|
| 1971年 | 埼玉県生まれ |
| 1994年 | 早稲田大学理工学部建築学科卒業 |
| 1996年 | 同大学大学院修士課程修了 |
| 1996年 | NASCA／早稲田大学古谷研究室にて建築設計業務(〜2005) |
| 2000年 | 早稲田大学非常勤講師(〜2005) |
| 2005年 | 熊本大学助教授、准教授を経て2018年より現職 |
| 2006年 | TASS 建築研究所を設立 |

# Prize-winning work

受賞作品紹介

## 出展者アンケート
Questionnaire

Q.1 作品を制作する際に使用したアプリケーションは何ですか？
Q.2 大会に出展するにあたりどれほどの費用を要しましたか？
Q.3 大会に出展した作品を制作するのにどれほどの期間を要しましたか？
Q.4 プレゼンボードを作るうえでの工夫、こだわりを教えてください。
Q.5 好きな建築家・建物を教えてください。
Q.6 建築学科に入ったきっかけは何ですか？
Q.7 将来どのような仕事に就きたい、または就く予定ですか？
Q.8 建築学科あるあるといえば？
Q.9 模型材料を購入しているお店を教えてください(場所、店名)。

# 最優秀賞
*Design Review 2019 First Prize*

## 潜

情報化が進む時代において、人と人の依存関係、人間とものとの依存関係はますます不可視化、あるいはデジタル化されています。それによって人間の身体性についても失われつつあるように感じます。そのような状況において、安定した物質世界への回帰が必要とされているのではないでしょうか。豊かな自然の中に潜む5つのフォリーを巡り、身体性、物質世界への回帰を目指します。

ID47
**森山 広崇** Moriyama Hirotaka
滋賀県立大学 環境科学部環境建築デザイン学科 B4

**Answer 1.** Illustrator, Photoshop, Rhinoceros **2.** 3万円 **3.** 3ヶ月 **4.** 特になし **5.** John Hejduk **6.** 特になし **7.** 未定 **8.** ー **9.** 大学生協

### Presentation

情報化が進む時代において人と人の依存関係、人間とものとの依存関係はますます不可視化、あるいはデジタル化されています。それによって人間の身体性についても失われつつあるように感じます。そのような状況において、安定した物質世界への回帰が必要とされているのではないでしょうか。豊かな自然のなかに潜む5つのフォリーを巡り、身体性、物質世界への回帰を目指します。対象敷地は長野県北部の戸隠です。遠い昔、天の岩戸が飛来し、戸隠山になったという伝説があります。古くから修験道の道場として広く知れ渡っていた5つの神社があり、長い歴史をもちます。5社のうち2つの奥社と九頭竜社に続く参道は約1.5kmあり、樹齢400年の杉並木が続いています。その脇には多様な植生が混在した森があり、歩道や石畳が設けられており、花や鳥などを鑑賞しに訪れる人がいます。このような森のなかから樹種や地形の差異があり、特徴的な場所を5つ選びフォリーを建てる敷地としました。訪問者は騒音と退屈さに満ちた世界と別れ、静寂のなか、ものに潜っていく経験をします。訪問者はまず鏡のような池、切り立った崖のような山、微かに水の音が聞こえる湿地、並んで立つ巨木、森に差し込む木漏れ日、曲がりくねった小川などに違和感を覚えます。その違和感へと接近していくとそこにあるものの存在に気が付きます。そして、その内部へと入っていき今までとは異なった方向で周囲を経験します。基本的な支えとしては、ステンレスとガラスを使用しており、ステンレスは錆加工や鏡面加工を施しています。素材は森のなかでは見られないような硬質で透過性、安心性のあるものとし、視覚的な違和感を作っています。不確かな視覚情報により五感が研ぎ澄まされ、普段は認識できないものの本質をふと感じるかもしれません。単純な幾何学で構成されたフォリーは、それぞれが周囲の自然と密接な関係をもっています。それぞれのフォリーは微妙なバランスを保ち、訪問者は不安感のなかで自分とものとの関係性について考えます。例えばサイト1では、フォリーの先端部分を浮かせるために折版構造とし、地面との接地部分には杭を打っています。フォリーを巡るうちに、周りの景色は変化していきます。再び最初のフォリーへと戻ると、最初とはまた違うものになっていることでしょう。

最優秀賞　*Design Review 2019 First Prize*

## Poster Session

**森山** 情報化が進む時代において、人と人との依存関係であったり人間とものとの依存関係はますます不可視化、あるいはデジタル化されています。そのような状況において安定した物質世界への回帰が必要とされていると考えて、このようなものを作りました。

**光嶋** このようなものとは何?

**森山** フォリーなんですけど、対象敷地は長野県北部の戸隠というところです。古くから霊山とされていて、修道道の道場でいろいろな修業が行われていたところです。

**光嶋** これはあなたの出身地なの?

**森山** 出身地はここではなくて、少し遠いのですが長野県ではあります。今は多様な植生があって、地形としてもいろいろな場所があり、そこで違和感を感じたところを対象としています。

**光嶋** 違和感を感じたのはあなたが?ここら辺を歩いてみて違和感を感じたというのが始まりね。

**森山** そういうところに1つずつフォリーを作りました。

**光嶋** これが模型?

**森山** これがコンセプトで、素材としては例えばこれは鏡であったりガラスであったり…。

**光嶋** フォリーを作ることによって何をしたいの?違和感を解消したいの?

**森山** このフォリーを作って感じさせたいのは、人間が知覚できているものだけでなくて、人間が触ったり見たりすることだけでは知覚できないものを多分に含んでいて、そういうものがあるという存在をほのめかすようなものを作りたくてこういうものを作りました。

**光嶋** でも、見えないものを視覚化するときには、視覚化する原理を説明しない限りは、単に「ここにおばあちゃんの幽霊がいるよ」と言っているだけの話だよね。おばあちゃんが眼鏡をかけていて、顔が似てるとか、そういうものが自分には見えているというそういう話?「違和感があって幽霊が見れるかもしれない」、そこから始まってその論理だけでは気持ち悪くてコミュニケーションしたくないよね。あなたが目指しているフォリーをどうやって作って、そのフォリーを体験することであなたが感じた違和感、仮におばあちゃんが見えたというような違和感を解消して欲しいのか、見えることを共有したいのか。まずそれがわからない限り何でもできてしまって、スタートラインであまりにも自由過ぎる。これはすごくいいと思うよ。ジョン・ヘイダック好きだし、センスもいいと思う。それはそれと置いておいて、そもそもこれが卒計として素晴らしい意義があるかどうかという議論に立つには、大前提として「おばあちゃんが見えてどうしよう」みたいな話を解かずに、「自分のセンスがかっこいいだろう」という風にしか見られないならもったいないよね。「これは3本でもいいし、これはもっと下でもいいよね、これ3×3じゃなくていいよね」という問いに何も答えられないと思う。だからそこがもったいなくて、すごくいい車を持っているのに、時速200km出せるデザイン力を60kmの道路で使ったら違法だからね。

**森山** 最後に一言だけ言わせてもらうと、修験道の思想というか、感じた異世界でつながるとか自然とつながるというか…。

**光嶋** そういったものをあなたなりに空間化してみたということ?じゃあその違和感はむしろ修験道という頼りがあるから、おばあちゃんが見えているという話じゃないよね。そこを明確に最初に言わないと。あなたが宗教家で、「これが僕の地図です」という話ではちょっと厳しいと思う。

# 潜

森山広崇

情報化が進む時代において、人と人の依存関係、人間とものとの依存関係はますます不可視化、あるいはデジタル化されている。それによって人間の身体性についても失われつつあるように感じる。そのような状況において、安定した物質世界への回帰が必要とされているのではないか。

対象敷地は長野県北部の戸隠である。遠いむかし、天の岩戸が飛来し戸隠山になったという伝説がある。古くから修験道の道場として広く知れ渡っていた。

訪問者は騒音と混沌さに満ちた世界と別れ、静寂の中、ものに潜っていく経験をする。

訪問者はまず、鏡のような池、切り立った壁のような山、かすかに水の音が聞こえる湿地、並んで立つ巨木、森に差し込む木漏れ日、まがりくねった小川のなかに違和感を感じる。その違和感へと接近していくとそこにあるものの存在に気がつく。そしてその内部へと入っていきそれまでとは異なった方法で周囲を経験する。

素材は森の中ではみられないような硬質で透過性、反射性のあるものとし、視覚的な違和感を持たせている。不確かな視覚情報により五感が研ぎ澄まされ、普段は認識できないものの本質をふと感じるかもしれない。

フォリーを巡るうち周りの景色は変化していく。再び最初のフォリーへと戻ると最初とはまた違うものになっていることだろう。

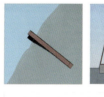

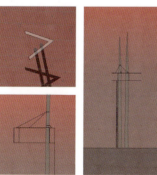

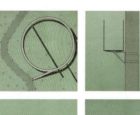
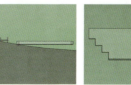

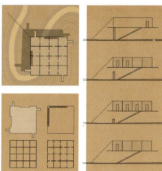

## Poster Session

**森山** 情報化が進む時代において、人と人の依存関係であったり、人間とものとの依存関係がますます不可視化・デジタル化されているような状況で、安定した物質世界への回帰が必要とされているのではないかと思ってこの制作をしました。敷地は戸隠という霊山だったところです。そういう修験道で修業が行われていたところに、自分で歩いて、自然のなかで違和感を感じたところをプロットして、フォリーを作っています。フォリーの素材としては、自然のなかで見えたり見えなかったりするように、ガラスや鏡などを使っていて、ステルスというか見えないようなものを作っています。そういうフォリーを巡ることによって、物質とは何かということを考えるようなものを計画しています。

**島田** 物質とは何か？ここを巡ると何があるの？

**森山** そうですね。「もののもの性」みたいな、何か感じるようなものを作っています。

**島田** でも、ここにあるものはすごく抽象化されたものだよね？マテリアルという意味じゃないの？「もののもの性」って何？

**森山** マテリアルとかではなくて、自分が視覚とかで普段感じているもの以上に「もの」というのは力というか、人間が知覚できないものを含んでいるというのを感じてもらいたいです。

**島田** 自然ということでもないんだよね？わからないな。ここには木の名前が書いてあって、説明とやりたかったことは何なんだろうなと思って。なぜこの樹木名の説明がすごく詳しくあるの？

**森山** これは、すごい多様な樹木があって、地形も多様で、湿地だったり乾燥したところがあって、そういうところの差異だったり、それによって場所に違和感というのがあって、そういう違和感がある場所に違和感があるフォリーを作っていまして…。

**島田** 「もののもの性」という説明が正しくないんじゃないかなという気がして。本当にそれがやりたかったことなのかなと思って。例えばここを巡ると結局同じ空間をどんどん、開けても開けても同じ空間が出てくるよね？一番先に行くと違う空間が見えるわけだよね？それによって何を体験させようとしているの？

**森山** いちおう全部のところで修験道で、例えば迷いであったり、修験道の修行をしていた時の心境というか、そういうものを巡回性だったり垂直性だったりで表現しています。

**島田** なるほど。修験道って話がいいかもね。

**森山** 近年、情報化社会が進んでいて、そういうなかで物質、「もののもの性」みたいなものが軽視されていて、そういう物質世界への回帰が必要とされているのではと思いこの卒制をやりました。敷地としては長野県の北部で、修験道の道場として昔は栄えていたところを敷地としています。ここが敷地でして、点々とフォリーを置いていっています。フォリーの素材としては、自然のなかで消えて見えなくなるような鏡やガラスなどを使って作っていて、こういうものを巡ることによって「ものとは何か」といったことを考えるようなフォリーを作っています。

**土居** ここは元々、奥のほうにお寺か神社があって参道があるんだよね？

**森山** そうです。

**土居** 参道は模型のなかで言うとどこになるの？

**森山** 模型ではここら辺です。

**土居** 僕は模型のなかにそういう既存の無形化のストラクチャーもあっていいと思うんだけど。それから、ぼつぼつ置くのはいいんだけど大まかな順路はあるのかな？あるいはそれぞれ「もの、もの」と言うけど、これはそれぞれどういう方針で決めたのか、何を見せようと、何を体験させようとしているのかを知りたい。

**森山** 順路みたいなものは、遊歩道が整備されていて、自然公園みたいになっているのですが、そこを巡るなかで気づいたり、気づかなかったりするということです。この形態などに関しては、修験道で考えられていたような異世界へとつながっていくということがあります。

**土居** いや、それはわかるから。これだとどういう世界が見えるのかということを具体的に言って欲しい。

**森山** 例えばこれは鏡面で、鏡に映った世界のなかに入っていくというもので、湿地の微かな音を反響させて音が変化します。

**土居** はいはい、音ね。これは？

**森山** これは高所への憧れというか垂直性みたいなもので、巡回性というか、この迷宮のなかで迷っていくような、そういう修験道の行為や信条みたいなものを形を作る上でのヒントにはしています。

**土居** 昔あった修験道と、今君がやろうとしている疑似的な、リバイバルされた修験道はどこが同じでどこが違うの？

**森山** 修験道というか、何か自然のなかに違和感を感じてそういうものが神社とかになっていったと思うのですが、そういう違和感みたいなものを伝えたいというところは共通しています。

**土居** でもその違和感だけど否定的な言葉になってしまう。人間が自然のなかに入って何かを感じたり、何かを発見したりすることは例えば修験道であるけれども、何か別の言葉があるはずなんだよね。それを探して発見して使ってみたらいいと思う。

**森山** 情報化が進む時代において、人と人の依存関係、人間とものとの依存関係はますます不可視化あるいはデジタル化されています。

**藤村** 敷地はどこにあるの？

**森山** 敷地は長野県の戸隠です。

**藤村** 設計したのはどういう機能なんでしょう？

**森山** 機能はなくて、フォリーみたいなものを置いていくという感じです。

**藤村** 設計した？

**森山** はい。

**藤村** これはどういう、何を表すフォリーですか？

**森山** デジタルが進んでいる時代において、安定した物質世界への回帰が必要とされているのではないかと思って、そういう身体性であったり、物質世界への回帰というのを目指したフォリーを作っています。

**藤村** 20年早く生まれていたら、「おお、最先端だね」って言っていたんだけど、1995年みたいな問いになっている。1個1個の物質性というのはどうなったの？

**森山** そうですね、例えばこれが…。

**藤村** これは何ですか？

**森山** 敷地の説明をさせていただいてもいいですか？長野県の北部で神社がいくつかあって、昔は修験道の道場として有名なところでした。そういう自然豊かなところで、修験道で修行していた人たちが感じていたというか、フォリー1つ1つが例えばこれだったら異界へとつながるみたいな。水面に対して入っていくというか、異界への入口みたいなものを置いていくというようなものであったり、これだったら自然と一体となるということで下が湿地になっていて、その湿地の音を反響したり…。

**藤村** どちらかというとこのドローイングが1番時間をかけたものですか？2番目のこの屋根はドローイングのなかにどう出てくるんでしょうか？

**森山** この素材というか、考え方としては、自然のなかで微かに違和感を感じるようなものを設計したくて、これはコンセプト模型みたいな感じで形だけなのですが、実際には鏡を使っていたり、ガラスを使っていたりします。

**藤村** この5枚の残りはわかるんだけど、2枚目の向こうに見えているものか。なるほどね。じゃあ割とこういうドローイングで設計するという感じですか？

**森山** そうですね。ここでは自然のなかで自分で違和感を感じたところをピックアップして、そこの違和感を強調させるというか、そういうところで物質と出会うというような…。

**藤村** 独特な絵ですよね。アニメっぽいというか、ペターッとした絵を描いて、こっちは三面図で示して模型みたいな感じですね。情報と物質の話にこういう描き方がどうつながるのかな？例えばある時期はスーパーフラットとか言って、グラフィカルユーザーインターフェースの2次元性みたいなものと、こういう2次元的な絵を関連付けてといった説明も一時期はあったんだけど、これにおいてはそういうものとはどうつながるのだろうと思いました。

**Poster Session**

森山　情報化が進む時代において、人と人との依存関係であったり、人とものとの依存関係がますます不可視化しているなか、安定な物質世界への回帰が必要とされていると感じてこのようなフォリーを作りました。敷地は長野県の戸隠というところでして、修験道が盛んに行われていて、修験道の道場があったところです。霊山として非常に有名な敷地に、フォリーを点々と置いていくようなものを作っています。フォリーについては、自然のなかで違和感を感じるようなガラスであったり、鏡であったり、見えたり見えなかったりする状況のなかでものとは何かを考えるようなフォリーを設計しています。

竹山　狙いはわからなくもないんだけど、大地との関係が切れているものばかりだよね。全部浮いているよね。

森山　はい、そうですね。

竹山　それが勿体ないんじゃないの？浮いていることに特に狙いがあるの？

森山　こういう不安定な感じで、これも少し浮いていたりするんですけど、すごい不安定なものによって自分が支えられているというか、ものと自分の関係だったり、そういうものをこの緊張感のなかで感じ取るために、全部地上に浮かせています。

竹山　この絵は何を描いているの？

森山　これはガラスでできていて、下が湿地になっていて微かに水の音がするんですけど、なかに歩いていくと音が変わって、何かものの存在を感じるというものです。

竹山　全体のフォリーの配置は？

森山　これが敷地図でして、遊歩道があってそのなかに点々と置いていっています。

竹山　これは一般の人のためのものなの？

森山　そうですね。ここら辺は自然が豊かでバードウォッチングをしに来る人たちがいます。そういう人たちが気づくか気づかないかというものを置いていくことによって、「ものってなんだろう」と考えさせるようなきっかけというか、考えさせられるようなフォリーを設計しています。

**Takeyama Review**

最優秀賞と優秀賞で合計3作品、あるいはベスト8に残ったものもほとんどそうですが、予定調和的でないというところに意義があったのではないかと思います。どれも未完結で不連続なものでした。これは20世紀以降全てのアートや文学、音楽のテーマですが、建築もそういう流れをたどってきました。けれども完璧な世界を描くというよりも未完結、不連続な現状に問題意識をもって取り組むということが、予定調和的ではない、つまり「これが答えだ」ということを出すのではなくて、「ためらい」のようなものを形にして消化していくということではないかと思います。

最優秀賞ですが、これは8選の議論の間でもずっと「アート」ということが1つの話題になりましたが、アートということで絵を描くことと建築の関係です。建築家は昔は画家だったわけですから（会場笑い）。笑いを取ってしまいましたが、学生の頃に絵画の先生から「昔は建築家はみんな画家だったのに、どうして君たちは絵が下手なんだ」と言われて、「違いますよ先生、昔は画家が建築もできたんです」と僕らは思っていました。そこまで遡る必要はないかもしれませんけど、やはり手を動かして絵を描くということは、模型を作ることと並んで人類がずっと昔から、洞窟絵画を描いてきたときからのクリエイションの方法です。絵を描くということ、絵画的な想像力と空間的な想像力を結び付ける。そして特に土居先生がコメントされていたように、不可視の世界を描こうとした、目に見えない世界の変換を暗示しているということで、大変高い評価を得ました。シンプルな形のなかにポエティックな世界を描いていて素晴らしいと思います。

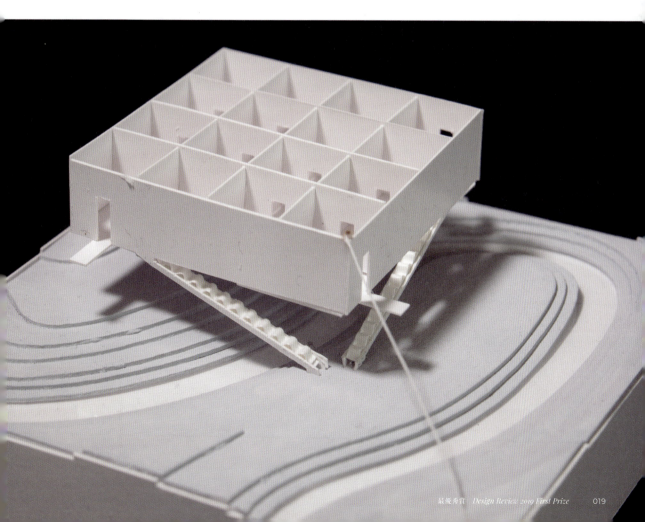

# 優秀賞
*Design Review 2019 Second Prize*

## たとえば基準線にかさぶたを

建築はそれが常に何かと接続された状態で成り立っていて、それらとの取り合いの中で生まれてしまうものである。しかし一方で、常識というパッケージングのみを拠り所として建築が構築されている現状がある。これは都市計画道路を題材とした均質化への抗いと、建築の在るべき構築を志向した試論である。

ID49

鈴木 遼太　Suzuki Ryota
明治大学 理工学部建築学科 B4

**Answer** 1. Vectorworks, Illustrator, Photoshop  2. 6万円  3. 構想3ヶ月/制作1ヶ月  4. 物量と密度感  5. 福島加津也  6. なにかを作りたかった  7. 建築家  8. 研究室は家  9. 世界堂

### Presentation

僕はこういう場所がちょっと好きで、街の片隅のような場所でして、歪ながらもそこには知性と構築があるように思いました。そういう場所を僕は作っていけたのかなというところを発表します。まず作ったものですが、骨組みが都市計画道路によって成立し得なくなってしまって、同時に床面積を増加しなければいけなくなってしまったときのものの即物的な応答、つまり自己修復的なことを加えています。その領域を拡大するために、肘木と羽根木というテクトニクスが召喚されるのですが、そこに周辺の近隣工場のネットワークをもってきて、木材が単管パイプに置換されたようなディテールになります。このような歪なテクトニクス、つまりかさぶたのように現れるものが断片を彩っていく設計をしています。こちらが空間です。並び堂のような空間になるのですが、それが緩やかな曲線を描きながら光を透過する、普通の並び堂では得られないような空間がここに仕上がります。次のパターンです。構造的合理性を担保するため、容積を要する壁面の戦略的構体の断面になっています。新規の壁、壁面ラインは、元々壁がなかったところに壁を用意するのですが、もってくる部材によってその組成が特異なものに変わっていきます。それは先ほど言ったような地域にある経済や産業のネットワークから収集してくるもので、防水ラインがビニールシートに置き換わって、断熱ラインがおがくず、その内側に構造用合板を一枚決めるという簡単なディテールになります。このように壁面が新たに仕上がります。壁面に開口部はないのですが、組成が何となくわかるような空間に仕上がっています。こちらが骨組みの不成立と、階段がなくなってしまうといった機能不全が起こってしまう断面です。そこに対して即物的応答を加えていくのですが、既存の屋根の内側に屋根を最初から葺いておくというテクトニクスを加えることによって、屋根が失われたあとに腰屋根のような形状が獲得されます。これによって内部空間は光を透過するようなトップライトが手に入るなどの空間を獲得することができます。こちらが外観のパースになります。ここで用いられる材料も承継材でして、解体の際に出る材料をピン接合で留めることによってキャンチで既存の屋根を支えて、元々の屋根と腰屋根のような形状を取れるようにしています。こちらの工場は既存不適格になってしまい

ます。道路が通ることによって、法的に近隣商業地域になってしまうのですが、そうすると工場の床面積を減らさなければいけなくなるということで、そこに空いてしまったストレージに対して住宅側から手を伸ばしていくように、容量を獲得するように階段と玄関室というのを即物的に作っています。これらは住宅と工場の隙間の空間にあるところで、基準線とか高さの情報が違うところに階段室を加えることによって、特異な形状の屋根が生まれてしまったり、元々あった家側のベランダのようなところが横戸になってしまうなどの、空間の意味の書き換えがこのように起こっていきます。既存マンションのLDKユニットを解体する案です。核家族に向けたLDKユニットを人口統計などの社会的なテクトニクスを呼び起こしながら、機能を再分配していくような案になっています。建築とは何らかのネットワークに接続しながら建ち上がるものだと思います。それは作られる側からも、逆説的に僕たちに訴えかけてくるようなものになっていくのではないかと考えています。そこに対し、僕は構法、テクトニクスが本来的にもつ記号とネットワークを結び付けるようなものを利用して、建築を建ち上げられないかということを思考しました。「たとえば基準線にかさぶたを」、これは都市計画道路を題材とした均質化への抗いと、建築のあるべき構築を思考した資本である。

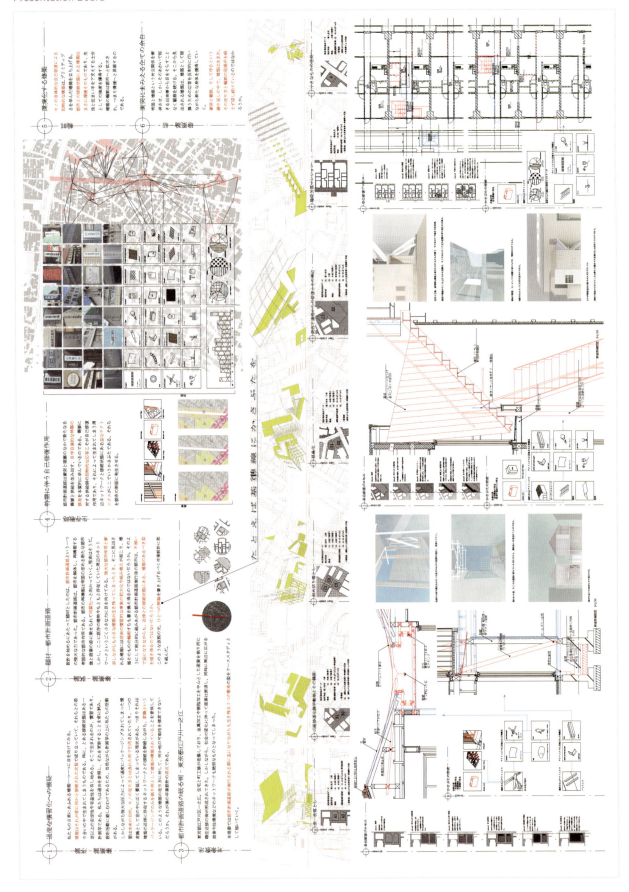

**Poster Session**

鈴木　都市計画道路を題材とした均質化への抗いと、構築のあるべき姿を志向した試論を設計を通して描きました。都市計画道路の施行を契機に、断面に表れてしまうエラーなどに対して即物的にテクトニクスを召喚しながら応答していくのですが、そのテクトニクスに周辺のネットワークを含ませながらやることによって、歪なテクトニクスを断面に表していくようなものになっています。

藤村　ネットワークというのは一体どういったこと？

鈴木　そもそも構法は産業や経済といったものを含む力があると思うので、そういうのを含ませながら建築の輪郭というものを描いていったものになっています。

藤村　都市計画道路の抉れた建築が対象みたいな感じなんですか？

鈴木　そうですね。抉られるであろう建築が生き残ってしまったときにどのような姿を描くか、そこからどういうことが言えるかということを考えました。

藤村　今剥がされた建築があるじゃないですか。剥がしかけの建築がフィニッシュなんですか？

鈴木　剥がしかけの建築に手を施していて、例えば構造的にもたなくなってしまった建築とか、小屋組み不整合が起きてしまうようなところに、僕がテクトニクスを召喚します。

藤村　「テクトニクスを召喚する」というのは「施工する」という意味？「設計する」という意味？

鈴木　そうですね、僕が設計して施工するというところの段階で…。

藤村　テクトニクス的な考えが導入されて？

鈴木　例えば垂木が単管パイプに変わってしまったりといったことが起きてくると、この矩計図がたくさん書ける。例えば左上の下のものでは、屋根、小屋組みが不整合を起こすんですけど、そこに肘木と羽根木みたいなものを召喚して、そこが単管パイプとかに置き換わっていく。そこが双堂みたいな形状になるので、そこをビニル葺きの屋根でつないでいって、両端を石で抑えたりすると変なことが起きるというのをやっています。

藤村　ちなみにこっちとこっちはどう違うんでしたっけ？

鈴木　全部同じ道路の断面の部分をやっているのですが、住宅や工場とかマンションとかも切られているので、そこに対してもどういうことができるかということを…。

藤村　いろいろなスケールでいろいろなことをやっていくということですか？都市計画道路じゃなくてもいいよね？

鈴木　そうですね。ただ題材として何かと何かを衝突させたかったんです。

藤村　比較可能にするということで…。なるほど。

鈴木　構築の段階でネットワークとかが全く関係なくできてしまっている今の建築に対して、何か唱えられないかなというときに、題材を召喚したというだけなので、「都市計画道路でなくてもいい」と言われるとそれはそうかもしれないです。

藤村　そうですね。だから主題はどちらかというとテクトニクスを召喚するというほうですね。わかりました。

**Poster Session**

鈴木　僕が何をやったかと言うと、都市計画道路を題材とした均質化への抗いと、構築のあるべき姿を志向した試論をここで完成させました。都市計画道路の施行を契機に表れてしまうエラーに対して即物的にテクトニクスを召喚していき、それらが周辺の産業とか商業のネットワークと結びつきながら、この断面に歪なテクトニクスを、都市の断面を彩っていって、自己修復のようにここが再生されていくということをしました。意味が解かれていって、この有り様だけが残されていくなかに、自分が手を加えることによってその意味が上書きされていくようなことをしています。そうすると周辺のネットワークと結びつきながら、建築そのものの輪郭というものが揺らいでいくのではないかなということをやりました。

土居　都市計画道路が何とかって書いてありましたね。言っていることが難しいから、もっと簡単に言ったら？

鈴木　簡単に言うと、断片に表れてしまう不整合がいろいろとあるんですよ。構造が成り立たなくなるとか。そういうところに対して僕は建築家として、何かテクトニクスという構法的なものを召喚していって、そこに周辺のネットワークが結びつきながら、例えば羽根木とか肘木とかというものを選択したときに、垂木に代わるものとか、木材に代わるものが周りから呼び起こされていくと、歪なものとして表れてきてしまうようなことを僕はやっているんです。するとここでしかない形が出てきて、それが計画学とかでは思考しえない形を見出すのではないかということを僕はやりたかった。

土居　何となくわかってきた。だから、都市計画とか敷地というのは与えられたものとしてこうある。それとその構法のスパンがどうのこうのという規則性はいちおう違うんだよね。当てはめようとして建築家が苦労するんだけど、時々当てはまらないときに違う要素で補って、くっつけてみたり、挿入させてみたりというイレギュラーなことをしないといけないわけだよ。だから君の専門性から言うと、レギュラーなものを作ろうとしても、時々はイレギュラーなものを作らないといけない。そういうことになるのかな？

鈴木　そうですね。少しアイロニーも含んでいるのですが、均質化を図ったというものに対して表れてしまうエラーには、そういう「部分」の回答をしていくと、大きいものたちと小さいものたちが近接してしまうというか、組み上がる論理が違うものが、いつの間にか組み合わさってしまうので、その通りだと思います。

土居　それは、宮本佳明さんが似たようなことを言っていて、規則的なもので埋めていったときに、どうしても不整合なものが残る。

鈴木　環境ノイズエレメントのことですか？

土居　ただ彼は設計家だから、あまり構法的なことには関心しない。君のほうがよっぽど構法的な違う秩序が上書きされるという感じになる。アプローチとしてはすごくいいんだけどね。だから本当はもう少し都市計画、上位の秩序というものを描いて、そのなかで君が異質なものを作らざるを得ないというそういう論理でやってみたらどうだろう。君の場合やってはいるのだけど、プレゼンテーションが詳しく書いてあって、構法系だからとか。だからそんなことになる。思想としてそれを語る場合はプレゼンテーションを工夫したほうがいい。ただ、理論的には本当に普遍的なことを考えているから…。

鈴木　理論的なことを構法の観点からどうできるか、というのを僕はやりたかったので。

土居　だから、結局都市も人間がやることで、大きな秩序と小さな秩序がどうやって共存するかということだから、君にはこの専門に進んでこのテーマを考えて欲しい。

鈴木　ありがとうございます。

### Poster Session

鈴木　拙いながらも書いた建築論なので、時間があるときに目を通していただければと思うのですが、こちらを書くために都市計画道路を題材として、均質化への抗いと構築の有るべき姿というものを目指した試論になっています。都市計画道路の施行を契機に表れてしまうエラーがあるのですが、例えば構造が成り立たなくなってしまうとか、機能が不足してしまうというところに対して、即物的にテクトニクスを召喚していくというか、僕は建築家として構法を当てはめていくんですけど、そこに周辺の経済とか産業とかというもののネットワークを組み込ませながらやっていきます。

竹山　具体的に敷地はある？

鈴木　敷地は東京都江戸川区の一之江という場所です。まだ都市計画道路は通っていないのですが、通る予定が今後あるところにもし通ってしまったらどういうものができるかということをやっています。その際に例えば、小屋組が成立しなくなってしまったところと、床面積が足りなくなってしまったところに、領域を拡大するために肘木とか羽根木のようなものを召喚すると、地域の産業といったものを加味したうえで、形が単管パイプに置き換わっていくような…。

竹山　ここでズバッと切られるの？

鈴木　そうですね。ここでズバッと切られるようなものになっています。

竹山　これとこれの関係は？

鈴木　バリエーションを出したような感じです。

竹山　色は似ているけれど、あまり関係はないの？

鈴木　はい、一個一個は関係ないです。

竹山　これは何を意味しているの？

鈴木　道路が通ることによって2軒の家が孤島みたいになってしまうのですが、それによって現れてきてしまうエラーを僕が応答していくというものになっています。例えばこれだったら工場で、これがマンションでというものになっています。これは並列に切られて隣が旗竿状の敷地だったのが2面接の道路になってしまったときに、隣の家はどうするのかみたいなことを考えたり、あちらは3軒の家がどうなるかを考えてみたりしています。その一個一個に現れてくる不整合みたいなところを補っていくことによって、歪な形が現れてくる。そこを僕は「かさぶた」と呼んでいるのですが、それが立ち並ぶ沿道沿いになっている、都市計画道路を逆に規定していくようなものになっています。

竹山　これのなかでは、例えばこれはどこなの？

鈴木　ここですね。

竹山　それとかは色を付けておいたほうがいいよね。見てわからないよね。

鈴木　ただこの街をどうしたいとかという意図ではあまり…。

竹山　違う違う。これがどこに対応しているかというのが、もう少しわかりやすく示してあれば良かった。

### Poster Session

鈴木　この建築論を書くために僕は、都市計画道路を題材として、均質化への抗いと構築のあるべき姿というのを志向した試論を作りました。都市計画道路の施行を契機に表れてしまうエラーに対して、即物的にテクトニクスを召喚していくのですが、ここにいわゆる特需的なものが現れてきます。何か足りないものを補うために、周辺の産業や商業のネットワークというのを含ませながら、構法的な手つきを加えていって、歪な建築群を立ち上げていくことをしています。

島田　それは建築論？

鈴木　歪な建築群を立ち上げていっています。元々もっていた意味などが解かれていって、この有様だけが残っていく姿に僕が手を加えることによって意味を上書きしていくことをしているのですが、それが計画学からでは思考し得ない建築を立ち上げるのではないかということをしたくてやっています。その巨大な均質化を図った力に対して、部分の棟が対応していくというか、スケールの違うものが近接してしまうようなことがここでは起きている状態になっています。

島田　これは計画道路によってできた傷跡みたいなものを、何かブリコラージュ的に補修しているわけだよね？場当たり的な、その場のあり合わせのもので修正していった結果、何か…。

鈴木　そうですね。今まで計画学では思考し得なかった景色とかが出来上がってきます。

島田　それはいいんだけど、これは今ブルーシートとかが使われてるよね。それは最終的には、さらに何かに変容していったりしていくわけ？ここから発見された建築のタイポロジーみたいなものが。

鈴木　そうですね。これはこのままです。

島田　じゃあこれが最終形？

鈴木　そうです。仮設物に見えてしまうのですが、手で扱える制約であったり、ここは江戸川区ですが、周辺の産業、工場とかがあることも含めて材料を選定しているので、永続的に使うものなどでやっています。また、交換可能性なども考えながらやっています。

島田　テクトニクスと言っても、補修だけの話というよりは性能的な、例えば断熱性能とかはどうなるの？

鈴木　例えばここに関しては、容積をずらして向こう側に伸ばしていまして、元々壁がなかったところに新しい壁の組成ができます。そうすると、元々防水層だったところがブルーシートに置き換わって、断熱層は木くずに置き換わって、その内側に合板を打ち付けるだけみたいな特殊な組成ができてしまったり、しっかりそういうところは考えてはいます。層が肥大化してきて空間化するようなことがここで起きていたりするのですが、詳しくは時間がなくて言えません。

島田　時間がないね。

鈴木　多分、矩計を見てもらえば少しはわかると思います。

### Poster Session

鈴木　都市計画道路を題材として、この建築論を書くために僕は設計を進めました。

光嶋　4年生だね。

鈴木　そうです。無姿勢な均質化への抗いと構築のあるべき姿というのを描くための試論です。都市計画道路の施行を契機に表れてしまうエラーが、地域の特需的なものを引き起こしていく。それのネットワークと結び付けながら、削り取られた断面に対して僕が設計者としてテクトニクスと呼ばれるようなものを当てはめていくような手つきをしています。それによって元々あった全体性という意味が解かれていって、ものの有様だけが残るところに、僕が手つきを加えて何か意味を上書きしていくということをここではしています。でもその計画学からでは思考し得ない建築の在り方というものが、ここではできているのではないかというのがこの結果です。巨大な均質化に対する部分の応答が近接してしまうような状況がここでは起こっています。実際に設計したもののディテールがそこにあります。

光嶋　自分の頭が悪いのか、何を言っているのか全然わからない。これはまず何？既存なの？

鈴木　既存です。

光嶋　1つの建築がどんどん変わっていく様なの？

鈴木　道路がここに通っていくのですが、通ってしまったときに、歪に生き残ってしまったとき…。

光嶋　「しまった」なの？

鈴木　「しまった」ときです。

光嶋　じゃあまだ「しまっていない」のは今どうなっているの？道路がなくて敷地という概念はどうなっているの？

鈴木　敷地はつながっているわけではなくて、一個一個の敷地になっています。バリエーションをこう提示しています。

光嶋　これをきちんと説明しない限り意味がわからないよね。あなたが言っていたエラーが何でどういう論理でエラーなのかもわからない。あなたは何か面白そうなんだけど、重箱の隅を突くようなことを言っていて、そもそも何を作りたいのかがちょっとわからない。だからそこを少し整理して、もう少しまず大味を噛み砕いて、それからディテールをきちんと語るよ。そうでないとちょっとわからない。すごいポテンシャルを持ってそうだけど、自分で熱くなりすぎて自分のどこが大事なのかがちゃんとわかっていないような気がする。ネタが多すぎるので、まずチャプターを教えてくれないと。そこからディテール。

**Takeyama Review**
この作品は「切断」ということを可視化しています。切断された傷口はともすれば隠蔽されがちですが、これを可視化して「かさぶた」という名前を付けて、何か見えないものを、見せてはいけないようなものをあえて見せることによって、新たな動きを作り出そうとしているということが高く評価されました。

# 優秀賞
*Design Review 2019 Second Prize*

## 輪中建築

輪中地帯という水を防ぎ、その資源を有効活用することで生業を生み出してきた地域がある。現在、その要素は水害の面、環境の面からネガティブな要素としてとらえられている。そこで、水から得られる地域の要素である排水機場と生業を組み合わせることで、建築を創り出し、輪中という地域のプライドをつくっていく。その建築は足りなかった流域圏を補填し、またその資源は親水空間を生み出す公共的な建築及びランドスケープに転換される。こうすることで共同体の強度を高め、最初はネガティブだったものがポジティブに捉え直していくような、持続可能な輪中地帯の在り方を設計する。

ID58

**中家 優** Nakaie Yu

愛知工業大学 工学部建築学科 B4

Answer 1. Vectorworks, Illustrator, Photoshop 2. 10万円 3. 4ヶ月 4. 作品が伝わるように客観的に制作 5. 内藤廣(海の博物館),長谷川豪(森のピロティ) 6. 親の影響 7. 設計 8. — 9. レモン画材,ホームセンター

### Presentation

地元である輪中地帯を選定し、地元の可能性を探りたいと思ったことがこの卒業設計の始まりです。また、この美しい木曽三川と生業の風景に惚れ込んでいるというのも理由の1つです。しかし過去のローカルな連関は後継者、担い手不足で資源を有効活用できず、閉鎖的で連関の途絶えた弱者を生み出してしまう均一的な産業化のシステムに移り変わり、水害だけの街に成り変わろうとしています。そんな昨今に、輪中という地帯でしか成立しない水との暮らしを再発見し、建築し、輪中の暮らし方を再構築することが、建築家としての役割だと考えました。輪中とは木曽三川において、豊富な降水を集めた山水が土砂を運びながら乱入することで形成された土地であり、水との関係が深い地域です。そのなかでも大島集落、大島の排水機場を敷地に設定します。大島集落は川辺に沿うように住宅を建て、調整池と水田が周辺を取り囲む集落として生まれ、治水工事により集落が移転してきたことが始まりです。また伊勢湾台風を受けて、海抜0m以下のこの地域は水を永久に排出するために国の管理による排水機場を設置し、現在国土交通省の大規模な排水機場に機能が移転し廃墟化しています。提案として、現在の大島集落から排水機場をコンバージョンし、水との暮らしを再構築します。そのためには輪中地帯における水との暮らしの物事をリサーチし、現在と過去の連関の間である流域点による、現在の連関で足りない部分を担う建築を目標とし、それらを具体化し設計へと落とし込みます。過去の排水機場は木造の入会によって作られたものや、調整池といったヒューマンのスケールの建築であり、管理、資源化されていました。現在の排水機場は、水を排出するという機能だけを想定して全ての寸法が設計されている土木工学の段階のため、周囲への影響を考えない、非人間的スケールの建築物となり、機能を終了した際には理不尽な景観だけが残されています。そこで建築物を現代の生業スケールに変換し、輪中独特の建築を設計します。この建築は過去の調整池や排水機場にあったような農と漁を結び付け、流域圏を再生していく建築となっていきます。そしてスケールでは統一化された排水機場に多様な正面性を作り、包み込むように配置し、周辺を考えながら半屋外空間を緩やかに変形させ交流の生業空間を現代のヒューマンのスケールに落とし込み、周囲とスケールを合わせていきます。建築スケールでは、排水機場に輪中らしい風景や様子を機能に合わせて再編し、建築化していきます。そうしていくことで機能と建築が、双方から輪中地帯に対し馴染むものになっていきます。身体スケールでは排水機場の空間特性である15mの高さと親水空間を生かし構成します。回遊性をもたせ、立体的な交流を生み出し、親水空間では水に付帯するスラブにおいて能動的な空間になり、絶えず人の流れがある作業空間に対応しながら柔軟に人々が交わる空間を作ります。これらの操作によって、異物化され人々が寄り付かなくなっていた排水機場が農業者、漁業者、地域住民を1つにつなげていきます。1つにつながることで新たな可能性を生み出し、輪中建築は輪中地帯の未来にとって必要な存在となっていきます。フェンスで囲まれて周辺との関わりがなくなってしまった外部空間は、垂木による乾物掛けの架構空間や柱による見上げ見下ろしの空間、石垣土台による水洗いの作業空間を再構成することで排水機場にスケールを与え、内部空間に導く半屋外空間となります。薄暗く、不透明であった内部の空間は親水空間を生かし、水路や調整池をより良い空間にしていくことで、地域住民と水産加工などの生業に従事する水郷共同体の緩やかに可変する出会いや交流を生み出す空間へと姿を変えていきます。排水機器を吊り上げるための高さの非人間的スケールの排水機場は、水や上げ仏壇などを再編することで水防に合わせた立体的な賑わいを生み出し、新規住民が行う新商品開発や中期的研修の輪中の未来について考える場となります。ゴミ取り機器が挿入され、排水機場の裏の空間となっていた湧水池は、排水機場の内部に水を引き込む入口となり、上げ舟・漁業浮きを再編したテラスによって集落の人々が集まり、井戸端会議をする親水空間となります。異物化されていた排水機場は輪中地帯の恵みが外観を彩り、この大島集落に馴染み、この地に欠かせないものになります。

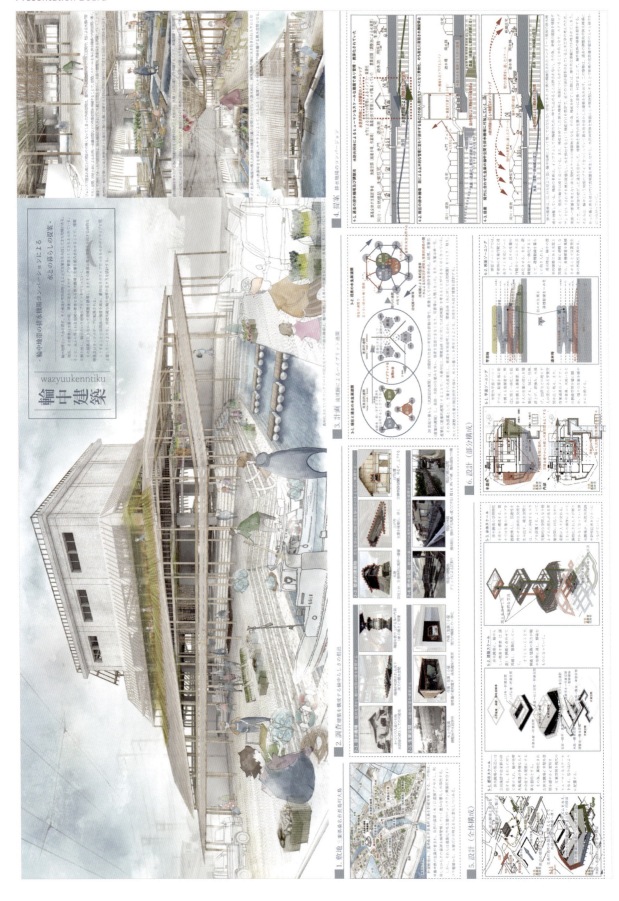

Poster Session

藤村　これはどこに作ったんですか？
中家　三重県桑名市長島町という、輪中と呼ばれているところに作りました。
藤村　機能はどういったもの？
中家　水の生業ということで、漁業や農業などが発達しているところなので、地域のものを使った食堂や対面式でできる直売所とか、朝市をできるところとか、加工場とか、そういう機能を複合させた施設を作っています。
藤村　学習とか交流とかそういう機能？
中家　はい、そうですね。
藤村　木造なんですか？
中家　はい。ここに屋敷森という輪中独特の森があって、そこがソーラーパネルになって全部なくなってしまうということで、ここをコンバージョンするのですが、その一部を使えないかなと思って木造をやっています。最終的には木造でなくても、一部だけでも使えればいいかなと思っています。
藤村　洪水になるわけですよね？輪中ということは、そういう非常時にはどうするのですか？
中家　1階のレベルまで全部水が来るのですが、避難の動線のところと、作業する立体化させる動線というのを一致していて、毎日が避難訓練ではないですけど、一体的に避難できるような場所にしています。
藤村　木はあまり浸水に強くない。その辺はどう？
中家　元々ここに排水機場があったのですが、それが避難タワーとして使われていて、強い構造躯体で耐えられるということだったので、津波が来たときは木造が失われてもコンクリート躯体を外套にもう一回再生していこうと考えています。
藤村　下は柔らかい構造として木造を使うと。
中家　木造を使ってという形で作っています。
藤村　木造の構造自体は何か特徴があったりするんですか？割とシンプル？
中家　構造に関しては、そこまできちんと考えてはいないですけど、どちらかというと本当に土木的なスケールと木造のヒューマンなスケールをどう一致させようかなということを考えながら、垂木のピッチがだんだん細かくなって、太くなって、接合していくみたいな形にしたりとか、構造というのは1回置いて、意匠的に建築というものを先に考えています。
藤村　ちなみに、これはどういうアクティビティに使うの？
中家　この辺に船着き場があって、元々作業している方々がいて、そういう方々が加工したり、海苔やあさりとかがあるのでそのまま出荷したり、選別したりというような半屋外の作業ができる空間になっています。
藤村　作業場？
中家　そうですね。
藤村　どちらかというと屋根がかかっていたほうが良さそうだね。
中家　こういう場所があって、屋根の下を主に使っていくという感じですね。
藤村　わかりました。

Poster Session

中家　敷地は三重県桑名市長島町大島というところで、木曽三川の流域にある水との暮らしが豊富な場所です。その豊かな水を使って農業や漁業が発達してきたところで、新しい水との暮らしを再構築できないかということを考えました。ここに排水機場というものがあって、元々は調整池だったり木造の入会のもので、水守の方々が守っていたりといったヒューマンなスケールの建築であり、管理資源化されていた場所です。そのなかの排水機場が、伊勢湾台風によって国による土木的な管理に代わって、排水するためだけの機器を吊り上げるだけの機器と、スパンといった土木的な非人間的スケールなものに変わって、新しい施設が新設されることで廃墟化してしまった場所です。そこから提案として、輪中建築という、現代の生業のスケールに合わせるようなものを付加させることで、調整池と再生させていこうという計画です。
島田　この下側、ここは何を意識しているの？
中家　これは排水機場なので、水位で変化するというような空間を作っていて、浮く発泡スチロールみたいな漁業浮きというものがあって、それを床のスラブに張り巡らせることで平面的にも、そして水位を変化させることで断面的にも空間が変わって、生業を流動的にできるような空間にしています。
島田　実際にはもう使われていないの？
中家　使われていないのですが、床は全部浸水空間になっています。
島田　この上下する床みたいなものは何？
中家　これは元々メンテナンスするときに機器を吊り上げるのですが、それとこの街の伝統である「上げ仏壇」といって仏壇をぐいっと上げて水位が変化するのを掛け合わせて、ここは穀倉地帯なので農繁期に穀物などをもってくるときに、床に下ろしてもってきながら小出しに出荷していくような建築をスラブに作りながらやっています。
島田　農作業のための空間みたいなものなの？
中家　漁業と農業などの生業を集積させながら、対面式の直売所や食堂であったりという空間です。あとは加工場とかもやっていたり。
島田　こっち側が水？
中家　こっちとこっちがそうですね。
島田　なるほど。じゃあこう回っているのか。このファサードのこっち面とこっち面には付加されていないのは何故なのかな？
中家　こちら側に元々漁業の船着き場があって作業しているという空間があったので、それを延長させるような建築を作りながら、立体的にして生業が見えるような建築にしています。そういった形でこっちにも農免道路があって農作業をしている人がいるので、そのような半屋外空間を作っています。
島田　この割と巨大なものを小さくするためにこれを付けて分節している。ただここはそれを露出させているのはわざとなのかな？
中家　わざとですね。排水機場というのが異物化されているとは言いましたが、自分としては最終的には「この排水機場が生かされているね」と言われたくて。だから、そういう15mの気積もスキップフロア状にして立体的な交流を生み出すような施設になったり、避難できるような空間になったりというような空間として作っています。

Poster Session

中家　敷地は三重県桑名市長島町大島という、木曽三川があって、周りを堤防が輪のように囲むことでできた輪中地帯という場所です。その木曽三川の一級河川のなかの水の恵みによって、農業であったり漁業であったりというのが発達している場所で、地域住民の方だったり生業の産業化によってどんどん均質的な街になり、水害だけは残されていくという状況です。自分としてはそこに何かできないかということを考えて、水の暮らしというのを新しく再構築することがこれからのものになっていくのではないかなと思いました。排水機場というものをまずコンバージョンします。
土居　排水は何のためにあるの？このエリアから他のエリアに水を移すのが排水なんだよ。どのエリアを守ろうとしているわけ？水田を守るため？
中家　このエリアの水を排出するために作っています。
土居　水田は関係ないの？
中家　関係ないです。
土居　それを川に流すわけね。
中家　はい。一級河川に。
土居　だからこれはあくまで、人が住むエリアを守るためにやっているわけだ。だから堤防と合わさって効果があるわけだ。
中家　だけど機能が移転してしまい、完全に廃墟化しています。
土居　機能が移転したのはなぜ？別の場所に施設ができたの？
中家　別の場所に国土交通省が新しく大きな排水機場を作ってしまったので、この排水機場が今余っているという状況です。
土居　そうすると、余っているから地域施設に利用しようという事だけど、それは必要なんだろうか？
中家　地域住民の方々は、産業化してしまい水田や穀物などは全員に分別して排出していくという形のなかで、新規住民の方々との関わりもなくどんどん追いやられていってるという状況です。それならこの対面の直売所を作りたいというか、地域で消費する食堂みたいなものを設けようと。
土居　問題の鍵はね、まさに住民の活動、生業のなかで、その空間が本当に使い勝手がいいものだという風な根拠付けだよね。それはできているの？
中家　15mの高さの気積というのがあるのですが、全部フェンスに囲まれているのに、今は単純に避難の目的に使われています。そういうところを解放しながら地域のものを使うということで、避難もスムーズにできると考えています。
土居　ここは年に数回か水害で避難する必要があるの？
中家　はい、あります。3, 4mくらいまで侵食してしまうので、この強い構造躯体の、コンクリート躯体にみんなが避難してくるという形になっています。
土居　事前に読んで理路整然としているなと思いつつ、その割には大袈裟なものだなとも思ったんだよね。プロジェクトだから大袈裟にやったほうがいいかもしれないけど、もう少しスマートなやり方があるような気がする。しかも使われていない、要するに機能が終わっているわけだよね。
中家　ボリューム感としても、JAと漁港というものが近くにあります。

**Poster Session**

**中家** 敷地は三重県桑名市長島町大島で、木曽三川の流域の位置しているところに、輪のような堤防を囲むことで作られたため「輪中地帯」と呼ばれている場所です。そこの排水機場という場所をコンバージョンすることで、新しく水との暮らしを作るという風に設計を行いました。過去、排水機場というのは調整池であったり、木造の入会として作られていて、いろいろな人たちが来て管理資源化されていたのですが、伊勢湾台風が来たあとに、国土交通省によって土木的な管理に代わり、排水するためだけの非人間的なスケールのものが作られました。そして新しい施設を作るということで移転して、ここは廃墟化しているという現状です。ここに新しく水との暮らしを作るような建築を提案しています。そのなかで、都市スケールとしては全体にスケールを合わせるような形態をしながら、こちらは漁業の人たちが船着き場として利用しているので、その見えを考えながらGLの部分を応答しつつ、こちらは農免道路があって農作業をする人たちがいるので、軽トラックの見えを考えて上げたりといったことをしています。

**竹山** それぞれの場所がどのような機能をもっているの？

**中家** こういうところは普通に漁業の方々が作業するような空間、仕舞いとか荷上げとか加工とか、そういうような空間です。こちらも農業の人たちが仕舞いとか出荷したりだとか、対面式の直売をやったり、こちらの部分ではそういったものを使って食堂を開いたり、研修施設があったりします。

**竹山** なかも全部使っているけど機能はないの？排水機場には。

**中家** そうですね、廃墟化してしまってもう全部機能はないのですが…。

**竹山** あ、そうなんだ。

**中家** 排水機場の良さというものを上手く利用しながら、輪中の伝統を上手く掛け合わせるような建築を作っています。例えば、機器をウィーンと吊り上げるようなものがあるのですが…。

**竹山** 何を吊り上げるの？

**中家** 排水機器をメンテナンスするときに上に上げるものがありまして、それを上手く使います。「上げ仏壇」というのが輪中地帯にはあって、仏壇をグイッと上げるのですが、水害が来たときに危険なのでスラブを上げるというのがありまして、自分はこれを「上げ仏壇ルーバー」と呼んでいるのですが、洪水地帯のものを出荷するときに、動線として下に下ろして、通常時は上に上げて小出しに出荷しながら、この排水機場の内部の15mの高さの気積をスッと光が入ってきて人々が集まるような空間にしています。

**竹山** 最終的には屋根は何かで葺かれるわけ？

**中家** ポリカーボネートを葺こうかなと考えています。

**竹山** さっきもポリカの作品があったな。

**中家** こういう輪中のところの小屋というのが大体ポリカを葺いていて、同じような半屋外空間を作りたいなと思ったのでポリカを葺こうかなと考えています。

**Poster Session**

**中家** 輪中建築、水との暮らし。

**光嶋** 卒業設計？

**中家** はい、卒業設計です。元々この輪中という地帯があって、木曽三川が通りながら水との暮らしがあり、農業とか漁業とかが発達していた地域です。その中でも名古屋市のベッドタウンとして新規住民の方々が入ってきたりだとか、生業が産業化していくことで均質な街になってきていて、水との暮らしというのがどんどんなくなり水害だけが残されていく街になるということも、自分としては考えたいなと思い、水との暮らしを再構築していこうと考えました。そこで計画敷地に選んだのは排水機場という場所です。排水機場というのは過去に調整池だったりして、主婦の方々が皿や服を洗ったり、子どもたちが付いてくるというような地域のコミュニティーとしての核の場所でした。しかし、伊勢湾台風などを経て、土木的な非人間的なスケールのものが国土交通省によって、新しい場所に新施設として建てられたので、スクラップアンドビルドされることなく残っているような場所です。そこで、過去の排水機場のコミュニティーの核だったという地域性を生かしながら建築を作ろうと思いました。その中で設計としては、都市のスケールとして、土木的なスケールとヒューマンスケールを合わせるように、包み込むように半屋外の空間を作り、生業の人たちがやるような空間を作っています。建築のスケールとしては、輪中の風景や機能というものを再編しながら、新しいこの中に建築していきます。例えば、直売所とか加工場のようなものを収納していて、この「上げ仏壇」というものが輪中地帯にはあります。スラブを上げて避難させるというもので、それとこの吊り上げ機器を再編させていくことで、このようなスラブを上下しながら、穀倉地帯なので農繁期は収穫するときに上に上げて、機能的に伸縮するという形をとりながら、無柱空間の15mという中を光が照らして人々が集まるような空間を作ったりしています。身体スケールとしては15mの高さの気積をうまく生かすように、スキップ状の架構空間などを作りながら、水防の避難導線と生業導線を一体化させて、水害時の避難時も利用できるようにしています。中に浸水空間として排水機場に入っているのですが、そういうところに浮遊するスラブを設けながら、平面的にも断面的にも空間を分けられるようにして、生業の流動的なものと新規住民が関わるような空間を作っています。

**光嶋** 3分間話し切ったね。ここら辺は既存なの？これもあなたが水路を作ったの？

**中家** ここに元々コンパートみたいなものがあって、これを全部削ると水路みたいなものになるので、ここは減築で新しく作っています。この場所は元々船着き場で、作業していたので既存にしています。

**光嶋** すごくいいテーマに対して、すごく丁寧に設計しているし模型も綺麗なんだけど、造形が袴をはいているみたいな、スカートのプリーツみたいな感じがする。これが敷地と呼応しているのか、水の流れと呼応しているのか。このパースよりも模型が持っている柔らかに溶け出すようなもので、それは実は堅く閉じ込められたものが時間的に使われなくなったから、何かが溢れてきているものをあなたが空間化している。今はないテート・モダンのタービンがあった空間を、オラファー・エリアソンといった芸術家やアーティストたちが、ロンドンという街に太陽がないから、でもここで発電が行われていたのだから、この内部空間を創造することによって太陽を作ろう、天井に鏡を張ろうって思いついたんだよね。それはアートだけど、あなたはそれよりも建築的にそれをやっているような気がして、それがあなたの中で自覚的なのか、はたまた、ただセンスでやっているのかがちょっとわからない。

**中家** 敷地に呼応させているつもりはあって、例えばここに漁業の作業空間があって、ここに船着き場があるんですけど、そういう部分に正面性を向けるような形でものを作って、垂木としてすっと中に入りながらも、こちらが垂直の垂木があって内部に引き込んでいくような、食い込ませることによって内部にすっと引き込ませるような空間になってから、それを抜けると15mの軌跡があって、この排水機場は元々は異物化されていたんですけど、それがいいよねと言える空間を…。

**光嶋** やっぱり敷地に対する精度が低くて、これが雪が降ったように見えるし、模型がすごく陰影がないというか、強弱がなく作られている。でも実はこれには圧倒的時間、強度があって、それがあふれ出す柔らかい構造がかかって、それをあなたが「敷地と対応しているんです」と言う。じゃあ、なぜ敷地が白いのか。敷地にもこれと同じ時間だけの何かがあり、ここには切り取られた綺麗な石が出てきて、これが何かすごく小綺麗すぎて、せっかくあなたが織り込んできた時間的な何かがここに統合されているのに、それが溶け出しちゃっているというか、それが表現されていない。実はここは新しい、ここは古いというところで、水の流れと人の流れと時間のコラージュをここでやっているということを上手く表現されていたら、敷地とのこの連なりからスカートがこう行くみたいな想像力がどこから来ているのかというのが引き金になるはずなんだけど。その引き金がもう少し明確にわかって表現されていたら、ぐりんぐりんを見たら「大地をめくっている」と伊東豊雄さんに聞かなくても誰が見てもわかるじゃない。いいか悪いかは別にして、大地をめくって囲まれていて、洞窟的だけどとても明るい。これもやっぱりそれと同じように引き込まれる何かを持っていると思うの、言語として。それがあなたにとっては敷地から来ているものだとしたら、敷地に対する愛がなさ過ぎる。「ここから来ている」というのを表現できたら「おぉっ」って引き込まれるから。これは力作だけどそこは少し宿題として考えておいてね。

**Takeyama Review**
既存の構築物、役割を終えたけれどもある種の地域の不気味な洪水の記憶と結び付くような構造体を利用しています。それにあえて対比的な造形をぶつけて過去と対比的な構築を試みながら、新しい共同の場を生み出していく。もう少し過去への恐れや、さまざまな共同体の記憶のようなものを受け止めたほうが良かったのではないかという意見も出ましたが、そのような場を見つけ、それに対してあえて対比的な素材で構築をして、新たな共同の場を作っているということが評価されました。

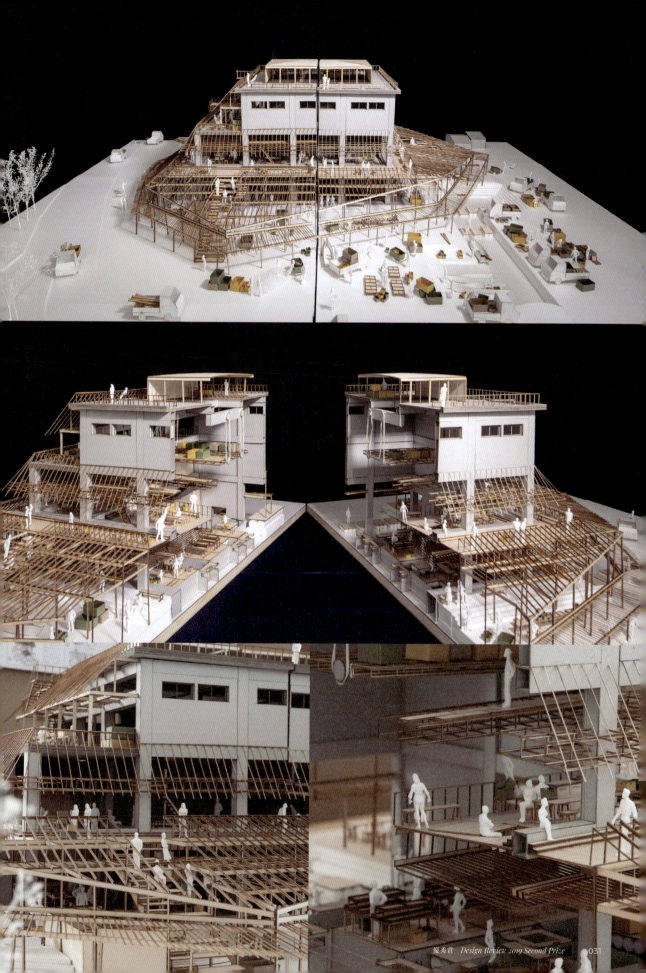

# 光嶋賞 / JIA賞
*Design Review 2019 Prize Winner*

## 石橋の恣意性或は地球

都市とは建築とは自然とは何なのかという疑問を自身の恣意性を以って場所として再構築する。

**ID48**

**石橋 佑季** Ishibashi Yuki
九州大学 工学部建築学科 B4

**Answer 1.** Illustrator, Photoshop, InDesign **2.** 5万円 **3.** 3ヶ月 **4.** 自分が作ったものが何かをきちんと簡潔に伝えること **5.** 田根剛 **6.** 祖父の影響 **7.** 好きなことができる仕事 **8.** 麿剤 **9.** 山本文房堂

### Presentation

私は都市や建築に対してとても疑問をもっています。全てが人間のものであって、石橋はあたかも保護膜に覆われているかのような違和感を感じます。これは人間が恣意的に作るビルとビルの隙間です。このなかでは人間が主体として介在していません。このような空間のなかでは、全てが相対的に存在する空間を石橋の恣意性をもってして構築し、地球を作り出します。ところでこれは「スイミー」です。スイミーは部分と全体についてある仮説を提示します。私はスイミーは魚的性質があるから全体的において同様に魚的性質を演じることができるわけでなく、大きな魚を演じるという、その小魚たちの意思が全体を魚的性質たらしめていると考えます。本設計ではその仮説を用いて、石橋の恣意性をもってして設計された空間を提案します。敷地は銀座です。和光と三越の前の十字路の中心点から半径100メートルのサークルを敷地とします。全体の構成です。核を中心に群が巻き付きます。群は多様な大きさ、多様な形態です。決して何某かが使うことを想定していないので、どこにも属さないものの集積です。さまざまな大きさのものが介在しています。シーンです。これはサイドストーリーです。この群のなかに1つだけ機能をもつものとして挿入されている核は、この群がオブジェクトとして存在しているのではなく、これが場として成立するためのエネルギー循環装置として働きます。これは核について説明するダイアグラムです。動物が死に、動物が動物を下に運んでいきます。ここで全てのものが洋服を着ていないのは、裸でなくてはいけないというわけではなく、裸であることで動物として認識できるという希望としての役割です。死骸を運んでいき門に遭遇します。そしてエネルギーへと循環します。石橋の恣意性あるいは地球、続きます。

## Poster Session

光嶋　これはアート系なの?そういうわけではなくてたまたま?すごいねこれ、ジョン・ヘイダックの次はすごいのが出て来たね。
石橋　たまたまです。
光嶋　これは原画?
石橋　原画です。私は裏的なものを自分の恣意性をもって再構築する、そういう地球が作りたくて、なんでも作れるみたいなものを提案します。
光嶋　神?神がいるよ。
石橋　神(笑)。今の世の中は人間のためのものだから、まず人間のものではないものに注釈して、それを人間を含む全部のものとして、自分の恣意性をもって再構築したいということで作りました。
光嶋　何にもわからないや(笑)。敷地は?芸大生?
石橋　九州大学です。
光嶋　建築家になりたいの?
石橋　建築家になりたいです。敷地は銀座の三越と和光がある十字路を中心とした、半径200mの円です。
光嶋　配置図はどこ?
石橋　ここです。GLがここで300m。
光嶋　すごいのが来たな。寒かったからコーンポタージュを飲んだの?
石橋　そうです。甘いものが欲しかったからチュッパチャプス(笑)。
光嶋　この断片化されたドローイングのこっちが地図なの?それともこれを描いてからこれなの?断片が先なの?
石橋　ぼんやりとしたこういうものから、先にこちらを作ってからこっちに戻りました。
光嶋　じゃあこれありきではなく、抽出したのではなくて断片を集合させて、また断片を先鋭化したの?
石橋　元々ぼんやりとしていて…。
光嶋　まだぼんやりしているけどね。最後に模型を作ったの?
石橋　最後に模型です。自分が恣意的に作ったものを、後輩に恣意的に作ってもらいました。
光嶋　え、これ後輩に作らせたの?
石橋　後輩に作らせました。
光嶋　神だな。これは講評は難しいね。好きか嫌いかで言ったら大好きだよ。大好物だけど難しいよね。これは自分の手を離したのね。
石橋　自分の手を離しました。
光嶋　それも面白いよね。このアクリルに描いたのは自分なの?
石橋　断面図も全部手描きで描いたものを、レーザーカッターで出すためにイラストレータでなぞってもらいました。
光嶋　これはあなたのイメージなの?これはあなたの手なのね。
石橋　私です。
光嶋　身体なんだ、多分答えは。あなた自身の指が働いてこれが生まれるんだけど、あなたの皮膚感覚が何かこういうものを感じて、それがぎゅっと曼荼羅みたいに現れた。その曼荼羅みたいに現れたものを後輩にパスして、出てきたものが立体的な地図なんだよ。だからすごいんだけど、意味がわからないよね。でも、あなたなりのオリジナルソースはある?
石橋　オリジナルソース?
光嶋　丹下健三が好きなの?なぜ好きで、なぜ最高なの?建築家になりたいんだよね。
石橋　なりたいです。
光嶋　丹下健三さんは最高だよね。ちゃんと勉強してる?建築の勉強。
石橋　写真を見に行ったりはしました。
光嶋　だからオリジナルソースはないんだ。レファレンスは。
石橋　あ、興味があるもの自体はあります。
光嶋　この形はどこからきたんですか?
石橋　これは自分で作りました。
光嶋　それはそうだよ。これはベタに言ったら豊島美術館に行った時の経験とか、ぐりんぐりんでもいいんだけど、「ぐりんぐりんではありません、手塚治虫の『火の鳥』の蝶の羽です」みたいなものなのか、それは自分ではわからないんだね?全てにおいて無意識なのか、それとも意識的に描いているのかという質問。レファレンスはこの中にあるの?
石橋　ほとんど無意識的ですけど、多分全部自分で見たものです。
光嶋　それは当然で、見ていないものは描けないんだから人間は。妄想していないものは描けない。でもその自覚はないわけだね。
石橋　自覚はあまりないです。
光嶋　それはないとしんどいね、というか話せない。神になってしまうから。やっぱり人間として話したいから、手塚さんであっても宮崎駿さんでも、レファレンスを自覚しない限り誰とも対話できないよ。そこは自覚しないといけない。ただ、後輩に作らせたというのは素晴らしい。

石橋　私が提案するのは、そこの3つの写真にあるような、例えばビルとビルの隙間みたいな感じの人間が主体ではない空間、そういうものを自分の恣意性でもって再構築したものです。敷地は銀座の和光と三越の前で、十字路のど真ん中を中心とした半径200mの円のなかに作りました。
島田　ええと、全然わからない。これは何を示しているの?
石橋　それはスタディですね。スケールが全然違うんですよ。
島田　これもスケッチ?
石橋　これはパースです。
島田　こっちはスタディからできたもの?
石橋　これがスタディで、これらが全部できたもの。これは「そういうのいいね!」みたいな…。
島田　参照例?これで「いいな」と思ったことは隙間に入るカオスのようなもの?
石橋　隙間に入るカオスというよりも、興味があるのは人間のために作られた空間とかではなくて、人間もそういう生き物として見た空間に興味があって、そういうものを作りました。
島田　これが人間を生き物として見た空間?
石橋　「人間を生き物として見た」と言うと少し語弊があるのですが、誰のものでもないというか、「使う人が見極めればいいじゃないか」みたいな感じのものです。
島田　これはざっくり言うと何?人がいるところ?入って何かを体験する場所?それとも住むところ?
石橋　住むところです。
島田　ではこれは?
石橋　これは恣意的なものを集めただけのオブジェクトに、そういう場所としてきちんと成立させるための装置として、バイオガス的なものを入れています。それがサイドストーリー的に、残骸とか排泄する死骸とかをエネルギーとして、こういうなかにエネルギーを生み出すものです。
島田　これは何?
石橋　これは「なんでこんなことをしたのかな?」みたいなものです。卒業設計をするときに何を考えたのかということです。
島田　ここに人が倒れているけど。
石橋　これは死骸です。
島田　死骸なの?出た人がいずれ何かになったりするの?この造形自体は何か恣意的と言っていたけど。
石橋　恣意的に作り出したものです。自分は何に興味があるのかという、あれに載っているものですね。
島田　じゃあ恣意的に、興味があるものを型取りした何かなの?
石橋　型取りしたというより自分でそういうものを噛み砕いて、にょりにょりとくっ付けていきました。
島田　実際にはどうやって作るの?「シュヴァルの理想宮」みたいなものだと思えばいいの?「シュヴァルの理想宮」はわかる?
石橋　わかりません。
島田　郵便配達夫の人が、割とこんな感じの、何か謎の宮殿みたいなものをフランスに作っているので調べてください。夢の宮殿みたいなものなのかなと思いました。

**Koshima Review**

竹山先生の仰った「予定調和でない」という点もそうですが、最優秀賞を取った作品が不可視なものを描こうとしていることと共通して、石橋さんの作品は本人自身も言語化できない、得体の知れないものに対する挑戦であり、いささが無防備過ぎるところはあると思うけれど、面と向かって挑戦していたというところに共感というか可能性を感じました。議論のなかにはなかったけれど、ドローイングを描くことに必死で、模型は後輩に作らせたというところがすごく建築家的だなと。手を動かせる身体性とか、空間そのものが有機的で身体的な割には、作ることにはそれほど関心はないという画家的建築家なのか、建築家的画家なのかという話も含めて、彼女には新しい建築を切り開く何かを感じました。理解するのが難しくて、それを引き出そうとたくさん話したけれど引き出せなくて、それでもなお建築にはそうした数値化できない思いとか感情とかがあります。それを数値化しようということではなくわからないまま提供して、それを時間をかけて発見する。そうした時間的・空間的射程の深さを感じたので賞を与えました。

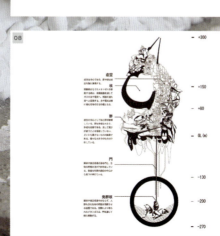

# 島田賞 / JIA賞
*Design Review 2019 Prize Winner*

## 妄想道路 ― 道に溶ける建築と暮らし ―

例えば、猫にとって屋根や塀の上が道であるように従来の道とは違った視点で見えてくる道を妄想道路と呼ぶ。その視点によって建築が道に、道が建築に見え街の中の境界が失われどこまでも溶けていく。人々の境界を取り払った動きや生活が生まれることで、建築の中にある生活が道に滲み出す。本提案は各住宅の玄関機能を他者と共有する場を街の中に点在化させる計画である。各住宅への道が通った空間に人々の生活が生まれ、道は生活の場となる。

ID45

**小澤 成美** Ozawa Narumi
九州産業大学 工学部建築学科 B4

**Answer** 1. Illustrator、Photoshop、Vectorworks 2. 7万円 3. 11ヶ月 4. 間隔 5. 象設計集団・笠原小学校 6. 建築家になりたかったから 7. アトリエ事務所 8. 学校宿泊 9. 丸善九産大店

### Presentation

妄想してください。普段意識せずにいた場所やものに意識を向けると道として見えてきたり、置かれたものによって道の境界を改めて意識するような道を、私は「妄想道路」と呼んでいます。従来の道から引き込まれて続く外階段や、道に自転車や植栽がはみ出して置かれているように、道や建築の境界はなくどこまでもつながって見えてきませんか?私はその視点をもって道を引き込んだ建築を提案します。敷地は福岡県福岡市六本松1丁目です。護国神社の隣に位置する住宅地は、戦後引揚者の居住空間の確保のために作られた街で、都市部における木造密集地です。各住宅は20坪ほどと狭く、また前面の道路との間に塀などがなく、その道とつながっているため道のなかにはみ出してきた生活のものが見えてきます。私はこのように使われている現状が、住人の方々の「街をこのように使いたいんだ」というサインであると受け取りました。また、街のなかのリサーチから、先ほどのサインが境界を取り払った人の動きによって現れ、それが道と建築の境界を緩やかにするために建築に附属された半屋外の部分が機能していることがわかり、形のデザインとして取り入れます。木造密集地における空地になり、道を引き込んだ場所。妄想道路の上に建つ街の共有スペースとなる建築の提案です。機能は各住宅の玄関付近に置かれた収納や宅配ボックス、駐輪場や駐車場をまとめたもので、街における玄関のような場所です。共有玄関はタイプを3つに分け、それぞれ周辺の環境や人々の生活に合わせたプログラムを挿入します。共有玄関を構成するにあたり、街を1つの建築として見立てた際の半屋外空間であること、そこでの生活が見えるように、厚く見せるため柱構造はより細く高くし、頬杖で支えること、切妻であること、道に置かれたもののように一時的に置くものとして脚付き家具であることを統一させて計画します。タイプAです。大通りに面した場所にあり、長屋の形態を残したまま空地になっています。1個先の道へとそのままつながる通路を通します。機能は収納・宅配ボックス・駐輪場です。地続きになった1階部分の天井高を4,100まで上げセットバックし、コアとなる柱を抜いたものにアールを作り、道を引き込みます。カーテンがかかり街のなかに柔らかい風景が生まれ、またなかからも街につながるような空間です。壁のないデッキ空間、デッキの2階からは街と離れ、街を見渡すような場所となります。タイプBです。既存の駐車場とゴミステーションと空地が横に並んだ場所があります。そこに1つの大屋根をかけます。この屋根を支える3つの柱は、頬杖とトラスの梁によって支えられています。空地を突っ切るようにして使われた場所にソファーと一緒に設置します。ここを通る際に他者のいる場所に帰ってきたという感覚を街で共有します。タイプCの共有玄関には農具収納やキッチン、駐車場のプログラムを入れ、隣地に合わせた配置と細くなる屋根の高さを合わせています。2階デッキに上がるとき、道から地続きに上った階段が道と見え、1階部分の窪んだ土間に農具を収納したりそこに座って話し込んだり、また物干しデッキに布をかけたり野菜を干したり、生活が道のなかから見えてきます。住宅のなかの場所を街のなかに出すことによって、外に暮らしが出てくることを目指した共有玄関。管理人やそこを使う人が滞在する場を横切って通った先にある街のなかは、廊下として疑似体験する場のように機能し、道を他者と共有しながら生活できる場として機能すること、道と建築が境界なく続いていくこの街でいろいろな場所に居場所が生まれ、街のなかに人がいて暮らしを受け止める場となることを目指します。

**Shimada Review**

非常に細やかで、今この壇上に上がっている作品のなかで一番リアリティに直結しています。それが非常に現状追認的過ぎるところが気になる点ではありますが、これが本当にできたらすごく気持ちのいい場所になるだろうということが実感できる提案だったと思います。そして勾配屋根の傾きを操作することで違う場所性みたいなものを作り出しているところなども、非常に感心して見ていました。

## Poster Session

小澤　私には「妄想道路」という妄想が見えています。街に出てきた生活、自転車や植栽が道にはみ出したり、アパートに入るために外階段を介してなかに入ったり、というように道がつながったり、そこに何か道に変化がおきたりという風に見える道を「妄想道路」と呼んでいます。そのような視点をもつことによって、道と建築の境界というのがどこまでもつながっていくのではないかなと考えています。敷地は福岡県福岡市中央区六本松1丁目の、いわゆる都市部の木造密集地を敷地としています。その街の人たちはこのように道のなかにものをはみ出させて生活しているという風に、その様子がよく見られて、これは住んでいる人たちが街のなかをそういう風に使いたいというサインではないかと考えました。私は、その街のなかに出てきたものを集約するためのものと、街のなかのものを使うものとして「共有玄関」という建築を提案します。ここには各住宅の玄関の機能をもってきて、帰ってきた人々はこの「共有玄関」を通って自分の家のなかに帰っていきます。

竹山　これは全部共有玄関なの？
小澤　はい、この3つですね。
竹山　これはどこに入る玄関なの？
小澤　ここは、この道が袋小路になっていて、ここに入っていく人たちが…。
竹山　全体地図はないの？
小澤　少し小さいのですがあちらです。
竹山　だいぶ離れているわけね。
小澤　はい。離れています。
竹山　それは全部離れているの？
小澤　これが街のなかに入るエントランスのような機能をもっていて、入口としての機能だけでなく、家のなかで行う生活の第二の拠点のような場所が広がっていくような提案をしています。
島田　いくつかあるけど、すべて周りにある住宅の人のサブリビングみたいな使い方なの？
小澤　はい、そうです。周辺の人だけしか使ってはいけないというわけではなくて、来てもいいんですけど、より周辺の人たちがここを自分たちの場所として、第二の拠点のような場所として使うことによって、通るだけでなくて、住宅のなかで行うような本を読むといった行為が少しでも街のなかに出てきて、それによって街に人の顔が見えるような場所というのを作りたいと思っています。
島田　それらは全てオープンエアの空間になっているの？
小澤　はい。建築の壁材であったりだとか、抜いて、構造もなるべく脆く薄くすることによって、そこで使われる人々の行為が厚く見えるようにしています。
島田　なるほど。これはすごく低くて、これはすごく高いのは何か理由はあるの？
小澤　「共有玄関」としています。
竹山　このホールは何なの？
小澤　ここは元ある駐車場の…。
竹山　車はわかるけど、ここは何なの？
小澤　ここはソファと、ものを置ける収納の場所を作っています。
竹山　こっちは？その下は何になっているの？
小澤　道のなかにものが置けるのですが、帰ってきた小学生たちがここに座って話し合う場であったり、2階に上がって本を読んだりとか、街のなかに見えるようになるべく壁という材は抜いて、構造をなるべく脆くするために脆く薄くして、そこで行われる行為を厚くして、それを持たせるために頬杖を使うというのをルールにして…、という形でやっています。なるべくカーテンが街になびいたりして、気持ちの良い空間を作れたらいいなと考えています。

小澤　それぞれルールは決めているのですが、周辺の建物に沿うようにしていて、こちらは後ろの建築と高さを揃えるようにしていて、こっちは既存のゴミステーションがあるのですが、そこから派生した屋根ということで大屋根を架けています。
島田　これは例えば、1階と2階で使い方が変わったりするの？
小澤　1階は主に通り抜ける場所と、ここに帰ってきた小学生たちがランドセルを置いて遊んだりできる場所で、こっちはより佇むような場所、座って街を俯瞰するような場所にしています。
島田　ここは何か出っ張ってるけど、箱がなかに密集したあれは何ですか？
小澤　隣の家の窓がそこにあるので、そちらの景観を損なわないように植栽を置くような場所と、ここにトイレがあるのですが、ここのなかから収納として使えるような場所にしています。
島田　なるほど。

# 妄想道路
## ～共有玄関による建築と暮らし～

道は生活の舞台である。段差があれば座って話し込み、隙間は植栽で彩る、陽の当たるところに洗濯物を干し、散歩をする。建築のウチだけに留まらない生活行為は、街を機能させ生活を豊かにする。建築と道という二つの関係性から街のあり方について考え、住人によりつくられていく街らしさとその街に根付く建築と道の提案。

❶ 例えば、ネコにとっては塀や屋根の上が道であるように従来の概念での道とは違う視点を持って見えてくる道を妄想道路と呼ぶ。建築が道にはみ出し、道が建築に入り込む。その視点により道と建築の境界はどこまでも溶けていく。

敷地は六本松一丁目。護国神社の所有地にある住宅地。木造の密集したこの街では、道にモノが溢れ出した様子がよく見られ、それらを受け入れる姿勢が培われていることがわかる。道と建築の溶け合った関係性が 1/3 ほど起きているこの街に可能性を見出し、敷地とした。

## リサーチ

○ 道  ○ 建築と建築  ○ 建築と道  ○ 街の使われ方
○ 人と道と建築

# 竹山賞
*Design Review 2019 Prize Winner*

## 森の入り口

かつての里山の面影の残る横浜市日吉まむし谷。郊外の住宅地にみられる取り残された里山の森は、豊かさを失いつつあるものの、生活に身近な森としての可能性を秘めている。斜面に残る森と段丘の上下に広がる街の生活を丁寧に観察し、森との境目に小さな3つの休憩所を計画することによって、地域や森がもつ魅力を顕在化する。段丘の上下の活動と取り残された森をつなぎ、地域に新しいネットワークを生み出すための、気づきの入り口。

ID50
伊藤 京子　Ito Kyoko
慶應義塾大学 理工学部システムデザイン工学科 B4

1. AutoCAD、SketchUp、Illustrator、Photoshop、InDesign　2. 7万円くらい？　3. 2ヶ月　4. 色使い　5. 聴竹居、豊田市美術館　6. 楽しそうだと思ったから　7. 未定　8. —　9. 世界堂、東急ハンズ、ヴィシーズ

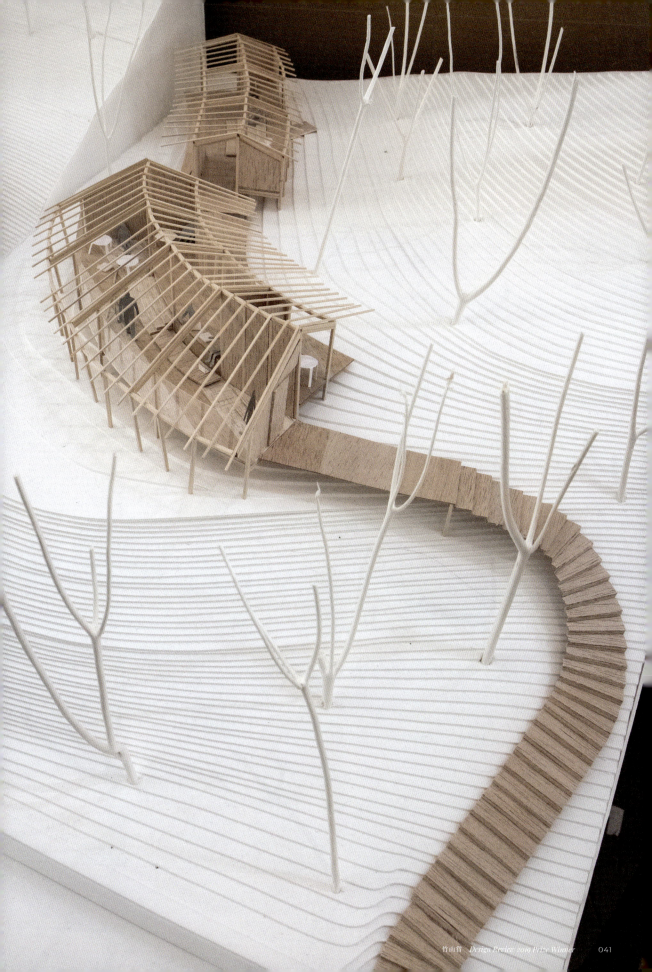

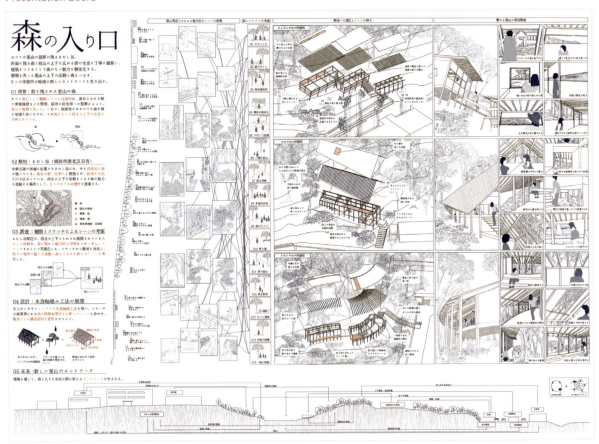
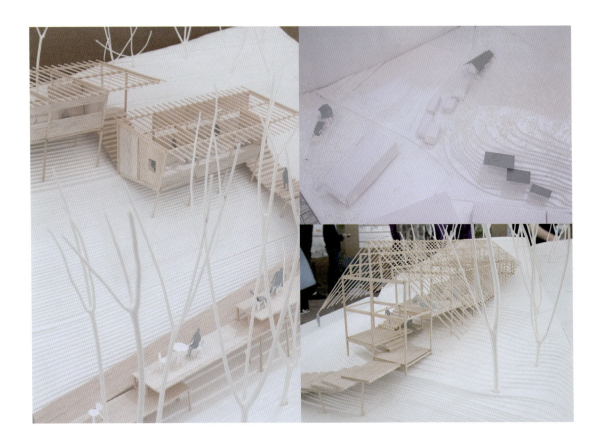

**Poster Session**

伊藤　敷地としては横浜市港北区の日吉駅周辺のエリアを選んでいます。ここは昔は山があって、川があって、集落があって、里山みたいな場所だったのですが、高台に駅ができたり大学ができたりと、高台が開発されていって、それとは全く別に低地は住宅街として進化してきた、いわゆる郊外の住宅地によく見られるような場所です。ここが大学のキャンパスになっていて、ここが住宅街で、この斜面の部分だけが開発から取り残されていて、そこには森がこういう風に残っているようなエリアになっています。その森が人々の生活と一切関わりをもたなくなって、今どんどん荒れてきてしまっているのですが、開発から取り残された森というのは、人々の生活に豊かさを与えるものになるのではないかと考えています。そのためには人が手を入れて守っていかなければいけないと考えているのですが、今日吉で生活している人たちはこの森に対して一切興味をもっていなくて、周りを通っているにも関わらず森に対する関わりが一切ありません。そこで私は、敷地模型のここの四角い囲ったところに、3つの小さな休憩所を設計しました。

竹山　お互い見られるの？

伊藤　そうですね、軽く見たりもできます。

竹山　これは何なの？

伊藤　この辺の小さなものは大学の体育会が練習したりする施設で、こちらやこちらに住んでる人たちがこの谷を通る動線になっているので、そういった道沿いに休憩所を作ります。

竹山　これは意識しているの？それとも無視しているの？

伊藤　私のなかでは一番重要というわけではないのですが、こういうところで活動する学生も部活を行う場所でしかなかったり、大学もキャンパスの教室でしかありません。

竹山　中身は何なの？

伊藤　プログラムとしては、小さなカフェが入っているところもあるんですけど、休憩所のような感じで、大きくこれといったプログラムはありません。ちょっと帰りがけに立ち寄るような場所です。

竹山　学生向けではない？住んでいる人向けなの？

伊藤　両方に向けていて、学生だったら空き時間にちょっと勉強しに来たりお昼寝をしたりだとか、スポーツをしている学生だったら休憩に来たり。それから、お買い物帰りの人がちょっと休憩したり、子どもと遊んだりします。

竹山　上っていったら降りていくしかないのね？

伊藤　そうですね。

竹山　こっちに行くんじゃないんだね？

伊藤　新しい森のなかに入って行くのではなくて、あくまでも道から少し入っていくようなきっかけのような場所になればいいなという風に設計しています。

**Poster Session**

伊藤　対象敷地としては、横浜市の日吉エリアを選んでいるのですが、横浜市で郊外の住宅地みたいなところは昔は山だったところが多いです。高台や低地は住宅街とか駅や病院などいろいろなものに開発されていっているのですが、斜面地だけ今でも森が残っている場所が多く、ただ、人との生活や産業との関わりはもうないので、どんどん荒れていってしまっているというような場所になっています。

土居　この場所は横浜市の何区？

伊藤　港北区です。東横線の沿線で、森が取り残されているのですが、私はその地域において人々の生活との関わりをもう一度もって、地域の人が守っていく資源として守っていくことが大切なのではないかなと考えました。そこで設計をしたのですが、地域の人の今起こっているアクティビティや森をリサーチして、新しいシーンを考えて、それぞれ人々が使っている動線の近くなどに小さな建築を作ることによって、森に入るきっかけみたいなものを建築で場所として作ります。

土居　今も森として残っているんじゃないの？

伊藤　そうですね、森として結構しっかりこういう感じで残っています。

土居　君の模型で実は一番衝撃的なのはこれで、丘の上のほうは公共建築？大学なの？

伊藤　大学です。慶應義塾大学です。

土居　あ、慶應か。三田だっけ？

伊藤　これは1・2年生が通う日吉キャンパスです。

土居　この辺は？

伊藤　この辺は、体育会の選手とかが使う野球場などになっています。

土居　見ていて面白いのは、谷間は人々がぐちゃっと住むわけだよ。そして上は公共建築なんだよ。君は狭間のこういうところに…。

伊藤　場所を作ります。

土居　単に「森」の一言ではわからないと思う。首都圏の郊外の住宅地の作り方だから、大学もあれば住宅地もある。でもそれははっきりこのように棲み分けているんだよね。これが君の取り込んでいる世界の大きな枠組み。だから森を言う前にそのことを話して、斜面というのも結局斜面がなぜ残るのかというと、平地と高台の間だから、その間を媒介しているということの重要性とか、歴史的な意味とかを話したほうがいい。実は僕は日吉に行ったことないんだけど、ここも田園住宅っぽい。

伊藤　こっちが駅がここにあって、こっちは商業エリアというかお店とかが入っている地域になっていて、住宅はもうちょっと外れたほうにあります。

土居　東急だから田園調布の真似をしたわけでもない？

伊藤　ここは東横線のなかでも古くから駅が置かれています。

土居　大学があって、そこから放射状になっていて一直線でしょ？これは明らかに都市と大学を計画しているわけだよね？

伊藤　こっちのエリアは結構そういう風に開発されているのですが…。

土居　こっちは谷だから業者が勝手にやって、その隙間の斜面というのは？

伊藤　せっかく森などがある場所だから、そこをもう少し活かして欲しいという気持ちを込めています。別に大きく何かを作るわけではなくても、小さく、森のなかに入っていけるような場所があれば…。

土居　そうそう。君がやるべきなのは、君が発見した森はどうやって君に手渡されたかだから、その前にこの辺が開発されて、こういう意思でやったと。この斜面の森というのはあえて残したとか、結果的に意図して残してやろうと思って残したわけでもなく、何となく残っちゃった部分にこれからの可能性を見るとか。大きな人間のやることは段階があって、順序があって、君がやることは「五島慶太以来のここに位置する」ということをやれば、君の志がちゃんとどこかに位置付けられる。それをやってごらん。

**Takeyama Review**

ベスト8に入り損ねて大変悔しいと思いますが、評価のある二項対立の流れに乗り損ねたということがあると思います。もう1つの理由は非常に「素直」だということで、ベスト8に残った作品は捻っているものばかりなんですよね。それと比べて大変素直に建築に取り組んでいる、爽やかで清々しい建築だと思います。それから空間に心地良いリズムと流れがあります。プログラムやアイデアといったさまざまなことが卒業設計では問われますが、あと10年100年経つと建築は使い方が変わりますし、何が起こるかわからない。それよりも地形との関係、それから屋根の形、そこに作られる空間のリズムや流れが自ずと行為を呼び起こしてくるので、そこで何かとても素晴らしい時間を過ごせそうだなということを心から思えた建築です。大変良いと思います。

# 土居賞
*Design Review 2019 Prize Winner*

## はるかな未来のために…
― 自己の確立を目的とした深層空間 ―

僕よりも若い人々が人生で何かに迷ったときに自分らしさを考えるために使用してもらうことを目的とし、どう生きるべきか悩んでいた「山田かまち」という1977年に17歳で亡くなった少年の詩をドローイングとして本にまとめた。鑑賞者はドローイングに描かれたドアからドローイングの空間に入り、その空間を頭の中で想像し詩のテーマに対して共感や違和感を抱くことで自問自答をし本をめくりながら、自分の心の軸を形成していく。

ID31

**市川 和樹**　Ichikawa Kazuki

名城大学 理工学部建築学科 B4

**Answer** 1. Illustrator　2. 梱包含め6万円　3. 構想1年,制作3ヶ月　4. 筆のタッチと色　5. ルイス・カーン バングラデシュ国会議事堂　6. 成り行きです。　7. 分かりません。　8. 講評会で誰か椅子から落ちる　9. セントラル画材

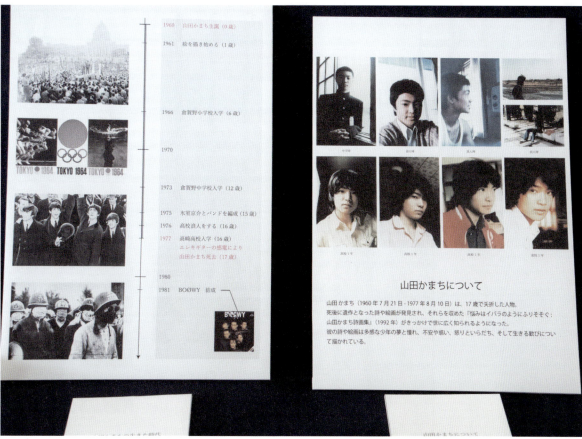

## Poster Session

市川　僕は山田かまちという、1977年に17才で亡くなった少年の詩をドローイングとして、最終的には本にまとめるという行為をしました。かまちの詩集は「どう生きるか」というテーマが多くあり、それを未来の僕より若い人たちが人生で悩んだときにこの空間を本をめくるごとに反芻して、自分らしさを確立していくきっかけになればいいなと思い制作しました。かまち君の詩をまとめたノートが出ていて、若い順に並んでいるのですが、その詩からドローイングにまとめるという風にしています。全てのドローイングにドアが付いていて、そのドアから読者はかまち君が考えたテーマの空間に入って、それをより考えさせるという行為をしています。これがこの絵とリンクしています。13才から17才までの詩になっているのですが、始めは黄色が多くてそれは希望とか夢を表していて、14才から15才になるにつれて社会との葛藤が自分のなかで起こり始めて、葛藤のなかで人間はどう生きるべきなのかというのがオレンジ色で示したところです。最後の青色が、「自分はこういう風に生きたい」というのを表していることを読者が反芻するという形の作品になっています。

藤村　なるほど。これを使って設計したものは何かないんですか？言語はわかったんだけど「言語だけ？」っていう感じ。絵を描いて分析するじゃないですか。そのあとはそれで終了なのかな？

市川　はい。より一般の人にも受け入れられて、共通した話だったので。建築の模型を作るとかそういうのも悩んだのですが…。

藤村　しない？

市川　はい。

藤村　このリサーチは何のためにやるんだろう？言語を作るというか、リサーチみたいなものだと思うんだよね。それは山田かまちをただ表現しても仕方なくて、言語体系を作ったあとに何か再構成しないとね。

市川　はい。

藤村　何か目的があるの？

市川　かまち君の時代で起こっていることは、僕たちの時代で起こっていることと違うと思っています。かまち君が生きていた時代は70年代で、若者が発言する時代だったと思うのですが、それがなくなってきていて、現代にアップデートします。

藤村　伝えるという意味？

市川　はい。伝える意味と、発言することの本質みたいなものをアップデートするということが重要だと思います。それを未来の人たちが本をめくりながら辿っていくという感覚です。

藤村　やっぱりこれはまだリサーチ段階のような気がするんですよね。まだ設計という感じには見えないんです。できればこれを使って何か再構成するといいと思うんですよね。

市川　はい。

藤村　別に模型でなくても良くて、ドローイングでもいいし、文章でもいい。何か再構成したほうがいいと思います。

**Doi Review** ───

この作品はドアの普遍性を通して全てを語ったというものです。僕は作品の良し悪しよりも建築、あるいは建築学というジャンルの組み立てを、研究者目線でトークするという思考方法に興味をもっています。そういうものでもって言論的と言ったりしますが、彼はドアという普遍的な指標を徹底的に貫くことで、ありふれてはいるのだけれども、二重的なんだけれども、また違った視点で建築というものを考え直させてくれる。本人はポエティックなことをやっているつもりだけれど、僕は本当に理論的で言論的だと思います。そういうものを提供してくれたので、突っ込み甲斐のあるなかなか面

## Presentation Board

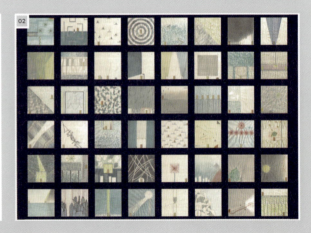

### Poster Session

**市川** 本作品は山田かまちという1977年に17歳の若さで亡くなった少年の死を、ドローイングとして最終的に本にまとめました。かまちの死からどう生きるべきかという内容が多々あり、この本は僕よりも若い人たちが、人生で何かに迷ったときに自分らしさを考えるために使用することを目的としています。このドローイングでは、かまちの17年間の記録である18冊のノートをまとめた本を作りました。全てのドローイングにはドアが描かれており、そのドアから閲覧者はドローイングの世界に入ります。ドアの数によって空間に変化をもたらしていて、ドアの数が1つの空間は滞在し思考する空間で、ドアが2つの空間は詩の流れに沿って移動する空間になっています。また不可逆的なテーマは、ドアノブの有無で方向性をコントロールしています。その空間を頭の中で想像しテーマに対して共感、違和感を感じることによって、その本を捲ることに合わせて自分の考えに耳を傾け、自分の心の軸を形成していくきっかけになればと思って作りました。この詩は、若い頃から順に死ぬまで並んでいるのですが、初めに希望や夢を考えるテーマで黄色に分かれていて、次に赤色の社会の葛藤を表すテーマのドローイングが来て、その次に人間はどう生きるべきかというオレンジ色の概念で表した詩が来て、最後に自分がどう生きるべきかという意思を投げかけるもので進んでいきます。かまちの考えに影響を受けた自分が現代に作品として残した本を、未来の若者が手に取って影響を受け、未来の時代につなげることを考えています。

**土居** やりたいことはわかったけど手順だよね。こごのテキストはどの本の何ページに書いてあるという引用は載せているわけだよね？これは正確な引用なの？

**市川** はい、そうです。

**土居** それを絵に翻訳しているわけだ。その際にドアを入れるというのが君の案？

**市川** 僕の案です。

**土居** なぜドアをつけたの？

**市川** 絵を見るときというのは自分とその世界が対面している状態で、そのなかに自分を置き換えるために、かまちの考えた空間に自分の身を置くためにドアから入るということを想像させるためにドアを付けました。

**土居** それから全体として、これはかまちの人生となっているけれど、他の意味付けはできない？

**市川** 建築としてですか？

**土居** 例えば、これは17年間でテーマ別にカテゴリーに分かれて、7つ8つのグループに分かれるとか、そういう風なこと。

**市川** 今、愛とか趣味とかネガティブとか…そういう風に分かれているんですよ。

**土居** まだ「人生双六」っぽいから、もっと抽象的にかまちの人生ではない他の世界の構造にもっていけば、すごく化けるのではないかと思います。

白い作品でした。ただ、僕しかこの作品に投票しなかったのは、おそらく実体としての建築プロジェクトを作っていないからです。細かいところで言えば、ドアあるいは複数のドアの組み合わせがいろいろあるということを描いてはいるのですが、それで実際に小さな住宅でも作っていたら、もう少し他の先生の共感も得られていたのではないかと思います。でもそのお陰で、何となく僕だけが見つけた宝物のような気もします。勉強を続けてください。

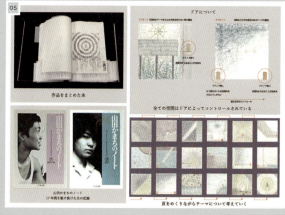

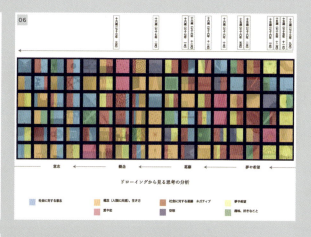

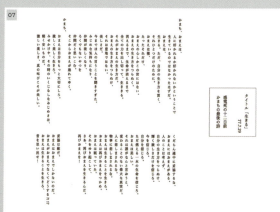

# 藤村賞
*Design Review 2019 Prize Winner*

## 再結晶する空間的感情
— 情調を纏うエレメント —

ID56

佐塚 有希　Sazuka Yuki

明治大学 理工学部建築学科 B4

**Answer** 1. Illustrator、Photoshop、RICOH THETA、SketchUp　2. 7万円　3. 3ヶ月　4. 作品のコンセプトとあっているか　5. ―　6. ものをつくるのが好きだったから　7. 建築　8. 泊まり込み　9. 世界堂、レモン画翠

私たちが普段漠然と感じている感情は実は「○○がそこにあるからイライラする」というようにモノから想起させられているのである。本設計ではそのようなエレメントと感情の関係を論理的に分析し厳密な方法論を作成・提示した上で、空間と一対一対応した感情、すなわち空間的感情をつくりだすことを試みる。感情という人間なら誰しもが持ちうるツールが建築の新しい言語となり、新たな設計手法となるのである。

### Poster Session

**佐塚**　人の感情は漠然としたものとして捉えられがちですが、実は「自販機がここにあるからイライラする」とか、「モルタルの壁がここの高さで存在するからドキドキする」みたいに、あるものが原因で感情を引き起こしているということがわかっています。そのあるものというのを感情を引き起こすトリガーとして、全て要素レベルで書き出して数値化して、それをさらに建築化してしまえば、感情を空間化することと同等なことと言えるのではないだろうかと思い、感情を言語とした新しい設計手法を提案します。そのやり方としては、まずロバート・プルチックという心理学者がいて、基本感情が8つあって、その基本感情はいろいろな分類構造と対応可能であると提唱しています。喜びは黄色、信頼は緑といったように定めていたので、それをそのまま引用して、ここから色をピックアップして感情の数値化を行いました。どうやって感情をエレメントと建築とに結び付けたかというと、2番のスペクトル分析というものですが、都市に行って全天球カメラで写真を撮って、そこでの私の感情をサンプリングして数値化します。そのあと、写真のなかに映ったあらゆるエレメントを面積比とともに書き出します。天空図の応用みたいなものですが、面積比というのは自分との距離などを全て応用できるもので、最終的に一番右のエレメントをどうやって数値化したかというと、エレメントがある状態とない状態を双方羅列することで、連立方程式みたいにエレメント単体の固有の数値を出すことができるので、それをサンプリングしたデータから出したのがここにある表で、これを元に私は設計をしました。設計したものとしては、都市空間と絵画と音楽というのをまずやって、都市空間は渋谷のスクランブル交差点にいたとき、絵画はゴッホの絵画を見たとき、音楽はラフマニノフのピアノコンツェルトを聞いたときの感情を空間化したものがそれぞれあります。

**土居**　8元素はいいけど、例えば測定するときに自分でこれを「怒り」とするわけ？それともセンサーがあるの？

**佐塚**　「怒り」100%の空間はないのですが、ここにいたとき「怒り」が30%くらいありました。

**土居**　調査方法として、建築系学部には割とありそうだけど、例えば道を歩きながら一方で360度カメラで撮影したり、一方で身体にセンサーを埋めて8種類測定とか、そういうことができたら一番いいんだけど。そういうGoogleマップみたいなのはできそう？

**佐塚**　それは建築学科が開発するというよりは、そっちの専門の人たちが開発するものなので…。

**土居**　ここの場所にいたときに8元素がどう組み合わさるか、それは割とわかる。そのときにその原因はどのように特定するんだろう？

**佐塚**　原因がこのエレメントなんです。

**土居**　本当にここにいたらイライラするんだけど、この原因は？

**佐塚**　それを計算したのがこの表です。

**土居**　そんなの計算できるの？

**佐塚**　はい、できます。それを計算したのがこの話とあとこちらです。

**土居**　君がやったのは怒りを鎮めたいの？コントロールしたいの？

**佐塚**　いえ、コントロールしたいわけではなくて、私の手法でやれば感情を抱くものは全て空間化できます。だから、ゴッホの絵画を見たときに私がこう感じて、そのまま空間化すると、この模型のブライザーの位置から向こうを見たときの状態と一致するんです。

**土居**　だから目的がなくてもいい、その翻訳機構があれば。

**佐塚**　目的としては、例えばお施主さんに「私はハギア・ソフィア大聖堂が大好きだから、ハギア・ソフィア大聖堂と同じ感情を抱くリビングにして欲しい」と言われたら、そのリビングを作ることは、私のこの設計手法でやれば可能になります。

**土居**　じゃあお施主さんの都市がどうとか、絵画がどうとか理路整然とやるわけだ。面白い世の中になってきたね。

## Poster Session

**佐塚** 私は、感情を空間化するというのをやっていて、人の感情は「イライラする、ドキドキする」とかすごい漠然としたものと捉えられがちなんですが、実は「自販機はここにある」とか、「モルタルの壁がこの高さでここに立っている」とか、そういうあるものがそこに存在するから感情を抱くという風になっています。そのあるものというのは感情を引き起こすトリガーと言えて、そのトリガーを要素レベルで書き出して数値化して、それをもう1回建築にしてみると、それは感情を空間化することと同等なのではないか。つまり私は感情を言語とした新しい設計手法を提案します。どうやって数値化したかというと、心理学者のロバート・プルチックという人がいて、その人は基本感情が8つあって、それらは色の分類構造と対応可能であると提唱していたので、私はそれをそのまま引用して、こちらの表に基づいて色をピックアップして感情を数値化しました。そのエレメントとの関わりですが、それは2番の感情のRGB変化によるスペクトル分析というもので、都市に行って全天球カメラでその場所の空間の写真を撮ってきて、その空間において私がどのような感情を抱いたかをサンプリングして、それを全部羅列します。さらに、その写真のなかに映るあらゆるエレメントを面積比とともに書き出します。

**藤村** どこかに平面図とかはありますか?

**佐塚** 平面図はこれとこれがあって、あとはポートフォリオにあります。

**藤村** これは設計したものなんですね?

**佐塚** ABCで渋谷のスクランブル交差点と絵画5個を見たときの感情と、あとは音楽を聴いた時の感情を3つサンプリングして、空間化したものです。こちらが今椎名林檎のPVが流れているのですが、このPVを見たときの私の感情を空間化したものがこの3つとこの4つ目です。この長細いものは仮想敷地に空間化したもので、これは実敷地に空間化したものです。

**藤村** じゃあこれとこれは同じモデルということ?

**佐塚** そうですね。同じモデルで敷地があるかないかという話です。こちらは仮想敷地だから、自分が通らない場所は設計する必要がないので、今模型上に木版で表しています。実敷地のほうは他の既存の家だったり、既存の植物とかがあるので、それを全て表現してこちらの模型は作っています。

**藤村** まあ思考実験としてはよくわかるんだけど、目的は?

**佐塚** 目的は、例えば施主が、「私はハギア・ソフィア大聖堂が大好きだから、ハギアソフィア大聖堂に行ったときと同じ空間をリビングに作って欲しい」と言ったら、そのリビングは…。

**藤村** 感情的なオーダーをちゃんと形にする方法?

**佐塚** そういうことができます。

**藤村** 自分の感情をこうしていったあとに、他人の感情で何かを設計したら面白かったですね。

**佐塚** そうですね。ここまでやるのが膨大過ぎて、そこまではできなかったのですが、これでもう私の設計手法は確立できたので、他の人にこの感情を聞けば応用することは可能です。

**藤村** やっていることはわかりました。

### Fujimura Review

今日いくつかの軸がこの場で作られましたけれども、もう1つ作っても良かったのかなと思ったことです。ID50番の伊藤さんの作品はフォリーの提案という風に読めます。伊藤さんのような空間的なフォリーと言語的なフォリーみたいなものを対比させたり、それと同時に石橋さんと中important君に軸線が引かれたのですが、実は石橋さんと佐塚さんを対比させたらまた別の議論が生まれたのかなと思いました。この2人がよく使う「恣意性」という言葉が非常に引っかかるというか、もう少し議論したい言葉の1つです。一見すると世の中には恣意的な建築と恣意性を排除した建築があって、建築学科というのは恣意性を排除した建築の作り方を教えているところだけれども、私には「それに抵抗して恣意性をもった建築を作るんだ」という議論に聞こえてしまいます。しかし佐塚さんの話を聞いていると、実は感情を数値化して言語化して再構成するというのは、どちらかというと建築の専門性というものを開きたいという、設計者と使用者が同じ言語で対話するには環境心理を問題にしなければいけないのだという問いの立て方だと言っていました。環境心理を「設計者と使用者がどうコミュニケーションを取りながら問題に向かうのか」という問題にして作品を読むと、言っていることがわかってくるなと思いました。その誤解を壇上で解いてあげればいいのではないかと思ったのですが、そういう議論ができなかったので、せめてものということでクリティーク賞を贈りたいと思います。しかし、模型の片方がモデルで片方がもう少し敷地を応用していて、「こちらが新築的でこちらがリノベーション的である」という言い方をしていて、「リノベーションというのは制約が多い、新築というのは制約条件が少ない」と言っていて、この世代ではそういう捉え方をするのかとちょっとした驚きというか発見もありました。けれども、建築は大なり小なり制約条件があって、そのなかで設計主体が再構成していくものだから、なぜ程度問題でしかないものをそんなに「恣意性だ、いや論理性だ」という風に議論してしまうのか。そういう議論をしてみたかったなと思いました。

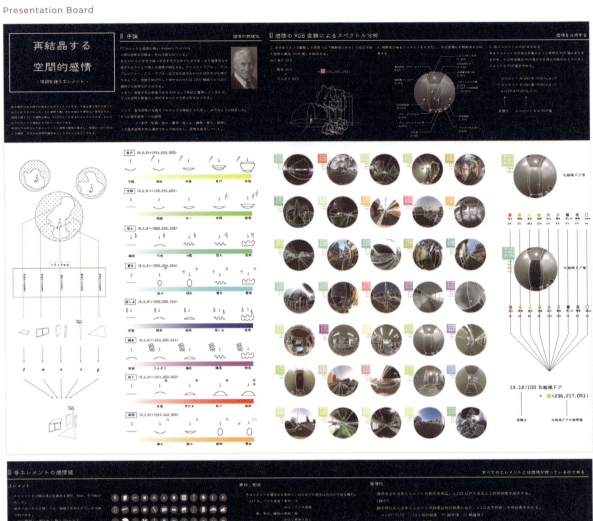

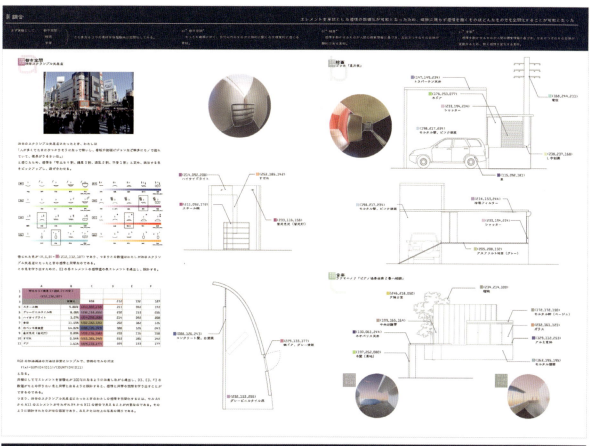
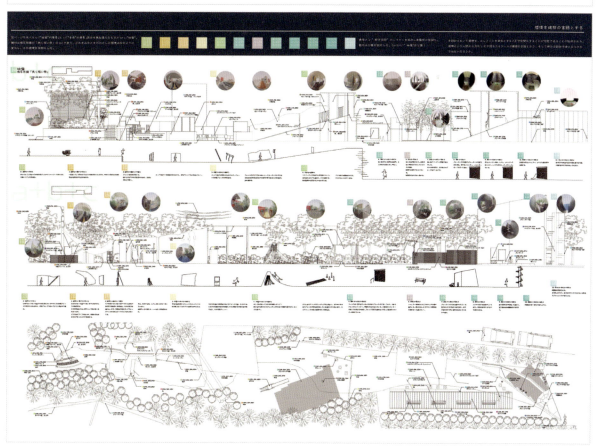

藤村賞　*Design Review 2019 Prize Winner*　051

# 8選
*Design Review 2019 Finalist*

## 妄想都市ノ解体絵図
— 抽象画からみた都市空間の気づき —

ID13

梶浦 悠翠　Kajiura Haruka

名城大学 理工学部建築学科 B4

Answer 1. AutoCAD、Illustrator、Photoshop、Hand drawing　2. 画材5万、模型3万　3. 構想8ヶ月、制作1ヶ月　4. 見やすく　5. 菊地宏、青木淳　6. 見えない空間に興味があった　7. 子どもと関われる仕事　8. 知らない人と繋がる　9. 世界堂栄店

「都市は存在せず、私たちが創り出した妄想だとしたら」と考え、抽象絵画を用いて都市を見る。すると、計画し尽される都市において、計画されない所に都市の魅力は潜んでいた。その魅力を気づかせるfolly（小さなニセモノの建築）を提案することで、私たちがイメージによって創った妄想都市の解体を目指す。都市を暴力的に変えるのではなく、今ある都市の見方を変えることで都市計画のプレデザインとして機能する。

### Presentation

息苦しい危うい、そんな都市の漠然としたイメージが都市を悪化させているのではないのでしょうか。実は都市は存在せず、私たちの作り出した妄想の概念だとしたらと仮定しました。この提案は抽象画という観点から都市、建築を見ることで、従来の都市計画とは全く異なる都市の見方を提示します。そして都市の魅力に気づいてもらうフォリーを計画することで、都市に対する漠然としたイメージの解体を目指します。敷地は愛知県名古屋市です。まず、地図をキャンバスとして見立てることで、都市像をあぶり出します。そして、全体抽象画を作成します。空中写真からわかるかたちは素直に線でなぞり、写真ではわからない歴史的事象は色面によって表現します。次に線同士の響きや、線と面がもつ内力を意識しながら整え、全体抽象画を作成します。次に絵画上に現れる構造上必要な点をプロットします。抽象絵画が生まれた時代の多くの画家は消失点をなくしていたのに対し、ワシリー・カンディンスキーは具象画と同じように消失点にも全体を構成するために必要な点、いわゆる静寂な点の存在を主張していました。名古屋市の全体抽象画では6つの点が見られました。最後にキャンバスを地図に戻すことで、絵画上の重要な点は都市が構成される重要な点と解釈することができます。実空間の6つの敷地は本設計の敷地となります。続いて敷地抽象画の作成です。都市の魅力を他者と共有するツールとして敷地抽象画をその場で作成します。名古屋では6つの敷地を2日間、1日12時間、計144時間を締め切りとし、写真では伝わらないような敷地の色や音、風や形態、さまざまな感覚に影響されながら描き、感じた気づきをまとめます。設計です。抽象画がある舞台を捨象して描かれるように、直方体を間引いてボリュームスタディを行い形態とします。この直方体は、「あなたの思う都市の形を書いてください」というアンケートによって最も多かった形であり、また、一定のフォリーの規模間を絞るためのものでもあります。そして最終的に気づきが感じられるように収めることで、都市のもっているアクションを建築でリアクションしていきます。最後に都市はもっとファンタジーに溢れるべきだと私は思います。頭だけで考えられた都市があるから人は高度で複雑で絶望的であると、自分には理解できないものだからとして、見て見ぬふりをします。そんな気がしました。そのため私は頭を固くして都市を見るのをやめて、平行世界に存在するもう1つの地図を表現しました。私たちが勝手に、勝手な妄想によって生み出された都市のイメージを解体していくことで、今ある都市を少しでも愛することができるかもしれません。この卒業制作は都市の実験ではなく、これから建築に携わるものとしての意思表明としてもってきました。

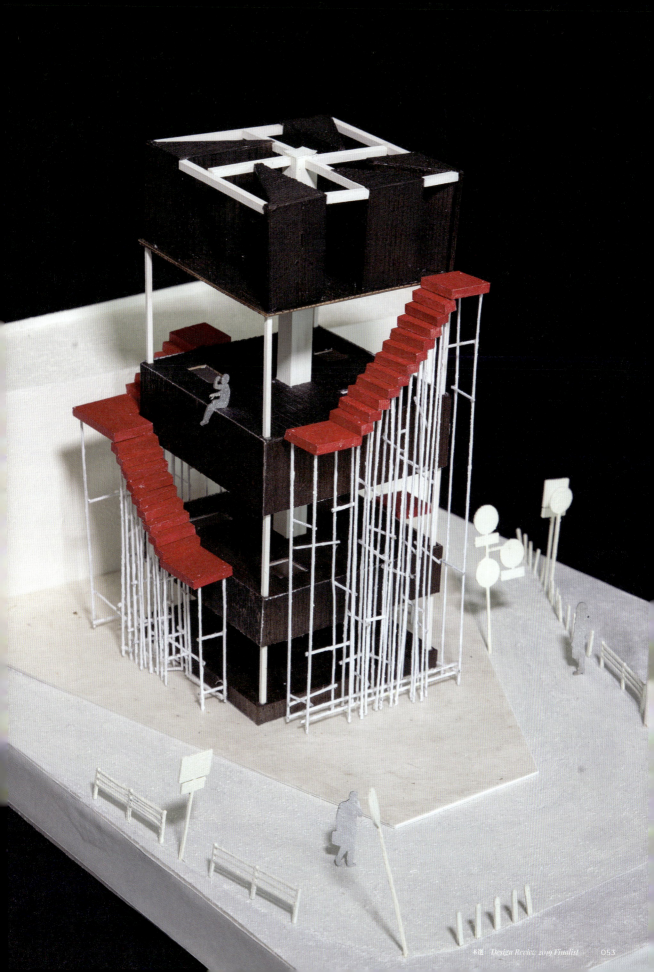

# Presentation Board

## 妄想都市ノ解体絵図
－抽象画からみた都市空間の気づき－

### 1. コンセプト
不安、息苦しい、危うい…
都市の源性としたイメージが都市を悪化させているのではないでしょうか。実は「都市は存在せず、私たちが創り出した妄想の概念だとしたら」と仮定しました。

この提案は、「抽象画」という観点から都市、建築を見ることで従来の都市計画とは全く異なる都市の見方を提示します。そして、都市の魅力を気づいてもらうフォリーを計画することで、都市に対する源性としたイメージの解体を目指します。

### 2. 敷地選定：愛知県名古屋市

**2-1.〈地〉ーキャンバスへ変換**
地図をキャンバスに見立てることで、都市画をあぶり出します。

**2-2.〈図〉ー全体抽象画の制作**
空中写真から分かる膜（外的）は垂直に繋でなぞり、写真ではわからない歴史的事象（内的）は色面によって表現します。次に、膜同士の響きあい、線と面が持つ力を意識しながら整え、全体抽象画を制作します。

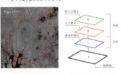

**2-3.〈図〉ー W.kandinskyの静寂な点**
全体抽象画に静寂な点をプロットします
※抽象表現が生まれた時代、多くの画家は消失点を無くしていたのに対し、カンディンスキーは具象画と同じように抽象画にも全体を構成するために必要な要素が凝縮された点、いわゆる静寂な点の存在を主張していた。

**2-4.〈地〉ー地図に還元**
キャンバスを地図へ戻すことで絵画上の静寂な点は都市が構成される重要な地域と解釈することができます。

名古屋市の全体抽象画では6つの点が見られ、表のような特徴がまとめられました。静寂な点は本設計の計画敷地となります

### 3. 敷地抽象画の制作
都市の魅力を他者と共有するツールとして敷地抽象画を"その場"で制作します。名古屋では6つの敷地×12h×3dの計144時間を〆切とし、写真では伝わらない敷地の色や音、風や形態などさまざまな感覚に影響されながら描き、感じた気づきをまとめます。敷地抽象画に恣意性が含まれますが、他者と抽象画を通し、題材や稜線、推測によっての対話を図ります。

### 4. フォリーの設計
気づきを建築の機能として与え、抽象画がある具体を抽出して描かれるように都市のイメージを最も簡素な直方体を用いてボリュームスタディを行い、形態を決め、最終的に気づきが感じられるようにおさめます。

例 a 《長者町商店街》

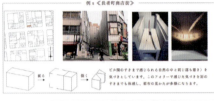

ビル間のすきまで感じられる自然の中と同じ落ち着きを気づきとしています。このフォリーで感じた気づきはこの場のすきまで体感し、都市の見かたが多様になります。

b 《戸笠公園》

c 《金山駅》

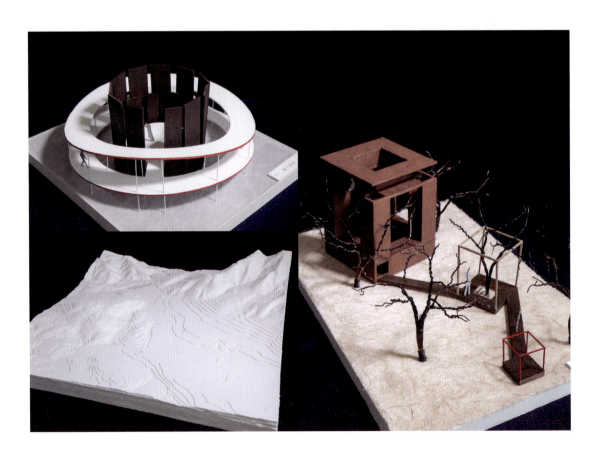

Poster Session

梶浦　都市は妄想だと仮定します。不安、息苦しい、そんなイメージは私たちの思っている妄想だったのかもしれません。そんな見えない都市のなかで都市の魅力に気づくフォリーを抽象絵画を用いて発見し、漠然とした都市イメージの解体を目指します。まず最初に地図をキャンバスと見立て、こちらは名古屋で計画しました。名古屋の地図になって、このように地図からわかる都市の形は素直に線で描き、写真からはわからないような歴史的事象は色面によって描いています。そしてこの抽象画が作られるために、構図に必要な点をプロットしていきます。名古屋の全体抽象画からは6つ得られ、それをまた地図に戻すことで、それを都市が構成される重要な点だと解釈できるのではと考えました。その6つの点に計144時間を締め切りとし、その場で感覚、匂いとか色だったりとかに左右されながら敷地抽象画を描きます。そこから抽象画がある舞台を捨象して描かれるように直方体を間引いて、ボリュームスタディを行い形態が決まっていきます。

藤村　ちょっと待って。この絵は時間を決めて描くとするじゃないですか、自分の受けた感覚か何かを元に。でもそれをボリュームに置き換えるのはどうやってやるんですか?

梶浦　それは「あなたの思う都市の形を描いてください」というアンケートを取って、大多数の人が直方体を描いたということがあり、その直方体からボリュームスタディをしています。

藤村　一個一個のドローイングに対して一個一個の形が対応しているように見せるということ?

梶浦　そうですね。

藤村　これがどのように対応してくるのか。これにどの辺がどうつながるのかな?

梶浦　こちらはオフィス街だったりビル群がたくさんあるのですが、そんな雑踏のなかでも、ここの隙間空間というものに自然と同じような落ち着きが感じられたんですよ。それを描いて、これは気づきを得るための…。

藤村　リサーチみたいなことね。

梶浦　はい、そうです。

藤村　じゃあ例えばこっちは?

梶浦　こっちは見上げることの気づきなんですけど。屋上って今都市にあるけど使われていない。そういうのを描いて、都市にファンタジーがあればいいなという提案になります。

藤村　これは独特なドローイングでとてもいいんですけど、1、2、3という説明に聞こえてしまうのがもったいないですよね。実際の設計ではフィードバックすると思うんですよね、こういうのを作ったらこっちが変わってまたこっちが変わってみたいな。そういうのはあるんですか?逆の関係とか。

梶浦　この抽象絵画がこれからどんどん変わっていくと思うんです。それがフォリーによって、これは僕が主観的に感覚に左右されて描きました。

藤村　感覚に左右されたのが、これをやってきたことによってまたその感覚が変わるとかそういう関係があるのかもね。わかりました。面白いですね。

Poster Session

梶浦　都市は妄想だと仮定します。不安、息苦しい、そんな都市のイメージはそこに存在していると思い込んでいる、単なる妄想だったのかもしれません。今回は名古屋市を例に計画し、そんな目に見えない都市のなかで、都市の魅力に気づくフォリーを抽象絵画を用いて発見し、漠然とした都市イメージの解体を目指します。まず地図をキャンバスとして見立て、空中写真からわかるこのような形、都市の形は素直に線でなぞり、写真ではわからない歴史的事象は色面によって表現します。そしてこれが名古屋の全体抽象画になります。次に、抽象画上に現れる構図上必要な点にプロットします。次にフィールドワークです。その点が見つかってこちらの敷地になります。この敷地に計144時間を締め切りとし、敷地抽象画を描きます。そこで感じられる気づきを表にまとめます。それからその気づきを与えられるように、直方体を間引いてボリュームスタディを行い、フォリーを都市に分散させます。

土居　フォリーを分散させたとして、あんなに離れていると、その一つのフォリーを見た人が「あれは別の場所と連動している」とか発見できないんじゃないかな?あまり離れていると発見できないよね。それはいいの?

梶浦　それは名古屋ではたまたま6つの点が見つかっただけで、例えば東京でやると全く別のものかもしれません。これ自体の関連性というのは、名古屋全体の都市で見たらまとまっている6つという共通点があるかもしれないのですが、それぞれは独立してそれぞれの気づきはあります。

土居　うーん…。だからそういう前衛絵画を建築に置き換えたというところにもう収斂されるわけで、別に6つであることに特に意味はないし、あの場所でなければいけない意味が特にないような気がするんだけど。

梶浦　でもやっぱりこちらが大事で、ワシリー・カンディンスキーは この、静寂な点というのですが、絵画上必要な点を主張しているんです。地図をキャンバスとして見立てたわけですが、それをプロットして地図に戻すことで、都市が構成される重要な点になるのではないかという仮定を置いて設計しています。

土居　だからそれはあくまで比喩的にそうなんであって、自分の絵画で自由に形態が浮遊するようで実は6つ点があるとかは一種の仮説としてあるわけだよね。彼自身はそれによって絵画を描いているのかもしれないけれど、それと名古屋から6つの点を任意に選ぶことは本当に同じなのかね。だから6つの点をああいう風に決めることがカンディンスキーのやり方に倣うことなのかどうか、僕にはよくわからないんだけど、どうだろう?

梶浦　僕自身カンディンスキーが好きで、それも論文で書いて、その静寂な点というものやった上で点をプロットしました。

土居　いや、カンディンスキーはそれでいいんだよ。ただそれを都市に応用するときの手続きってそんな論理的でもないような気がするんだけど。ということは逆に任意にやればいいっていうね。

梶浦　そこで言いたいのは、都市計画的なことを考えているんですけど、都市計画を頭で考えることで建築をやっていない人も建築をやっている人も都市に対するイメージが悪くなってしまうというところで、いったん少しアートというか芸術のところから考えようと思いました。

土居　だからもっと自由じゃないかって言いたいわけなんだよね。

梶浦　いえ、結構自由です。

土居　いや、だからこれもそういうときにね、僕はむしろ恣意的に選んだほうが良くて、ただ恣意的なんだけどちゃんと理由はある。そういうやり方が一番いいような気がする。それで建物、フォリー、これは1個1個見たら結構面白いんだけどさ、カンディンスキー的なのかね?割としっかりと構築的だな、よく見れば。こんな伸びやかさはないんだけどね。一言言えるのは、カンディンスキーのこういう絵画自体が1つの都市のあり様の何かを描いているわけだよね?だから近代世界におけるものの分散のあり方そのものを描いているような気がする。だからそれをもう1回都市のなかに持っていくときには、理由付けみたいなものが必要なんだよね。単に変換しましたではなくて、どういう変換なのかをきちんと言う。

梶浦　わかりました。

# 8選
*Design Review 2019 Finalist*

## 築地再考

市場での活動に沿って生活が営まれていた築地では、モノや空間が時々の状況やニーズに応じて多様に解釈されて使いこなされて来たが、今それが市場の解体に伴い消えようとしている。そうした活動を生んでいた市場の廃材を用いてショートステイのための集合住宅・ギャラリーを提案し、"住みこなされる"築地のアイデンティティを未来へと継承する。そこでは、訪れる人々により様々に空間が読まれ、十人十色の生活が営まれる。

ID30

重村 浩槻　Shigemura Hiroki

慶應義塾大学 理工学部システムデザイン工学科 B4

Answer 1. Photoshop, Illustrator, InDesign,, AutoCAD, SketchUp  2. 15万円程度(輸送費等含む)  3. 3ヶ月  4. メインパースと分かりやすい構成  5. RCR Arquitectes—レス・コルズ・レストラン  6. 父から影響を受けて  7. 未定です  8. 提出前に当たり前のように徹夜しがち  9. 神田、レモン画翠

### Presentation

市場での活動に沿って生活が営まれてきた築地。そこでは、ものや空間が時々の状況やニーズに応じて多様に解釈され活用されてきました。そうした活動を生んでいた市場の廃材を用いて、取り残される場外市場にショートステイのための集合住宅兼ギャラリーを提案します。これは、住みこなされる築地のアイデンティティを未来へと継承するための建築です。ものがさまざまに解釈され暮らしに密接に住みこなされる築地。そこには、機能や用途を超えたものや空間の使われ方がありました。今、豊洲への市場移転に伴い、築地市場、場内市場が解体されます。その跡地に東京オリンピックのための施設が新たに建設される一方、場外市場はこれからも築地に残り続けます。この場外市場に人々が空間を読み、解釈し、自分の生活に密接に住みこなしていく営みを残していく設計を行います。手法です。築地で多様な住みこなしを生み出していたものたちを収集し組み合わせることで、生活に寄り添ってさまざまに読み取られる、また、その可能性をもつ空間を創出します。また、そのような空間が集まり建物を構成します。初めに、解体されつつある場内市場より活動のきっかけとなるものを収集します。ここでは75のものが収集されました。次にこれらのものたちを組み合わせて、さまざまに読まれ生活に密接に住みこなされる空間を創出します。空間例1です。ここでは4つのものが組み合わされています。建物のバルコニーの手すり、卸店舗で売り物を並べるための広い木の机、物流に使われる運搬用パネル、ステンレスの調理台からなります。例えば、雨に打たれて雨宿りに来た青色の子どもは、この空間を見てもっていた傘をちょっとした隙間にかけるかもしれないし、青いパネルとドアの取っ手にかけるかもしれません。例えば、仕事帰りに休憩に寄った緑の人は、木のベンチの脚にコートをかけ、鉄格子に座って休憩をするかもしれません。空間例2。ここでは、14のものが集まって空間を作ります。横丁店舗の看板、競りでマグロを乗せる板、吊りはしご、パーテーション、ガードレール、築地の正面口看板、小さな店舗の看板、木箱、パレット、台車、雨樋、縦向きの長い看板、フェンス、細長い道具入れからなります。例えば、滞在し家事をする緑の女性はこの空間を見て、吊りはしごの出っ張りに服をかけて干したり、パンチングメタルの下を収納に使うかもしれません。例えば、くつろぎに来た赤い男性は、この空間で大きなパンチングメタルを机として使ったり、ガードレールを椅子として使いガーデニングをします。このように訪れる人により、さまざまに読まれ住みこなされる空間を創出します。最後に構成です。先に紹介したような空間が集まり建物をなします。1階平面図です。築地に開かれたギャラリー空間。周囲に住む人がふとした瞬間に利用するような場所の読まれ方がされます。訪れる人のさまざまな需要に対応する築地の共有スペースとなります。2階平面図です。ショートステイのための住宅の入口があります。この住宅では空間が営みのきっかけを作り、人は思い思いに憩いの場所を探し過ごします。3階平面図です。一見機能的に見える場所も過ごす人によってその用途は変化します。ショートステイによって短い期間で滞在する人が変化することから、この建物の空間の用途は固定されることはありません。立面図です。人に多様な振る舞いをもたらす空間が集まり、外観をも構成します。それらが連なり内にも外にもさまざまな居場所が生まれます。空間を読み、人が思い思いにさまざまに過ごすこの場所で、築地で失われゆくものや空間を解釈し、暮らしに密接に住みこなす営みを未来に継承します。また、将来失われる人が空間やものを読む力を呼び起こす建物にもなります。

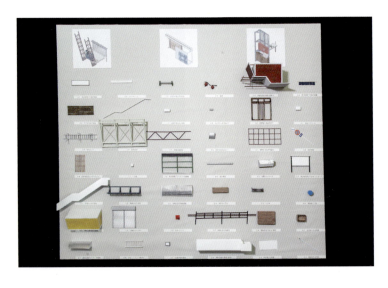

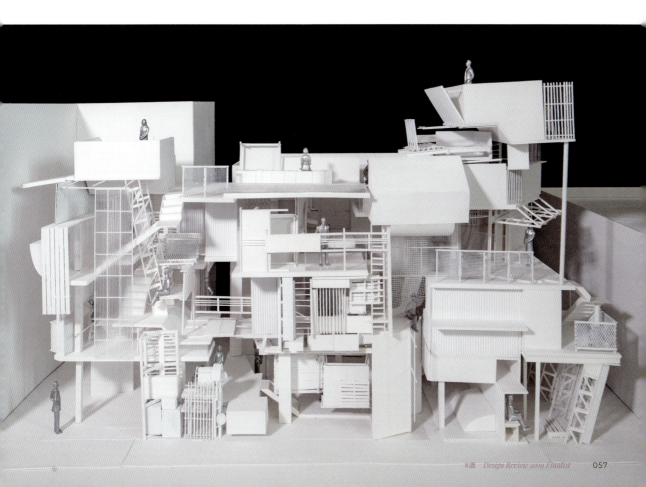

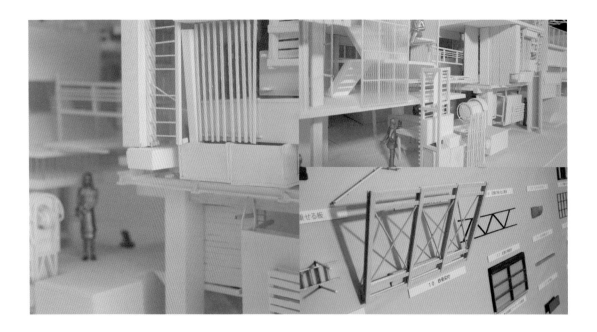

## Poster Session

**重村** 築地市場での活動に沿って生活が営まれていたのですが、そこではものや空間が時々の状況やニーズに応じて、生活に密接にさまざまに解釈されて活用されてきました。そうした活動を生んでいた市場の廃材を用いてショートステイのための住宅兼ギャラリーを設計し、住みこなされる築地のアイデンティティを未来へと継承します。

**土居** 結構細かいところまで作り込んでいて感心しています。全部白で塗っているのは、割と今風なのかな？

**重村** あえて白で塗っていて、一番下に75の生活に密接な活動を抜いたものたちの収集があります。その上の5枚のパネルがそれらを組み合わせて生まれるさまざまな活動を生む空間です。そしてこれが集まって、最終的に全体としてはこういう形になっています。これになったときに、今まで経験していた空間と比べて、ゴタゴタしている状態よりも空間として見て欲しくて、あえて白色にしました。

**土居** これは築地のどこにあるの？

**重村** これは築地の場外市場に設計しています。築地はこちらの赤い部分が場外市場で、ここの一角が場内市場なのですが、豊洲への市場の移転でここがなくなって、今後東京オリンピックのための駐車場になる予定です。これがあることによって築地全体での生活、営みというのが支えられていて、今後駐車場になってここが廃れていき、クリーンアップしようとなったときに、大きな駐車場みたいなものでクリーンアップするのか、それともこういう営みを残していく設計をするのかという問いを投げかけたものです。

**土居** うーん…。それらは矛盾するものなのかね？気の利いたデベロッパーだったら、クリーンアップするのはそもそも人を追い出すためにやるんだよね。ものを壊すだけでなくて、空間をならすのは人を追い出すためで、そうすると土地の論理、資本の論理でやってしまうととりあえず大きなビルが建つわけだよね。それはこれを守る守らないではなくて、これを建てる主体を追い出すか追い出さないかの戦いだよね。だから君は「追い出さない」というわけだ。

**重村** 「追い出さない」という立場を取っていますね。実際ここに今いる人たちは、場外市場、場内市場がなくなった今でも続けていこうと活動をしています。

**土居** ある種の既得権を持っている。

**重村** そうですね。けれども、実際に魚を卸す部分がなくなっているので、人が減少しているという現状があります。

**土居** こういうところに住む人は一人ひとりが建築家でも何でもないけれど、やっぱりいろいろな才能とかノウハウをもっている。今はそういう個々の人間がもっている資質というのが都市の財産だという考え方があるよね。そうするとここがデベロッパー的に更地にするにしても、中間の道もありそうだとは思うんだけど君はどう思う？完全に壊すわけでもない、全部現状維持のままでもない、こういう人間の力を最大限に生かす。でも経済効率も考えるみたいなものがありそうなんだけど。

**重村** そういう考え方はしないですね。だから今回の作品を通して僕が投げかけたかったことというのは、要はすでにある営み、この空間を解釈して生活に密接に住みこなしていくという営みは、東京とかで消えていっているものなんです。それは高層のビルであったり近接な空間というものが増えているなかで、じゃあ今、築地だけでなくて月島であったりとか、近くの根津・谷中とかでもそういうものがどんどん消えていってしまうという現状に対して、ここも同じように消えていってしまうのか。それとも、こういうもので投げかけて残していくための働きかけをするのかというところです。

**土居** 1つのプロトタイプを作って、エレメントを集めて、「なかなか面白いでしょ」というのはいいけどさ、そうすると最終的に守るのは個人の資質・能力であるとしたら、そのためのやり方を考えないといけないんだけどそれはどうすればいいの？

**重村** 今回ここで重視しているのは、パッと見で空間の使い方であったり機能というものが1つに固定されないということです。一見何がどうなっているのかよくわからないけれど、こういう使い方ができて、こういう過ごし方ができるかなというのは訪れた人によってさまざまに解釈されます。また訪れる人もショートステイなので、人が変わっていくなかで建物の用途が固定されないということを重視しています。

**土居** 誰か特定の人がここで何か営業するわけ？それとも人が変わっていくの？

**重村** 人が変わっていくものになっています。1階は築地全体に開いているギャラリーの自由空間、2階から上は人を招きつつもショートステイのできる集合住宅として設計しています。

**土居** おそらくどこでもそうだけど、東京の街の面白さはやっぱり人間の創意工夫の面白さであると。普通は商店街にしろそういう人たちがずっといるから面白い。そういう人たちがいなくなってしまうと都市はもう面白くなくなってしまう。そしてあとから大資本がやって来て、ブランドものを集めてどこにでもあるようなものしかなくなるわけだよね。だからそこで君が言っているように、ここは人が入れ替わり立ち替わりしていくんだろうか？例えばここで君がちょっといいサンプルを2つ、3つ選んで、それで彼らを生かすためのものをつくる。そうすると1つのプロトタイプになって同じシステムでもっと広がる、ということにならないかな？

**重村** 確かにそうですね。今回は営みを重視して残すことを考えたのでこうなったのですが、ここにいる人自体の活動が築地の良さを生み出すことにつながっているとするなら、そういうものを設計するのもとても理に適っているというか、面白いかなと思います。

**土居** 造形とか都市の分析とかはきちんとしているからいいと思いますけどね。

## Poster Session

**重村** 市場での生活に沿って営まれていた築地では、ものや空間がその時々の状況やニーズに応じて生活に密接に、さまざまに活用されて、生活が織り成されていました。そうした活動を生んでいた市場の廃材を用いて、ショートステイのための集合住宅兼ギャラリーを提案し、築地のアイデンティティを未来へと継承します。

**光嶋** これはフェイクなの?リアルなの?

**重村** フェイクです。

**光嶋** フェイクなの?これは本当にあなたのリサーチに基づいたものなの?

**重村** あ、これはリサーチに基づいたものです。

**光嶋** フェイクじゃないじゃん。本当のスケールでこういうものがあるわけ?

**重村** はい、そうです。

**光嶋** このセンリ軒という店とか実際にあるの?

**重村** はい、あります。全て75の廃材が、築地市場から解体されて豊洲に移るものまで。こうする前にこれらの趣旨の1つ1つの廃材を組み合わせて、いくつかの空間を設計しました。

**光嶋** ああ、なるほどの。ルールは?

**重村** その時のルールは、主観で設計はしているのですが、ディテールは来た人にこういうものに使うんだということを理解させないことによって…。

**光嶋** そんなことをあなたがコントロールできるの?

**重村** それができるのかというのも今回の副題になっています。そのため、ここを見てこういう風に使えるんじゃないかという空間を読む力とか解釈を…。

**光嶋** もっと厳密に言えば、本来使われていた方法ではない方法で作るということね?

**重村** そうです。それが起こることによって、こういう風に使われるんじゃないかという解釈と、使っていくということを起こします。ショートステイなので、内に入って空間を読む人は短期間で変わっていきます。

**光嶋** でもこれは構造体はどうなっているの?ここで組み合わせるためのジョイントは?接合方法は何なの?

**重村** 接合方法までは考えていません。

**光嶋** じゃあ、この小さい接合たちをどう接合するか考えていないの?

**重村** はい。

**光嶋** そこでしょう。すごい面白いと思うけど、これがどう成り立っているのか、そこを逃げちゃダメだよね。「これは重ねて折るということでジョイントしている、これはくっ付けることでやっている、完全に違う構造体に貼り付ける、載せることで、それをさらにもっと大きく2段階で重ねる」とか。ここでも構造体を作るのか、元々ある構造体を再利用するのか、もっともっと厳密にやらないと。「主観的に設計」というのがまさに恣意的過ぎるんだよ。もっともっと自分を捨てた時にルールが見つけ出せるはずで、そのルールをどうやるのかというところまでやったらすごいことになるよね。それを「主観的」とエクスキューズを言っている時点で弱いよね。すごいポテンシャルがあるし、すごい面白い空間だけど、構造がないということはある意味でもう建築じゃないんだよ。魂を抜かれた建築は、結果的にアートだと言われて成り立たない。

**重村** もちろん、ジョイントの部分については考えなければいけないとは設計の段階で理解はしていて、構造としてしっかり成り立つかというのは模型を作りながら考えてはいたのですが…。僕の中でそれよりも優先したこととして、どうしたら人によってさまざまに異なる使い方が見出されるかというのがありました。

**光嶋** 異なったものを異なって付けたら、さまざまな異なったものになるに決まっていて、そこは逃げだよね。じゃあ、どうしてこのサイズでやめたの?このスケールを5つ組み合わせたらこのスケールになるとか、どうしてここもこれでやらなかったの?「これで終わりです」と原稿用紙に終止符を打ったあなたの意図を説明できないでしょ?やっぱり構造から逃げちゃダメで、それが恣意的に遊んでいると思われたらもったいない。橋掛かりしている裏の見えないルールを説明できたら、これが大賞になるんだよ。でもそこを逃げてしまうと、ジョイントと構造がないのはもうルール違反で、これは建築ではなくアートだってなる。これは現代アートとして美術館に置いたらすごくかっこいいよね。なぜこれは色を消したの?

**重村** こっちでリサーチとして見てもらって、こちらではさまざまに生まれる空間として見て欲しかったので。

**光嶋** でも実際はどうなの?

**重村** 実際はこういう色です…。

**光嶋** だからそれもダメだよね。「実際は色はあるけれども色はいらないんです」って。「1回漂白することでこの人たちが持っているポテンシャルはより強くなると思ったから白くしました、模型上白いんじゃないんです」というのは普通逆だよね。こっちを白くして、実際のアッセンブルした方を色鮮やかにすることで違いが出てくる。ここでこれだけさまざまな違いを見せて、結果的にはこのまま使いたいのに面倒くさいから白くしちゃったわけでしょ?ここでいろいろなものが交響曲が鳴っている状況を作らなければいけないのに、こっちでカタログを頑張っちゃってただのプラモデルになってしまっている。

**重村** 僕はどちらかというとこっちで本当に建築として見て欲しくて…。

**光嶋** それはさらに矛盾していて、建築として見るんだったら構造とジョイントを考えないといけない。

**重村** 建築としてというか、組み合わせていく空間として、今まで見てきた自分の知っている空間などと比較して「こういう風に使えるんじゃないか」という考えをしてもらいたくて。そのときにテクスチャー、色とかが着いていると、単純にものを組み合わせただけと思われるのを嫌ったんです。

**光嶋** じゃあ最初にそれをやれば良かったんだよ。ここからここで漂白で、ここからここでより纏わないと、最後は脱いじゃったみたいな。スタディスケッチの時に漂白して、それがアッセンブルされるとこんな響き合いが生まれる。そこで響き合いを減らしてしまっている。造形とかマテリアルとかスケール感だけになっちゃうじゃない。これは色という大事な要素を漂白しているんでしょ?でも、あなたが作りたいものがこれだったらいいよ。「表面はいらないんだ」っていうメッセージだから。でも実際にものを使うんだよね?こっちをこれでやって、これは一旦漂白することでそれぞれのエレメントが持っている力や造形、素材感、強度を発見するために色は関係ないとやってから、こちらをアッセンブルした方がよほど効果的だよね。だから、それはそこに置いても主観的であるということを言えば一緒なんだよ。言っていることが大前提で、2回自分のエスキスを作っているが故に逆で、そもそもこのアッセンブルするときの補助役だよね。だから舞台に上がっている俳優の裏の照明みたいに、裏方の人たちが支えているというのが大事なんだよ。それを示せるようにきちんとレーベルを貼っているのに、アッセンブルする方法がない。

**重村** なるほど。

**光嶋** それがあったら、これはアートじゃない、これは建築ですって言える。

**重村** そうですね、そこを突っ込まれることは理解していたんですけど…。

**光嶋** そうだよ、難しいんだよ。いいやつは厳しいんだよ。

**重村** 例えば、こういうコンクリートの壁に、これは貼り付けてあるのが木の台車みたいなものを、その空間として成り立たせるためにはどういう手法が…。

**光嶋** だからこれに対するリサーチが必要で、これは違うマテリアルをどうぶつけているのか。そもそもこれら自体もこんな単一なものではなくて、この中に配線されて電気が流れる。それぞれが構造的にどう成り立っているのか、もっとリサーチが必要で、これは組積造だから何個も重ねられるよね。

**重村** そうです。

**光嶋** これは柱梁だよね。面材だから壁構造みたいに、「この時点で面材同士でやったらこうなるよ、柱梁でやったらこうなるよ」というのを、あるいは「構造を1種類ずつ全部混ぜた4パターンやったらこうなりました。ここでの解析度が上がるとここからここも更に…。だから、まずはフレームを単管で組みますよ。そこにゾーニングしてAB、BAと4つを組み合わせた結果がこれです」って言われた方が、うわーってなっちゃう。

**重村** 「蟻鱒鳶ル」。

**光嶋** そうそう。「蟻鱒鳶ル」は岡啓輔さんのアイデンティティがあって、アントニ・ガウディがいるんだよ。

# 8選
*Design Review 2019 Finalist*

## 渋谷受肉計画
── 商業廃棄物を用いた無用地の再資源化 ──

渋谷の商業廃棄物を用いて商業利用のなされていない無用地を生活の場として実験的に建ち上げる。建ち上げた建築を媒介して渋谷における商業と生活の在り方を考察する。

ID53

十文字 萌　Jumonji Moe
明治大学 理工学部建築学科 B4

**Answer** 1. Illustrator, Photoshop　2. 約10万円　3. 構想1年、制作3ヶ月　4. モノから先に作ってフレームを考えたので、実験的に言えるようにモノ一つ一つをデータシートのように作ったところ。　5. H&dM　6. 引っ越しを担当してくれた業者さんに憧れたから。　7. まだ決まっていません。　8. 眠気は精神の弱さという風潮。　9. 御茶ノ水、レモン画翠

### Presentation

先日、仙台に行ったのですが、仙台駅の前にはパルコやH&Mだったり、東京と変わらないような風景が広がっていて、仙台らしさというものを感じませんでした。そういうことはどこの都市にも起きていると感じていて、渋谷もかつては文化や流行の発信地だったと思うのですが、たくさんの開発が繰り広げられているために、渋谷らしさというものはなくなってきているのかなと思います。そんな渋谷のなかに人の生活の空間というものを挿入していき、都市の商業と生活の在り方を模索していきたいと思いました。対象敷地の図です。このなかで商業的な開発のことを「商業の圧力」と呼んでいます。渋谷の地形は台地と谷地に分かれており、谷地には商業の圧力が大きくかかるため商業変化が激しく、そのなかで企業は流行という形で人々の消費を促しています。流行は通常は一過性のものですが、長期に渡って存在した流行は生活の一部となって残り続けます。この関係性から両者の関係を図るために流行を設計に用いています。設計方法を示します。現在商業利用のされていない場所を採集していきます。採集してきた場所は商業の圧力が弱い商業無用地です。次に、渋谷で起きた出来事や当時の日本の社会背景の年表を作成し、渋谷発の流行や文化を取り出していきます。取り出した流行・文化のなかで使われ、現在は元の用途で使われなくなったものたちを「商業廃棄物」と呼び、それらを採集していきます。採集してきた2つの廃棄物と生活機能を組み合わせ、商業の街渋谷に生活空間を建ち上げていきます。このとき起こる出来事を観察し、先ほどの目標達成を目指していきます。この方法による実験から一括して16個のサンプルが得られました。いくつか抜粋して示していきます。サンプル番号01、作成日時2018年12月19日、サンプル名「おやすみは看板の裏で」。渋谷で最も広告費の高額な屋外ビジョンを有するビル屋上に、廃棄された看板下地、コインロッカーを組み合わせ、2人が寝ることのできる場所を建ち上げました。屋上の床仕上げだと問題があるため、既存看板の基礎を一部共有するように床を張ります。雨風を凌ぐために屋根として廃棄看板の下地を用い、これは既存看板の横材とコインロッカー上に取り付けた桁で支持しています。シャワーユニットは屋上の貯水槽から水を引き、排水もそのまま屋上排水を用いています。最も人から見られる看板の裏は、最も人から見られない場所です。01は商業の中心地でゲリラ的に人の居場所を作ることが可能であることを示しています。サンプル番号02、作成日時2018年12月22日、サンプル名「電話ボックスレストラン」です。私道の特性によってセンター街に位置しながらも、昭和から市街地整備などの商業の圧力から逃れてきた空地に電話ボックスを組み合わせ、向かいの八百屋と提携するレストランを建ち上げています。空地には大きな平面積が取れないため、電話ボックスを垂直に3つ積み上げ鉄骨柱で補強します。この電話ボックスを核として上下動線を確保しています。飲食スペース確保のため、コアに廃材の躯体を竹作りのように構成しています。02は用いた廃棄物両方に昭和の時代性が宿っています。レストランという生活の場として、現代に昭和の時代性を定着させることが可能なことを示しています。03から16までサンプルを示していきます。01から16までの結果を通して、渋谷という都市のなかで商業から見放された廃棄物は建材として転用され、人々の居場所を構成しています。これは渋谷の都市のネガの部分をあぶり出し、ネガには人の生活が入る可能性があると言えます。渋谷において、商業と生活は表裏一体の共生関係を築いています。また、設計のなかで用いた廃棄物は対象敷地渋谷のなかから発見されたものであることを考慮すると、都市にはいくつもの側面が眠っていることを発見できます。発見したものたちをさまざまに組み合わせることで、都市は自己を更新し続けることが可能なのではないでしょうか。渋谷受肉完了です。

8選　*Design Review 2019 Finalist*　061

# Presentation Board

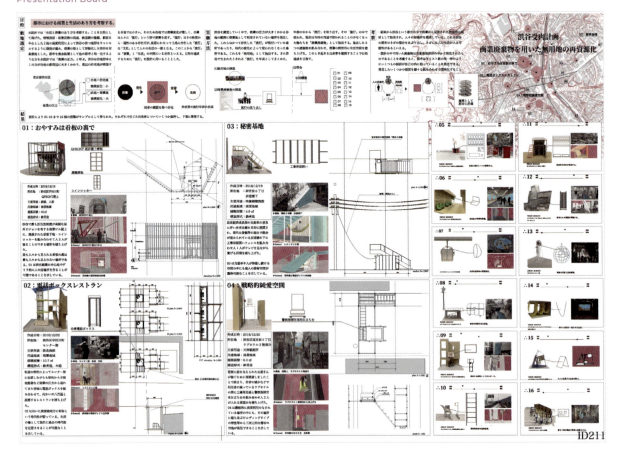

## Poster Session

**十文字** 今までずっと開発が行われてきた渋谷を対象敷地にして、渋谷の街で商業から縁が切れている場所というものと、渋谷の昔流行とかで使われていたものを廃棄物として2つ集めてきて、それを組み合わせて人の居場所というものを渋谷に16個、実験的に作っています。実験として16個やっていったときに、渋谷にいる人や来る人のために作っている居場所というのが、渋谷の新しい都市ではない、個人の部分ではない、ネガの部分から組み合わされて作られている。その手法というのがポジとネガを共生させて、都市をどんどん構成していく方法になっているのではないのかなというのが、結果として見えてきたことです。

**土居** 廃材みたいなものを再利用して、隙間みたいな、つまり使われていない余ったゴミみたいな空間を作ろうというのは面白いと思うけど、具体的にはそういう廃材みたいなものはどうやって回収するの?

**十文字** 日本の社会背景というのと、自分で渋谷をリサーチして、昔どんな流行や文化が生まれてきたのかという年表を作成しました。場所は自分で敷地に歩いて行って見つけてきて、その両方を採集して、あとで組み合わせるときは場当たり的に1個ずつ作っていった感じになります。

**土居** 非常に面白いと思うんだけど、1個1個のプロジェクトはこれで良い悪いというのではなくて、君が作りたいのはそのシステムだよね。だから一言で言うと、「起業できる?」という話なんだよね。これを本当に君が渋谷で、これは何業というのか知らないけど、隙間空間再生業とか言って事務所を作って、仕事を受けられるの?これは批判的なプロジェクトとも見えるんだけど、実はこれで金儲けか、事業化はできない?事業化の可能性を考えたことはある?

**十文字** 事業化ということは考えていなくて、ものは全て渋谷にあるもので、誰でも手に入れることが可能な部材で作っていると思うので、私以外でも作れます。

**土居** 例えば、これなんか作れそうじゃないですか。自販機置き場でしょ?ちょっと洒落たものを作れたら、売り上げが1割伸びるかもしれない、2割伸びるかもしれない。そうするとそれだけでやるメリットがあるじゃない。

**十文字** 自分で何か事業をやったりということをあまり考えていなかったです。

**土居** あのね、ゴミの再利用、都市がゴミでできているという発想は割とありきたりなんだけど、君の場合は「ものとしてのゴミ」と「空間としてのゴミ」のマッチングを考えていて、発想として新しいと思う。だけど、もう今現在そういう批判的都市論をやってもそんなにゾッとしないよね。むしろよっぽどこれで金儲けができたら素晴らしいと、そっちに賭けたほうがいい。なぜなら、こういうことが起こるためには渋谷の街の経済循環がものすごく高速で、単位面積当たりの地価がすごい高いからだよね。高いということは要するに、そこで商売をやったら儲かる可能性が大きい。つまり人がたくさん通る、単位面積当たりに巨大な資本が投入されるわけで、それが巡り巡ってこういう小さなゴミみたいなところに落ちてくるんだよ。これは地方、つまり辺郭なところでは絶対成り立たない。例えば路線価を調べて1m²で何百万円以上あれば、ゴミみたいな商売が成り立つというところがあるはず。そこまで都市分析すれば面白い。そうするとこの手法が成り立つのは東京だとここで、福岡だとここだとか、そういうのが成り立つ。そしたら、地方でもごく中心の2~30haくらいはこれが成り立つかもしれないとかね。

**十文字** 都市論がどこまで対応できるかというのが、自分でも渋谷しかやったことがないので…。

**土居** それはね、小さい面積のものでいろいろなことが成り立つというのは地価が高いから。それはまさに資本がどれだけ高速に循環しているかで決まってくる。その値は知らないけど、そういう風に考える。これはリアルに考えた方が面白いよ。

**Poster Session**

**十文字** 現在までに開発がたくさん繰り返されている渋谷を対象敷地にしています。商業の街渋谷のなかで、商業的な力から縁が切れている場所と、渋谷発の流行や文化でかつて使われていたものという、2つの今使われていない場所とものを合わせて、それを転用していくことで渋谷にたくさん人の居場所を作ろうという、実験的な試みを16個やっています。その16個を実験的にやった結果として見えてきたことは、新しくできる都市というポジの部分に、ネガという忘れ去られているものが建築のものとして残るので、都市にネガが貯蔵されていって、ポジとネガというのが共生して新しく都市を構成していくという方法が、最後に見えてきたなと思いました。

**島田** 忘れられた建築的エレメントというのはわかったんだけど、流行というのは何?ブランドとかそういうこと?

**十文字** わかりやすいのは、例えばハロウィンがスクランブル交差点で流行っているというのがあって、それが10年後には多分なくなるという予想の上で、DJポリスのお立ち台などは本当に既存のままものが残って使っています。渋谷の商業的看板、屋上看板の下地を使っていたりします。

**島田** これは倒しているの?

**十文字** そうです、倒して屋根の下地にしています。

**島田** これでできた場所というのは、アートインスタレーションみたいなものだと思えばいいの?そこに住んだりするとか?

**十文字** 住むというよりは少しずつ人の営みぐらいに考えているので、例えばテレビを見るだけとか、こっちは星を見るとか、そういう小さな機能がどんどん入っているような形です。だから人の生活の場所という建築として作っています。

**島田** 流行というのが結局は、ものに刻印されたものを転用しているということだよね。ハロウィンという流行はあったけど、残っているのはDJポリスのお立ち台だけがある。

**十文字** お立ち台を抽出してきて、場所はラブホテルの2階部分に作っているのですが、ラブホテルというのは1階部分は装飾が多くて、2階以上というのは部屋部分なので真っ暗なんです。そういうところがここの場所においては三次元的な空地になっているので、その場所とものの2つを組み合わせて、高台にあって暗いところだから渋谷のなかで一番綺麗な星が見れるのではないか、ということをやっています。

**島田** 最後にこれは何を転用しているの?

**十文字** この黒いのは新しく付けた階段です。自動販売機を2つ作っています。

**島田** これは街灯?

**十文字** 街灯です。街灯のスチールとスチールでできている自動販売機を合わせて架構を作ったりしていくことで、ここがちょうどオフィス街なんですけど、個人のワークスペースを作っています。

**島田** 16個には意味はない?

**十文字** 16個は私が卒業設計の期間でできた限界です。

# JIA賞
*Design Review 2019 Prize Winner*

## ツヅクケンチク

福岡県福岡市博多区にある「堅町」。天神、博多の都市部が開発を進めるなかで「堅町」は今後どのような町の在り方でこの町の価値を見出していくかを模索しました。堅町には、現在も多くの古い町家が軒を連ねています。開発が進む博多にとって過去が残っていることは貴重な価値であり、堅町の記憶や風景などを継承し未来に続けることで堅町の価値は向上し、博多にとって、福岡にとって大切な場所になると考えました。

ID23
**村上 優太** Murakami Yuta
九州産業大学 工学部建築学科 B4

Answer 1. Vectorworks, Illustrator, Photoshop 2. 2万円 3. 1年間 4. 使われているシーンを多めに入れる 5. フランク・ゲーリー 6. デザインに興味があった 7. 設計事務所 8. 無駄な徹夜 9. 学校

### Poster Session

**村上** 僕が今回敷地にしているところが福岡県博多区の堅町という場所でして、天神と博多がどんどん都市化をしていくなかで、堅町という場所がどういう価値を見出して今後につなげていくかということで、「ツヅクケンチク」という題にしています。現状として僕が作ったのが銭湯と共有キッチンでして、なぜこれを作ったかというと、この堅町は博多のなかでとても古い家屋が残っている場所で、その残っているものこそが堅町の価値なのではないかと思ったからです。そこでそれを残しつつ、今後の未来に継承していくことで、もっとこの街の価値が上がるのではないかと思い、そのなかでもやはり人と人のつながりで人がここにいること自体が1番重要なのではないかと考えました。

**藤村** プランを見せてもらっていいですか？

**村上** 他者と生活する上での行為を共有することで、よりつながりやすくなる環境が作れるのではないかと思い、銭湯と共有キッチンを作っています。建築の構成としては、町屋が軒をつないでいた通りなので、それを調査してその形式を継承すると、トマソンが提案する建築の外見となっているというのを使っています。

**藤村** 断面図はない？

**村上** 断面図はないですね。

**藤村** 模型の雰囲気はいいんですけどね。平面も割と寸法感覚があるというか、あまり無駄な空間、設計しないで余っている空間がない感じが伝わってきたので、全体的にいいなと思いました。断面も割とリズムがあるなと思うんだけど、図面が見たかった。これは課題ですか？

**村上** 卒業設計です。

**藤村** 卒業設計だったらもうちょっと図面を描いてもいいんじゃない？全体のスケール感や空間のリズムとか間とかはいい気がするんですけど、もう少しだけ図面を描くと良かったですね。

## Poster Session

**村上** 僕が敷地選定している場所は博多区の堅町という場所で、ここはすごく昔の町屋が残っている博多では珍しい場所です。天神と博多で都市化が進む中で、今後堅町がどうやって価値を見出していくのかということを考えたのが僕の卒業設計です。実際にはここにすごく古い町屋が残っているので、それこそがこの町の価値なんじゃないかと思い、それを残すこと自体がこの町に価値を見出すことではないかと思っています。僕は共有キッチンと銭湯を作ったのですが、なぜかというと、この堅町にも現在都市化の流れが来ていて、高層マンションが実際に建ってきているという状況があります。ここに今たくさん若い人が住んでいるんですけど、古くから元々ここにいる堅町の人と、新しく入ってきた住民のつながりが稀薄化しているということと、若い人同士のつながりも稀薄化していて、この堅町の記憶とか諸々を継承していくにはやっぱりここに人がいることが大切なのではないかと思いました。

**光嶋** たくさんの人に来てもらう努力は、空間的にどこにされてるの?

**村上** 空間的には、プランを作るときに町屋の形式を結構ルールで固めてしまったため、その先に進めていなくて、そこに足りていない部分があります。

**光嶋** それは何?あなた自身が町屋を批判しているということ?

**村上** 違います。内部プランを作るときに、この堅町に多く残っている町屋を調査して、そこに形式があって…。

**光嶋** それを発見したわけね。

**村上** そうです。それを僕が提案するこの建築にも使ったんですけど、その結果元々の人とのつながりを考えた部分が薄くなってしまって…。

**光嶋** 今反省してるの?

**村上** そうです。

**光嶋** つなぐ建築なんだから誰と誰をどうつなぎたいかというところから問題点が始まって、つなぐためには人を呼ばなきゃいけない、つなぐ人たちがたくさんいないといけない、人をたくさんつなぐためには今ある古いものの価値から抽出しなければならない。それで、それを抽出してそのまま作ったら、何にも自分の考えが加わられていない、という反省なんでしょ?それはその通りで、コピー&ペーストしてるだけだからそれじゃダメだよね。問題はそこからどうやって実際のつなぐ部分に価値を見出すかだから、目の付け所はいいんだけど、それをただ大人しく模写してるだけじゃピカソを超えられない。だから「影響を受けた人は誰か」という質問に、「特になし」はあり得ないでしょ。4年間建築を勉強して「自分は誰にも影響を受けていません」ってすごいことだよ。だからそれは自信満々の表れなんだよ、若気の至りで。一方で、自分の作品に関しては反省しているというこのギャップがすごいよね。みんなこの質問に諸々ってきちんと書いているから、「あなたズントーが好きでなぜあれなの?」って、そこからツッコミを入れることもできる。あなたは「自分は誰にも影響できる岡本太郎だ」ってレベルの話をしているのに、自分の設計では反省しちゃってるギャップがある。だからそこは自覚して、自分が誰に影響を受けているのかというところから考えてもらいたい。

# JIA賞
*Design Review 2019 Prize Winner*

## 洋灰を紡ぐ

日本の近代化を支え、放置された石灰山における建築の提案。繊維を集めて糸を作るように、セメントを集めてコンクリートの帯を作る。この帯が人工物と自然を編み込むように岩肌に絡まり、広がってゆく。人々は岩肌とコンクリートで形成された空間に滞在し、資源としての山は生きた山へと変化し、新しい物語を紡いでゆく。

ID38

**田口 未貴**　Taguchi Miki

九州大学 芸術工学部環境設計学科 B4

Answer 1. Illustrator、Photoshop　2. 10万円　3. 3ヶ月　4. 手書き　5. 磯崎新　6. 楽しそうだったから　7. 設計　8. 寸法気にしがち　9. 山本文房堂

### Poster Session

**田口**　私は近代化の裏側で日本の建築の成長を支えた、石灰山における建築の提案を行いたいと思います。そこで、ここで起きたことの記録になればいいかなと思い、設計しました。大分県津久見市にある水晶山という山は、元は標高258mの高さの山でした。そこが全部採掘され、今はこういう地形になってしまいました。また、動き続ける工場と縮小し続ける津久見という街のなかの、隣接する場所に存在しています。その場所において、津久見の街から延びてきたコンクリートの帯と、工場から延びてきたコンクリートの帯の2つが、ここの土地、場所において岩肌に絡まることで、自然が人間の手によって人工物となってしまった場所に、人工と自然を、また境界を溶かすような建築を設計しました。そこで人々が滞在することによって、ここで起きた場所の記録になるのではないかと考えています。

**竹山**　なかは何があるの？
**田口**　宿泊施設です。
**竹山**　どこに宿泊するの？
**田口**　こういう場所であったり、四方向をコンクリートの壁で囲まれた…。
**竹山**　そこにはどうやって行くの？
**田口**　動線はなかです。
**竹山**　あ、掘ってあるの？
**田口**　はい、地下から。それは表現していないのですが、通路はなかを通ってアクセスしたり、そのまま外に動線が出てきたりという場所があります。
**竹山**　面白くていいんだけど、この辺はリアリティがあるような気がするけど、これだけ飛び出るとなかなか大変そうだね。
**田口**　本当はもっと埋めて設計します。
**竹山**　埋めてるの？これ。
**田口**　はい。埋めたかったのですが、ここら辺がやりたかったことがそのまま現れているところで、コンクリートの帯がいろいろな絡まり方をして、岩肌とのいろいろな空間ができて、そこに機能を入れていきました。
**竹山**　この色が少し違っているのは何なの？白とグレーと。
**田口**　一つながりということを強調したくて、裏と表があると思い、それを表現したくて灰色と白の2色を使っています。
**竹山**　なるほどね。

Presentation Board

- 洋灰をつむぐ -
資源としての山はコンクリートの帯に包まれ生きた山となり、新しい物語を紡ぐ

**Poster Session**

田口　私は近代化の裏側で日本の建築の成長を支えてきた、石灰山における建築の提案を行いたいと思います。ここで起きたことの記録になればと思い設計しました。大分県津久見市にある水晶山という石灰山で、元は標高258メートルの山だったのですが、それが採掘によって全部取られてしまい今こういう状態になっています。

光嶋　これが全部セメントになって全国で使われたのね。

田口　そうです。さらにこの土地が、動き続ける工場と収束し続ける「セメント町」という、津久見の街に隣接する形で存在しています。その街、その場所において、セメントの街から来るコンクリート帯と、工場地帯から来るこのコンクリートの帯が岩肌に絡まって、自然と人工を編み込むような建築を設計し、そこに人が滞在することで、ここで何が起きたかという記録になると思い設計しました。設計方法としては、まず一つながりの帯というもので、さらにそれが岩肌に食い込むことでいろいろな空間ができる。それをこの採掘によってできたコンタラインに、垂直の方向性を持つことで、そこから見える風景、工場だったり奥につながる胡麻柄山などが見えるという風にしました。

光嶋　選んだ敷地は今からさらにどんどん削るところじゃないの？

田口　もう終わりました。

光嶋　なぜこれで終わったの？

田口　これ以上は良質なセメントが、石灰石が出てこないということで採掘が終わった場所です。

光嶋　この場所にこの大きさで、今言ったようなものを作る決定打はどこにあるの？これの三分の一ぐらいでもいいと思うけど、こんなにたくさん作る必要あるの？あるいはもっと作った方が面白いかもしれない。どうやってこのルールを作ったの？

田口　これは一部で、もっと山は続くし、この建築は続いても良いと思っていて、本当に斜面を覆いつくすような形でも良いと思っています。

光嶋　それでそこで何をするの？覆い尽くして何をするの？

田口　その人たちが宿泊する施設です。

光嶋　うーん…。問題点があまりわからないというか、これをあなたが作るということは、この過去の記憶みたいなものがなくなってしまったことに対するノスタルジーなのか、なぜこれを作らなければいけないのかがあなたの中にあるのかな？切実な思いが感じられないから。だから、別にこれが部分ですとかこれはもっと作るとか、そんな適当な建築の作り方はないからね。

田口　私の中では、この出来事の記憶が残って欲しいという思いがあります。

光嶋　それだけでは全体を覆い尽くすとか、1つ2つあれば良いとかの説明にはならないよね。記憶を残すという言い方だけでは。そこをやっぱり考えない限り、なぜあなたがそこにこんなに頑張るんだろうと思われてしまう。事業主が誰で、誰が何億円をかけて、ここにあった石がお金になったから、それに対してありがとうという気持ちで作るということであれば、誰がこれを作るのかも含めて明確に計画しないと。「街や山の中にこうなれば良い」みたいなことではちょっと幼稚だと思う。

# JIA賞
*Design Review 2019 Prize Winner*

## 14にんのこれから ― 絵本の中に住む ―

絵本には作者の「こんな風に過ごしたい」という願いが描かれており、これは住まいにおける愛着がわく要因となる。絵本の世界を構成する要素を建築に取り入れることで絵本の中に入り込んだ建築を提案する。本制作では絵本の住まいにおける愛着がわかりやすく描かれており、キャラクター自身が作った家具・道具を使うことで自ら絵本の世界を作り出していることが魅力である、いわむらかずお作『14ひきのシリーズ』を元に設計する。構成要素である「物語」「表現技法」を住宅に取り入れることで、絵本で描かれた住まいにおける愛着のわく空間となる。生まれた空間では登場人物たちが自由に行動でき、絵本の空間をより身近に感じることができる。

ID52

### 谷口 ぴあの　Taniguchi Piano
佐賀大学 理工学部都市工学科 B4

**Answer** 1. Illustrator、Photoshop、手描き　2. 怖くて計算してません　3. 半年　4. 絵本を元にしたレイアウト　5. 建築家:藤本壮介、大西麻貴　建物:houseN、地中美術館　6. 幼い頃実家を建てた時に、感動したから　7. 建築設計する会社　8. 常に深夜テンション　9. 大学近くの画材屋さん、グッディ

### Poster Session

**谷口**　私は絵本の世界を建築で表現しました。絵本は不思議な造形で描かれていますが、私たちとは変わらない生活を描くことで、空想的ですが現実的に感じます。また、絵本は作者がこんな風に過ごしたいという願いが描かれています。これは住まいにおける愛着の沸く要因だと考えられます。私は絵本を構成する物語と表現技法を建築に取り入れることで、絵本のなかに入り込んだような建築を提案しました。本制作ではいわむらかずおさん作の「14ひきのシリーズ」を元に制作しています。

**竹山**　いわむらかずおさんというのは絵本作家なの？

**谷口**　はい、絵本作家です。

**竹山**　これは建築的な操作としては何をしているの？簡単に、具体的に、ここはこんなことを考えてこうやったんだということを説明してくれない？

**谷口**　まず最初にこの作品で使われている絵本の表現技法を14点抽出して、それらを建築的に表現しています。こちらは「どういった表現技法が使われているか」と、「どういったシーンがあるか」を分析したものになります。

**竹山**　14というのはこれ？「引っ越し朝ごはん山芋」ということ？

**谷口**　はいそうです。これでもう1つの絵本です。

**竹山**　これに対して机を囲むとか、これは何なの？

**谷口**　これは全体的にシーンを分散した感じです。

**竹山**　1つ1つ部分のイメージを作っているというのはわかるんだけど、この大きなふにゃふにゃっとした屋根みたいなのは何なの？

**谷口**　ふにゃふにゃとしているのは、どちらかというと、元々木の根っこに住んでいるので、その木の根っこのイメージで描きました。

**竹山**　その木の根っこみたいなものはどこから取り出したんじゃないの？

**谷口**　木の根っこはどこかに描かれていると思うのですが。多分これですね。

**竹山**　それでそこを全体的に被せるように決めたわけ？

**谷口**　はい、そうですね。

**竹山**　それぞれの関係で理屈を考えたようなことはあるの？とにかくバラバラにしたわけ？

**谷口**　バラバラにしたというか、絵本1つ1つを分散させた上で、その絵本で1番使われている表現技法とか、行動とかを抽出しています。

**竹山**　じゃあ1番好きなところはどこ？

**谷口**　好きなところは真ん中のリビングです。

**竹山**　なるほどね。

**Poster Session**

谷口　私は絵本の世界を建築で表現しました。絵本は不思議な造形で描かれていますが、私たちと変わらない生活を描くことで、空想的ですが現実的に感じます。また、絵本は作者の「こんな風に過ごしたい」という願いが描かれているので、これらは住まいにおける愛着の湧く要因になると考えました。そこで私は、本を構成する物語と表現技法を建築に取り入れることで、本のなかに入り込むような建築を提案します。本制作では、いわむらかずお作の「14ひきのシリーズ」を元に制作しました。絵本の表現技法を「14ひきのシリーズ」から抽出して、建築で表現したのが足元のこちらになります。また、全12作からどのような表現技法が使われているか、場面変化がされているか分析したあとに、敷地内に配置ゾーニングを行って造形を作りました。

土居　やっていることはそんなに悪いわけではないけど、その絵本の題材からこれを抽出してこうなったというのは、どこを見ればわかるの？

谷口　こちらですが、見えますか？

土居　いや、だからね、絵本にある特徴的な良いシーンがあって、そのシーンを生かす建築を作ったというのが一番わかりやすいわけ。それが情報量が多すぎてプロセスがよくわからない。それから全体はなぜこういうアメーバみたいな形なのか、全体がなぜこのように散乱しているのかがわからない。説明してみて。

谷口　はい。散乱させたのは、それぞれの絵本ごとに配置を決めて、中心から関わり合いをもてるようにしました。この円はどちらかというと、元々あった絵本の木の根元の形をイメージしています。

土居　もう一回言うと、本当に絵本のシーンから出したのはどれ？どれが絵本に描かれてあったの？つまり、絵本というからには、その絵本の何ページにこれがあったとまず言って欲しい。この絵本はないの？

谷口　本そのものはもってきてないです。

土居　やはりプレゼンテーションでその絵本を置くべきだね。案はいいんだけど。あの絵は全部君が描いたのか、絵本に描かれてあった光景なのか？

谷口　これは絵本に描かれていたものと自分で考えて描いたものとを混ぜています。

土居　だから混ぜるのがだめなんだよね。まず絵本を置いて、パラパラと捲って、そこから抽出して加工してというそのプロセスがわからないといけないよね。プロジェクトを大切にするなら、その方法論、手順がわからないといけないから。だから絵本みたいな光景が描かれているけれど、どれがオリジナルでどれが改造したものなのかよくわからない。全体としては絵本ぽいという印象だけは残るけど。建築は知的な操作だから、一段階一段階きちんと「自分はこうした」というのをわからせなければいけないんだけどね。そういう意味で惜しい気がする。

# JIA賞
*Design Review 2019 Prize Winner*

## 橋の下に残る二つの風景
― 道の駅 南阿蘇 ―

壮大な自然を有している南阿蘇。しかし、熊本地震によって土砂崩れが起きかつての自然が失われつつある現状にある。そこで、本計画ではかつての自然が残る風景と震災の爪痕として残る風景に着目し、それらを同時に感じることができる長陽大橋の下を対象敷地とする。風景を切り取り、また風景に入り込むことでこの空間を訪れた人々がかつての壮大な自然を再認識し、復興に向かう気持ちを共有することを目指している。

ID55

### 松尾 賢史　Matsuo Satoshi
熊本大学 工学部建築学科 B4

**Answer** 1. Revit、Illustrator、Photoshop、Lumion　2. 5万円程度　3. 7ヶ月　4. ダイナミック！　5. 石上純也・レストランNoel　6. 小さい頃からものづくりが好きだったから　7. 組織設計事務所　8. Pinterestあさりがち　9. FORICO

### Poster Session

**松尾**　人工物のようで自然のもののような建築を作りたいと思って設計しました。計画地は壮大な自然を有している南阿蘇で、そこに道の駅を作ります。この南阿蘇は熊本地震による震災の影響が大きくて、ここの一面で土砂崩れが起きたりといったことが起きています。自分は地震を人工のものと自然のものとの間に存在するものと考えていて、それを建築に取り込みたいと考えました。建築はこの一番上の階から土砂崩れの風景を切り取るといった形で、徐々に緑になっていく姿を人々に共有して見てもらって、復興へ向かう気持ちを共有してもらいたいと考えています。復興したあとも、その傾斜に沿った空間を残すことで地震の象徴となるような建物になって欲しいと考えています。

**土居**　道の駅はいいけど、車を停めて降りてどこにどう行く？

**松尾**　ここに駐車場があって、一番上の階から入っていくという形です。

**土居**　僕はよくわからないけど、これは風景を見て楽しむという駅？

**松尾**　地震の爪痕を残そうといった道の駅です。

**土居**　地震の爪痕はどこに残っているの？

**松尾**　ここが一面土砂崩れになっていて、そこにこの建築の先を向けるという形になっています。

**土居**　あの橋が流されたところ？

**松尾**　いえ、橋が流されたのはこちらで、こっちは既存の橋があってそこに寄生する形です。

**土居**　でもその崩れた木とかは、やはり再度起こらないように処理されてしまわないの？

**松尾**　そうですね、人々が通るところはやっぱり処理されるのですが、ここはあまり人は使わないので放置されると考えていて、徐々に緑になっていくのをここから1つの絵として、より多くの人に見てもらいたいという考えがあって道の駅にしました。

**土居**　この高さから見たらそれは迫力あるだろうね。

**松尾**　こっちが緑になってしまっても、ここの斜面のような空間は建築内に残っているので、地震の象徴としては残っていくのかなという風に考えています。

**土居**　でもやはり地形に戻ってしまうんじゃないの？災害の残し方はちょっと難しいな。重要なテーマだけどね。僕も考えてみます。

Presentation Board

### Poster Session

**松尾** 人工物のようで自然のもののような建築を作りたいと思って始めた卒業設計です。本計画では壮大な自然を有した南阿蘇を対象敷地として、そこに道の駅を作ります。南阿蘇というのは熊本地震によって周辺がかなり被害を受けて、ここが土砂崩れになってしまいました。そこで、ここに道の駅を作って一番上の階から土砂崩れの風景を切り取ることで、震災の記憶をみんなに共有してもらい、またさらに徐々に緑になっていく姿も、1つの同じ絵としてみんなで共有していってもらいたいと考えています。緑になってからも、右下から2番目のパースのように山の斜面を残したような空間を作ることで、これから地震の象徴として残っていくことを目的としています。

**島田** これはどこですか？

**松尾** ここは旧道があって、その交差しているところがあって、ここにトンネルがあって、その部分になっています。それをなかからのぞいた形です。

**島田** 道の駅っていまいちシステムがわからないけど、車で来たりするものじゃないの？

**松尾** そうですね。車で来るのでここを同じ道が通っていて、橋からこのように駐車場があって上からアクセスするようになっています。

**島田** ここに駐車場があるのね。機能は展示とか書いてあるけど他には？

**松尾** 主な機能は道の駅の農産物マーケットと、断面図がこちらにあるのですが、ここの斜面に沿った空間が震災をテーマとしていて、資料だったりここを眺めるライブラリー、そこでゆっくりするカフェとなります。また流木などを使った工房だったり、屋外テラスで自然を感じられるような空間を作りたいと考えています。

**島田** これはスチールでできていて、木が意匠的に取り付いているという感じ？

**松尾** はい。

**島田** ここだけ曲げているのは風景を見るため？

**松尾** そうです。

**島田** それぞれを振ったりしても良かったんじゃないかなと思ったんだけど、そういうことは考えなかったの？

**松尾** 建物のメインの機能が眺望を一番にしているので、1つの風景だけをしっかり見せたいという思いがありました。

**島田** これがこっちに揺れて向こうがこう揺れているとここに居場所ができたり、逆でもいいんだけど、積層の面白さみたいなものがどこかにあっても良かったのではと思いました。

# Review Process

審査過程

# 0. Preliminary examination

予選審査

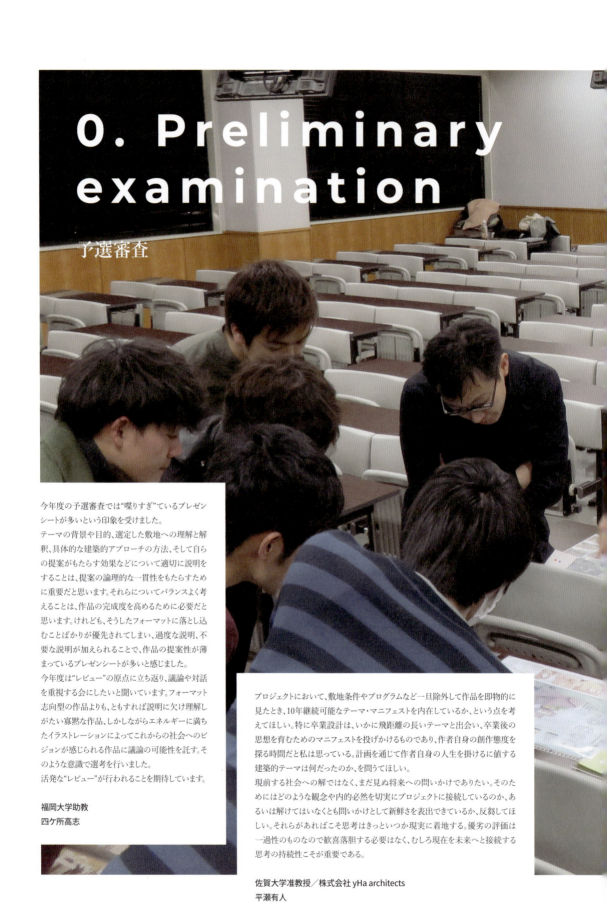

今年度の予選審査では"喋りすぎ"ているプレゼンシートが多いという印象を受けました。
テーマの背景や目的、選定した敷地への理解と解釈、具体的な建築的アプローチの方法、そして自らの提案がもたらす効果などについて適切に説明をすることは、提案の論理的な一貫性をもたらすために重要だと思います。それらについてバランスよく考えることは、作品の完成度を高めるために必要だと思います。けれども、そうしたフォーマットに落とし込むことばかりが優先されてしまい、過度な説明、不要な説明が加えられることで、作品の提案性が薄まっているプレゼンシートが多いと感じました。
今年度は"レビュー"の原点に立ち返り、議論や対話を重視する会にしたいと聞いています。フォーマット志向型の作品よりも、ともすれば説明に欠け理解がたい寡黙な作品、しかしながらエネルギーに満ちたイラストレーションによってこれからの社会へのビジョンが感じられる作品に議論の可能性を託す。そのような意識で選考を行いました。
活発な"レビュー"が行われることを期待しています。

福岡大学助教
四ケ所高志

プロジェクトにおいて、敷地条件やプログラムなど一旦除外して作品を即物的に見たとき、10年継続可能なテーマ・マニフェストを内在しているか、という点を考えてほしい。特に卒業設計は、いかに飛距離の長いテーマと出会い、卒業後の思想を育むためのマニフェストを投げかけるものであり、作者自身の創作態度を探る時間だと私は思っている。計画を通じて作者自身の人生を掛けるに値する建築的テーマは何だったのか、を問うてほしい。
現前する社会への解ではなく、まだ見ぬ将来への問いかけでありたい。そのためにはどのような観念や内的必然を切実にプロジェクトに接続しているのか、あるいは解けてはいなくとも問いかけとして新鮮さを表出できているか、反芻してほしい。それらがあればこそ思考はきっといつか現実に着地する。優劣の評価は一過性のものなので歓喜落胆する必要はなく、むしろ現在を未来へと接続する思考の持続性こそが重要である。

佐賀大学准教授／株式会社 yHa architects
平瀬有人

予選では審査の視点として、①本選での議論が行える論点があるか、②それを具体的なデザインで示そうとしているか、の2点を重視しています。
全体的には②だけあって①が不足している作品が多い、という傾向を感じました。本選に進出することができた作品であっても、本来ならば多少表現や完成度は荒削りでも、着眼の良さや論点の鋭さ、そしてそれを何とか解決・実現しようとする造形やデザインの模索が感じられる作品であるべきだと思います。
デザインレビューが他の卒業設計展等と異なる特徴として、学生作品を通して現代の諸問題を議論し、建築の可能性を考えるという点があります。本選進出の学生諸君はその目的を再確認し、単に自作をアピールするだけでなく、議論や意見交換のための「論点の提示」や「それをどうデザインにつなげたのか」を意識して"石を遠くに投げて"みてください。そうすれば誰かがその石を拾い、投げ返してくれるはずです。

熊本大学大学院教授/TASS建築研究所
田中智之

今年で6年連続で事前審査をさせていただいた。その間、2度の司会と本選のクリティークにもお呼びいただき、そのなかで感じたことを少し書こうと思う。2011年に常勤教員となったが、非常勤講師の時代も含めると32年間も大学で指導を行っている。意識していなかったが、相当な年数だ。僕が学生の頃は他大学の学生と競い合い現役の建築家の方々が卒業設計作品について本気で議論してくれるような場はなかった。しかしながら、現在は全国で開催され、複数のイベントに参加する学生も少なくない。その記録誌に加え、webやSNSを検索すれば過去の卒業設計作品を閲覧することもできる。膨大な卒業設計作品データベースがあるようなものだ。そのことが多かれ少なかれ作品の傾向に現れていると感じている。悪く言えば容易に分類でき、既視感がある作品も一定数ある。200近い作品を短時間で審査すると、荒削りでも新しさやオリジナリティがある作品に目が行ってしまう。今年の事前審査ではそのような作品に多く票が入った。情報化社会だからこそ、情報に溺れず、情報を生かし、しっかり自分と向き合った卒業設計作品を作ってもらいたいと思う。

九州産業大学／矢作昌生建築設計事務所
矢作昌生

# 1. Final selection discussion

決勝選抜議論

| | |
|---|---|
| DR | それでは今から選抜議論を行います。選抜議論では選抜プレゼンテーションに進むことのできる8名を決定するため、クリティークによる投票を行います。クリティークの持ち票は1人15票で、1作品2票まで投票可能です。投票はクリティークの皆様に得票者と得票数を読み上げていただき、それをスクリーン上の得票板に表示していきます。スクリーン上にはこのようにID番号と得票数を表示しますので、お手元のパンフレットを参照しながら御覧ください。クリティークから出展者に質問がある場合もあるので、出展者は必ず会場にいるようにしてください。それでは進行を田中先生、よろしくお願いします。 |
| 田中 | 皆さんこんにちは。では今から40分の時間を使って選抜議論、最終的に8作品まで絞るセレクションをしていきたいと思います。今説明がありましたが、クリティークの皆さんに15票を投票していただきます。そしてその結果を前方のスクリーンにリアルタイムで集計、表示してもらいます。その結果を見て、すんなり行けばいいのですが、そうでない場合はいろいろ議論しながら決めていきたいと思います。クリティークの皆さんはもう投票は終わっていらっしゃいますか？では順番は光嶋さんから、何番に何票入れたかを発表していただきましょう。 |
| 光嶋 | はい。3番1票、13番1票、16番1票、24番1票、27番1票、30番2票、43番2票、48番1票、49番1票、51番1票、54番1票、55番1票、58番1票です。 |
| 田中 | はい、ありがとうございます。全部で15票になっているかな？では島田さんお願いします。 |
| 島田 | 8番1票、24番1票、27番1票、30番1票、34番1票、36番1票、45番1票、49番2票、50番1票、51番1票、53番1票、58番2票、59番1票。 |
| 田中 | はい、では竹山さんお願いします。 |
| 竹山 | はい。5番1票、13番1票、22番1票、34番1票、38番1票、45番2票、48番2票、それから50番2票、54番1票、55番2票、56番1票、以上です。 |
| 田中 | はい、ありがとうございます。では土居先生いきましょう。 |
| 土居 | 土居といたしましては、8番1票、11番1票、13番1票、18番1票、27番1票、30番1票、31番2票、47番2票、48番1票、49番1票、50番1票、53番1票、58番1票で15票のはずです。 |
| 田中 | はい、ありがとうございます。では藤村さんお願いします。 |
| 藤村 | はい。ランダムでいいですか？「絵画対決」という感じで13番と47番に2票ずつ。「受肉対決」で30番と53番に2票ずつ。「恣意性対決」で48番と56番に2票ずつ。「街路・沿道対決」で45番と49番なんですけど、49番だけ2票。 |
| 田中 | 45番は1票？これで全部？ |
| 藤村 | はい、そうです。 |
| 田中 | 以上のような投票をいただきました。結果はいかがでしょうか？一番多いのは6票です。6票が30番と48番、49番。5票が13番。4票が45番 |

決勝進出者8作品を選ぶ決勝選抜議論。

と47番と50番、53番、58番。これで今いくつ?
DR　9作品です。
田中　4票までで9作品ですか。ちなみに3票がもっとたくさんあって3作品。2票が7作品。1票が9作品。
島田　誰か1人が2票投じていて、他の人は入れていないものを残すかどうかですね。単純に得点が高い作品が残るという話になりがちですけど、例えば43番は光嶋さんが2票入れていて、このままだとここで落とされてしまう可能性が出てきます。これはどうしますか?光嶋さんが何か意見があって入れているということだと思うのですが。
藤村　4票以上ではどうですか?6票ばかりでなく5票もあるんですよね。
島田　「山田かまち」をテーマにした作品も土居さんの2票ですね。
田中　今、先生方から話が上がっているのは、例えば4票以上の作品を仮にキープして、それにプラスして、クリティークが2票投じているのに4票に届いていないものをどうするかということです。そういうのはいくつあるんですか?2つですか。
藤村　4票以上の9作品というのがどれか確認して、そのラインナップを見て、入れ替え転換するのがいいのではないでしょうか?
田中　なるほどね。では4票以上を確認していきましょう。まずは13番「妄想都市ノ解体絵図」。次が30番の「築地再考」。3つ目が4票の45番「妄想道路」。47番も4票ですね。47番の「潜」。48番が6票で「石橋の恣意性或は地球」。49番も6票で「たとえば基準線にかさぶたを」。そし

て、4票の50番「森の入り口」。53番も4票で「渋谷受肉計画」。同じく4票の58番「輪中建築」。これで9作品ですかね。今のラインナップを見て、どうですか?これでもまだ1作品多いのですが、ここにプラスして、「これはまだ落とすのは早い」というものがあれば推薦していただいて、それも混ぜて議論していきます。
土居　議論の仕方はどうするんですか?最終的にナンバー1を決める戦いなのか、それとも30番と53番の「受肉の戦い」や、49番も割と似たようなテーマだし、議論を深める問題意識を共有するという点ではきちんとテーマに沿ったグルーピングをして、そのなかで議論したほうがいいのかもしれない。
田中　最初の趣旨としては後者ですね。一等賞は決めるんですけど、それは控室であとで話し合いますので、それとは別の観点で議論をしていくという趣旨で行くべきかなと思います。
藤村　せっかくですから、皆さんの前でなぜそれらの作品に15票入れたのか、それぞれ先生がどうお考えなのかを伺って、どんなテーマについて今日議論をしたらいいか、ディスカッションしておいたらどうでしょう?
田中　なるほど。今、藤村さんからご提案いただいたように、皆さんに15票入れた意図というかお考えと、今後どういう議論をしていくのかという提案を含めてコメントしていただきましょう。順番を逆にして、藤村さんからお願いします。

## 「マトリクスを組んで言語化して組み合わせました」という作品には票を入れていません

藤村　投票するときに「対決」という言い方をしましたが、昨日申し上げたように、現在の皆さんの傾向としては、社会からの2重のメッセージがあるため非常に調査主義的になっていて、その結果パターン・ランゲージになっているというのがあります。マトリクスを組んで言語化して組み合わせましたという作品は、私はもう想像できるので、そういうものには票を入れていません。むしろ、そういう不透明性に対してどういう批評的なアプローチをしているのかという観点で、独自のアプローチだなと思ったものを意図的に選ばせていただきました。そういう観点で見ると、私が注目したのは絵で想像するようなタイプの作品で、13番とか47番ですね。これは割と模型が成果物というよりは、絵画が成果物だったりします。その絵画を表現する媒体として模型が選択されているのですが、そういうタイプの想像力でたまたま13番と47番が似たアプローチをしていたので、私は対比というか一つの軸線を引いて、13番と47番に投票させていただきました。もう1つは都市のなかからランダムにサンプルを抽出して、それを組み合わせるんだと主張していたのが30番と53番です。これもまたとても似ているのですが、都市のなかの開発圧力みたいなものに対する抗い、あるいはその開発と共存する、痕跡の集積の仕方みたいなもので、割と似たようなことを言っています。ですから30番と53番というのは、私のなかでは比較して掘り下げたいテーマだと思ったので、「受肉対決」ということで選びました。48番と56番は、「恣意性」という単語を何度も発言するプレゼンテーションをしていて、アプローチとしては大局的に見えるのですが、問題としている「設計におけるコミュニケーションの在り方」や、「想像力の在り方」といったものを比較する上で選びました。それから、今、都市のなかで建築のコンテクストをどう読むかという際に、屋根の形などといった想像できる単位で皆さんの言うマトリクスを組むのですが、その組み方がミクロレベルに達していて、文脈の読み方そのものを提案をしているように見えたのが45番と49番でした。とにかく断片化して細かく見ている、解像度を上げていく想像力の立て方をしていました。その絵画的な想像力とか、恣意性に対するコミュニケーションとか、都市に対する関わりで受肉やミクロといった、そうしたもので選んでみました。

田中　では土居先生お願いします。

| 藤村龍至 投票結果 | | | |
|---|---|---|---|
| ID13 … 2票（52ページ参照） | | ID48 … 2票（32ページ参照） | |
| ID47 … 2票（14ページ参照） | | ID56 … 2票（48ページ参照） | |
| ID30 … 2票（56ページ参照） | | ID45 … 1票（36ページ参照） | |
| ID53 … 2票（60ページ参照） | | ID49 … 2票（20ページ参照） | |

| 土居義岳 投票結果 | ID08 ... 1票 (110ページ参照) | ID30 ... 1票 (56ページ参照) | ID50 ... 1票 (40ページ参照) |
| --- | --- | --- | --- |
| | ID11 ... 1票 (116ページ参照) | ID31 ... 2票 (44ページ参照) | ID53 ... 1票 (60ページ参照) |
| | ID13 ... 1票 (52ページ参照) | ID47 ... 2票 (14ページ参照) | ID58 ... 1票 (26ページ参照) |
| | ID18 ... 1票 (128ページ参照) | ID48 ... 1票 (32ページ参照) | |
| | ID27 ... 1票 (144ページ参照) | ID49 ... 1票 (20ページ参照) | |

## 宗教を広げて神聖なものというのを論じないとおそらく都市は都市でありえない

**土居** 他の先生と共通するところは省きますが、僕は2点、視点を提供したいと思います。まずは「宗教」。宗教は現代建築でも近代建築でも全然論じられていないのですが、非常に深い関わりがあります。しかし建築というものは世俗なものだから、あえて語らないで、何かで代用して宗教のことをやっている。ただ、21世紀になってみると、宗教の役割というものが当然伝統を継承して重いし、21世紀特有のカタチがある。だから宗教を広げて神聖なものというのを論じないと、おそらく都市は都市でありえない。そういう意味では、票を入れなかったけれど3番、47番、18番、11番、12番かな。それからもう1つは、文芸・芸術を建築に翻訳するというもので、これは目新しくはありませんが、31番、52番、13番なんかは面白い。52番は僕も票を入れなかったけど、絵本の建築化というのは面白い。ただ手作りとしては良くなかった。それから、僕しか入れていない31番、「山田かまち」の作品について述べたいのですが、山田かまちについて僕はあまり知りませんが、割とテキストをきちんと、この部分、このページと建築に翻訳してスケッチしているということです。そしてそのときに、市川くんの特有の視点で自我と世界の関係をドアによって関係づけている。世界と自我の間にドアが媒介している。そしてそれを山田かまちのテキストの具象化として、全部丹念にドアを書き込んでいて、そのドアのつながりが山田かまちの17歳の人生だと言うのだけれど、ところがこれは私たち全員の人生そのものでもある。なぜならば、建築家はプランを書いていろいろなところにドアを付けるけれど、1人の人間が生まれてから死ぬまで生活する、人生を送る、それはドアをどんどんリニアに突き破っていくことの連続でしかない。そうするとこのドアの連続というのは人間の生命そのものである。それを建築化したものであるという風に言い換えられる。人間が建築を生きるということは、ドアをどんどん突破して次々と違う世界に生きるということである、と言い換えることができる。そうするとドアのリストというのはある意味で建築の本質を突いている、人間の存在を非常に見事に表している。このようにいろいろな建築を貫通する普遍的なテーマ、普遍的な指標を用意して、それで建築を語るというのが、僕は言論的な人間ですから非常に魅力的に感じる。僕しか票を入れていませんが、いちおう言っておきます。

**田中** はい、ありがとうございます。では竹山さんお願いします。

| 竹山聖 投票結果 | ID05 … 1票（106ページ参照） | ID38 … 1票（66ページ参照） | ID54 … 1票（178ページ参照） |
| --- | --- | --- | --- |
| | ID13 … 1票（52ページ参照） | ID45 … 2票（36ページ参照） | ID55 … 2票（70ページ参照） |
| | ID22 … 1票（136ページ参照） | ID48 … 2票（32ページ参照） | ID56 … 1票（48ページ参照） |
| | ID34 … 1票（154ページ参照） | ID50 … 2票（40ページ参照） | |

## 価値ある空間、豊かな空間が実現されているなと思う作品を探したと言ってもいい

竹山　得票の多いものについて議論をしていけばいいのではないかと思っているのですが、僕が票を入れた基準を説明しておきますと、空間的に、特に内部空間に豊かさがあるなと思うものに入れました。審査の途中に何人かの学生には話したのですが、最終的に建築で残るのは空間の価値、価値ある空間。議論の場というのもそうですが、ハギア・ソフィアもキリスト教の寺院として作られたけれど、イスラムが征服してもモスクとして愛されている。どう愛されるかというようなことが重要だと思っていて、その場合はなかのプログラムなんて極端に言うと100年経てば変わる、50年経てば変わるかもしれない。ですから豊かな空間が実現されているなと思うものを選びました。そういう作品を探したと言ってもいいですね。長持ちというのにはいろいろな意味があると思いますけど、構造的耐久性というのもあるかもしれませんが、多くの人たちに愛されて手入れされていると長くは持ちますし、それから記憶のなかにも残る。そういうのは内部に自分がいて、空間にある種の喜びとか驚きを感じたものなのではないかなと思うので、そういったものがありそうだなという作品を選んだつもりです。それからそうでない観点では、手続き上、設計のアプローチに何かしら面白いなということを感じたもの、あるいはもう少し話を聞いてみたいなというものを選んだという感じです。基本的には皆さん面白い傾向が出ているなという印象を覚えました。きちんと分析していないからパッと見た感じですけど、意外と土居さんと藤村さんが同じものを選んでいることに驚きました。

田中　なるほど、ありがとうございました。竹山さんがさっき言われた「内部空間に豊かさがあるもの」を仮にテーマに取り上げるとしたら、2つこれとこれというのはありますか？

竹山　いえ、基本的には票が多く入っているものになると思います。

田中　共通していると。

竹山　はい。

田中　わかりました。では島田さんよろしくお願いします。

## 非常に濃密に解かれていて
## 考え方も非常に納得ができるものに
## 票を投じています

島田　最初に今回選ばれなさそうなものから話をすると、自然現象を建築的なアイデアとしているものが今回目立つなと思って、特に今回は雨ですよね。そういう意味では8番とか34番、あるいは37番なんかも雨水の減少みたいなものをきっかけに建築を構想している。特に34番はそれプラス既存コミュニティみたいなものですけど、そのどれもが設計としては粗いし、密度もまだまだあるのではないかと思うのですが、きっかけみたいなものと出来上がった風景みたいなものには何か共感を覚えて票を投じています。藤村さんが整理したように、30番と53番は、既存の都市の記憶をサンプリングしたものをきっかけに建築を構想するというもので、新しさみたいなものも感じて、これはもう少し議論を深めたいなと思い票を投じています。45番と49番はそれぞれもの自体は非常に小さいものがポツポツとあって、それ自体が非常に大きな妄想の物事になるというわけではなくて、細かく、解像度が高い。特に49番はある種の文明批評というか、彼と話をしていると、例えば土ばかりの土地だとレンガが建築の資材となって、それが風景を作り出す、レンガ造りの街並みを作り出すかのように、この場所で都市的な物事、要するに計画道路と既存の街並みが衝突して、その結果、荒川区ならではの素材を利用して建築する。その考え方自体はすごく面白いなと思いました。また58番は、近代遺産をリノベーションして新しいコミュニティの核にするという、近年の卒業設計の勝ちパターンに乗っているところがちょっと気になるところではあります。とはいえ非常に濃密に解かれていて、考え方も非常に納得ができる。そして、元の建築の不気味さみたいなものも残すことで、非常にシンボリックな部分を残しているというところにとても共感して票を投じています。

田中　はい、ありがとうございました。では光嶋さん。

|  | | | |
|---|---|---|---|
| 島田陽<br>投票結果 | ID08 ... 1票（110ページ参照）<br>ID24 ... 1票（138ページ参照）<br>ID27 ... 1票（144ページ参照）<br>ID30 ... 1票（56ページ参照）<br>ID34 ... 1票（154ページ参照） | ID36 ... 1票（158ページ参照）<br>ID45 ... 1票（36ページ参照）<br>ID49 ... 2票（20ページ参照）<br>ID50 ... 1票（40ページ参照）<br>ID51 ... 1票（176ページ参照） | ID53 ... 1票（60ページ参照）<br>ID58 ... 2票（26ページ参照）<br>ID59 ... 1票（182ページ参照） |

## 建築家としての自分のテーマや切実さがどこまで深く刺さっているかが判断の基準

光嶋　土居先生と藤村さんの共通点よりも、票を発表する順番が僕から始まって最後に藤村さんだったというのが、このファイナリスト選抜に影響しているなと。順番が逆だったらきっとまた違う8人が選ばれていたのではないかなと思います。僕は昨日今日初めてここに来て、ディスカッションという部分では少ししか時間がないなかで、皆さんと一通り話せました。たくさん喋ってくれたなと思っている学生は僕の思いが伝わったと思うし、あまり喋ってくれなかったという学生は僕の心にあまり響かなかったと思います。票を入れた基準の話をすると、一級建築士というのは試験に受かった瞬間に得る資格なので、はっきりと「何年から一級建築士になった」と言えます。しかしいつから「建築家」なんだろうと思うと、僕の場合は大学院ぐらいのときに名刺を作って、自分のeメールアドレスがあって、建築家と書いていたような気がするんです。それは今思うと恥ずかしいなと思うのですが、今パーカーを着ている皆さんは名刺をもっているし、いつから建築家なのかというのはわからないんですね。でも、僕がディスカッションした皆さんは、3年生くらいであれば、今設計のときに考えている素養や土台はそんなに変わらないです。技術とか経験はもちろんすごく大事だけれど、考えている深度みたいなものというのは、僕の師匠の石山修武さんに引っ張られて、「この深さまで考えないと」というのがあります。それが昨日今日の対話の大前提にあるので、僕が票を入れる判断をした基準というのは、建築家としての自分のテーマとか切実さみたいなものがどこまで深く刺さっているか、あるいはそれを僕と話すことでさらに深く考えてくれるかどうかということで15票を選びました。その作品に対しては、他の先生方が言ったことにさらに付け加えることはあまりないのですが、僕の選んだ13人の中で2人だけ突出しているというか、2票を投じたのは、特にその可能性を感じたということです。基本的には皆さんに建築家になって欲しいという想いでこういうイベントに出ているのですが、意外だなと思うのは、43番が唯一「時間」というテーマで、地球で建築を設計する上では地球と人工的なもの、自然と人工的なものというのは全てにおいて、そこに災害とか熱とか環境とかあるなかで、彼はその時間軸に対してすごく誠実にというか、独特な空間を作っていて、これはすでにピーター・ズントーがローマでやっていたことに近いんだと思いました。どうやって時間の射程を広くするかということにおいて、43番が何か可能性をもっていたということで、僕は他よりも1票多く票を投じさせていただきました。その点で言うと、選ばれていませんが16番も、本人は気づいていませんでしたけど単なる転用ではなくて、用途が変わろうが建築がもっている形式は変わらないという、それも「時間」というテーマです。それは、東京大学の加藤耕一先生が「時がつくる建築」のなかで書いている、コロッセオがどういう風にどんどん変わっていくのかということを、現代においてもできるんだということですね。「時間」というのが1点と、もう1つは13人の評価の基準にした先ほどの建築家の話にもつながるのですが、何かを設計するときに、リサーチしてコンセプトを立てて論理的構築のもとに形を出す際の大事なメタファーというかポエジーがある。そのある種自分でもわからない「何か」というものを形にする。数値化できない「何か」があってそれを形にしようとすることを、設計のなかでどうやってプロセスに混ぜていくかということを一つの基準にしたので、そういう意味では27番が選ばれたのかなと思います。自分の設計する根拠をどうやって示そうとするかということに、絵画など建築言語とは違うものによって自分のバリエーションを補足するというか、そういうところは建築家として大事な感覚をもっていて欲しい。それを上手に一緒に考えるというか、正解がない問いを一緒に考えるという感覚をもっているというのが建築の魅力だよと。これは数値化できて1対1で対応しているものではないということを、ひたすら話して回った今日の議論だと思います。

田中　はい。よく喋るな、光嶋さん（笑）。

光嶋　すみません。

藤村　少し確認しておくと、発表順で結論を変えたということはないですね。土居さんの真似をして協調して、威張ろうということはありません。でも結果的に土居さんと似ているなというのは面白かった。

田中　もう時間が来てしまったのですが、今の先生方の説明を聞いて、3つのテーマがはっきりしているなと思いました。1つは「絵画対決」で4票以上入っています。13番と47番。2つ目は都市のサンプリングのアセンブリで、30番と53番でこれも4票以上入っています。3つ目が、藤村さんも島田さんも言っていた小さいものを解像度を高く見ていく、設計の文脈にコミットしていく、これが45番と49番で4票以上。この3セットは問題ないと思います。そこでもう1つが定まっていません。先生方のお話で出てきた48番の恣意的なアプローチと近代遺産を活用する58番。この2つを組み合わせて、グループ名はわからないですけど4つ目を作って、これで8作品という組み合わせができます。

島田　今の議論だと50番が8選に入らなくなってしまいますね。

田中　そう、50番が入らなくなってしまうんです。皆さんのコメントで出てきたものを掬い上げるという考え方ですが、いかがでしょうか？ではこのあとの選抜プレゼンテーションを、今の8作品で行いたいと思います。最優秀賞はどうやって決めるのかという話がありましたが、理想的には今の8作品の最終プレゼンや、対決を踏まえながら最優秀賞、優秀賞を決めていくのがいいかなと思います。

DR　クリティークの皆様、田中先生ありがとうございました。

---

**光嶋裕介 投票結果**

| | | |
|---|---|---|
| ID03 … 1票（102ページ参照） | ID30 … 2票（56ページ参照） | ID54 … 1票（178ページ参照） |
| ID13 … 1票（52ページ参照） | ID43 … 2票（170ページ参照） | ID55 … 1票（70ページ参照） |
| ID16 … 1票（124ページ参照） | ID48 … 1票（32ページ参照） | ID58 … 1票（26ページ参照） |
| ID24 … 1票（138ページ参照） | ID49 … 1票（20ページ参照） | |
| ID27 … 1票（144ページ参照） | ID51 … 1票（176ページ参照） | |

# 2. Final presentation
## & Question-and-answer session, review

決勝プレゼンテーション

決勝選抜議論で選ばれた8人が決勝プレゼンテーションに進出。
それぞれ公開プレゼンテーションを行い決勝投票へと進む。

ID30 重村 浩槻
築地再考

プレゼンテーションは56ページ参照

## グループ1 受肉対決

田中 グループ1は名前を付けるとすると「受肉対決」ですね。質疑・講評をお願いします。

島田 十文字さんの渋谷の作品と重村さんの築地の作品を比べると、築地は完全に「築地性」みたいなものを非常に色濃く感じるんだけど、渋谷は渋谷の場所性というのが、「東京」に置き換えてもいいというくらい広大なものになってしまっているのではないかと思います。それと、川俣正さんが1998年頃にやっていた「東京プロジェクト」が、まさに自動販売機の後ろに住居を作ったり看板の後ろに住居を作ったりというものでした。そのアートの構想に追い付くことができているのだろうかとちょっと疑問に思えてきて、もう少し「これが正しく渋谷性なんだ」というものを、何か強く打ち出してもらえると助かります。

十文字 作られた人の空間というものは機能的に言えば東京全体にあるようなものなので、機能に関しては渋谷性ではなく、むしろそこに集めてきた廃材と呼んでいるものが渋谷の歴史だったり、流行だったりというもので、私が作成した年表から取っているのでそこに渋谷性があるのかなと思います。川俣正さんの「ニューハウジングプラン」をいちおう参照しているのですが、あちらは本当にアートとして成り立っているので、長期の滞在というものを意識はしていないと思います。私が作ったものは、人のある生活の断片というものの機能を担保するにはどういうものが必要かを考えてやっているので、アート・インスタレーションというよりは建築として作っています。

藤村 アートと建築の違いも興味深いものではありますが、「どちらかというと建築として作っています」と言っているけれど、建築的な手法を用いたやっぱりアート的アプローチかなと私は見ました。つまり、これは本当にここで長期滞在できますか？まあできないです。実験結果と書いてあるように実験だし、やはり思考実験として表現したほうが説得力があるのかなと思います。逆に聞きたいのが築地のほうで、どれくらい真顔で「ゲストハウス」だと言っているのかに対してです。実現性があるのか、建築物として成立させるための努力をしているのか証明してください。

重村 構造として成り立つかどうか、建築として成立させることを目指しているのかということに関しては、どちらかというと今回は後回しに近いような形になっています。それよりも、空間として多様に読まれる可能性があるかどうか、きちんと築地の営みを継承するようなものとして適っているかどうかという点を優先して作成しています。

藤村 わかりました。この2人の特徴的なことかもしれませんが、開発とセットでやっているんですよね。築地も隣が開発されるからこういうものを作る。渋谷も開発されるからこれを作る。その開発に対して、実験的かもしれないけど生活がそこに遭遇するとか、実験的かもしれないけど廃品をそこに使うとか、そういうことによってある種の抵抗なのか、実験による何かメッセージなのか、そういうものはあると思います。しかしスケールというか、どの程度対応する大きさというものをもとうと思っているのか。これはこの大きさで、断片だから成立するもので、メッセージにしないことには伝わらない。起こっているかどうかもわからないような些細な出来事にも見えるんですね。どのくらいの大きさと判断してこれをやっているんでしょうか？小さな場が成立すればいいのか、これが都市中に増殖して欲しいのか。

重村 狙いとしては、もちろんこういう建物全てで築地を構成しようとは考えていないのですが、隣の東銀座のように大きな高層ビルのようなものでクリーンアップしていって、残された築地の市場部分を更新していくのは違うのではないかというメッセージを発する1つの建物として考えています。

十文字 実験的に1つ1つのプログラムを即興的に作っていて、最後に並べたものが敷地模型に現れているような感じなので、

ID53 十文字 萌
渋谷受肉計画
― 商業廃棄物を用いた無用地の再資源化 ―

プレゼンテーションは
**60ページ** 参照

どちらか1つで集まってドーンと建っているというよりは、そもそも渋谷に大きな1つのものを建てられないことはわかっているので、小規模なものがバラバラに増殖していってそれがどんどん渋谷のなかに広がっていくようなイメージです。

**藤村** ゲリラということは同時多発みたいなイメージですね。

**十文字** そうですね。

**田中** ちょっと聞きたいんですけど、この2つのプロジェクトは誰が作るのか、誰が事業の主体となるプロジェクトなのか簡単に教えてくれる？誰が作る建築なのか、それによって変わると思うんですよね、作り方とか。

**十文字** 誰が作るというところはきちんと考えられていないのですが、最初に私が思い描いていたのは、用いる部材が全て渋谷にあったもので、どの人でも入手可能なある意味ごみと言っても差し支えのないようなものなので、作る人は私でも私ではない渋谷にいる人でも構わないと思っています。もしそれを事業主体として誰かが頼むとしたら渋谷区なのかなと思っています。

**重村** 僕は築地にいる人々もしくは築地を訪れる人々を考えていて、これを建設会社が作れるとは到底思えないし、設計の仕方としても1つ1つの空間やものを見つけて組み合わせていって、積み上げていくような作られ方なので、訪れた人がどんどん住みこなしで読んだものとかをもってきて、更新していくということを少し考えています。

**田中** なるほど。ありがとう。それを受けてでもいいんですけど、土居先生どうですか？

**土居** 都市というのは、築地も渋谷も巨大資本の循環でしかないわけですよ。あなた方はその大きな流れの脇にちょろちょろっと流れる小さな水みたいなものを設計するわけだよね。そこで鍵なのは人なんですよ。どうやって事業化するかという話がありましたが、ジェイン・ジェイコブズが言ったように、都市が思う富というのは手作業的な細かい工夫の蓄積で

す。そしてその工夫でもってあなた方は巨大資本の流れを互換するわけですよ。だから人のイメージをきちんと言って欲しい。来た人がどうのこうのというのは問題を投げ出しているだけだし、区に投げ出してはいけない。だからあなたが起業して、きちんと営利が出るようにやってみなさい。建築としてやったほうがいいと思います。

**藤村** 2人とも「私が起業してやります」と言えば良かったね。

**島田** いや、むしろ僕は「これはマニュアルだ」とか「カタログだ」と言ってしまって良かったと思う。「これをばら撒いたら誰かがやるんじゃないですか」でもいいような計画に僕は思う。

**藤村** アーティストにはそういう人もいましたよね。

**土居** それが問題の投げ出しで、問題を投げ出してしまったら建築にならないよ。

**光嶋** それだったら取扱説明書が必要で、これはカタログじゃないんですよ。カタログでないから「用・強・美」が成り立っていない。強の部分というか、構造が両方とも曖昧だよね。あなたが「建築だ」と言ってもみんなに「建築じゃないアートだ」と言われてしまう。だってあなた自身がここに1ヶ月間寝泊まりするつもりがある？渋谷の看板の裏で1ヶ月間住めますか？住みたいですか？住みたいと思ってあなたは作っているのか。

**田中** 瞬間でお答えください。

**十文字** 自分でこれを作ったら住みます。

**藤村** まあ1泊くらいでいいかもしれないですね。「マニュアル」という作品を作ってこういう生き方というのを示すような、そういうアプローチのように思うんですよ。僕はアートだと言い切ったほうがいい気がするな。

**田中** ありがとうございました。盛り上がっちゃいましたね。

ID45　小澤 成美
妄想道路
― 道に溶ける建築と暮らし ―

プレゼンテーションは**36ページ**参照

## グループ2　断片文脈対決

**田中**　先ほど裏方でみんなで考えたんだけど、グループ2は名前を付けると「断片文脈対決」でいきます。いかがでしょうか？

**土居**　はい。六本松をずっと歩いていたこともあるので興味はありました。ご説明にありますように、引揚者のために護国神社やらが主体的に作ったということで、ここでも宗教的文脈は重要なのですが、慈善事業的な、社会事業的なものであるということです。そういう計画をされた地域は、基本的には計画的で整合的であるのは割と最初から当たり前だけど、戦後団地にしろそういう特殊な地域にしろ、そこに住むことがある群衆の社会的クラスターを作っている。そうした広い社会全体のなかの小さい社会的クラスターがまた次の課題を孕んでしまうというものがあります。それを社会的なものとして、あなたがどういう風に考えているのかがちょっと見えなかったということです。整合性はあるのだけど、だからこそわからなかった。「かさぶた」のほうは僕は素直に面白いと思いまして、都市計画という上位のシステムと、構法というどちらかというと下位のシステムが、オーバーラップして矛盾したときにどういうコミュニティーが生じるか。それをかさぶたと称してそこに介入することで建築家の存在がある。非常にわかりやすい。普通は縦割りで全部処理していくものだから、それらが重なるという体験はない。ところが実はそれがあるわけで、そういうことを発見したという点で面白いと思いました。ですから、整合的であるのがいいのか、不整合がいいのかという戦いでもあると受け取りました。良い悪いは言いませんが、それが私の見解です。どう思いますか？

**小澤**　六本松の住宅地は昔からある場所で、木造密集地でして、今は開発が進んでいて、そこに新しい人が入ってきてはいるのですが、そうした開発が行われることによって今まであったものがなくなっていくことがあると思っています。今、六本松に残されている昔のままの形態をもつ住宅地をもっとポジティブに捉えて、そこが開発されるまでの何年かを伸ばすために、そこが使われているという現状がもっと他に対して伝わるような計画を目指しました。

**鈴木**　土居先生とはクリティークのときにその話をさせていただいて、僕も本当にその通りだと思っています。大きな力に対する小さな力がインタラクションを起こしてしまうというか、相互に作用していくような状況を作り出せたのではないかというのが、1つの結果として提示できたらなと思っていたので、土居先生に言っていただいた通りだと思っています。

**光嶋**　「妄想道路」のほうに聞きたいのですが、妄想道路でもって、あなたが見えなかった妄想をある意味では可視化してそういう外部的なものにする。そして家のなかに飛び出す。そうすると飛び出した結果、家のなかへの建築にはそれほど影響はしないのかということと、あなたが作ってしまった最早妄想ではないものにも妄想道路は見えるんでしょうか？

**小澤**　住宅の部分から抜け出したものは、外に出すことはいいことだと思っていて、ここが妄想道路的に見えるかというと、私は見えると思っています。それは道と建築という2つの関係なのですが、アパートに入っていく際に通っていく外階段であったりとか、道に屋根をかけたデッキだったりとか、そういうところも私は道だと思っていて、そこに人の跡が見えると思っているので、ここも人が通る跡が見える場所であり、妄想道路という風に考えています。

**光嶋**　先ほどの「築地」の作品が自分たちが読み解く力を呼び起こしたいというのに対し、あなたはまさに妄想する力でそれを引っ張っていきたいんだよね。でも土居先生の質問に答えると、いずれ死を受け入れるわけだよね。死というのは要は開発されてしまうこと。だから仮設的でもいい

ID49 鈴木 遼太
たとえば基準線にかさぶたを

プレゼンテーションは **20ページ**参照

というと、むしろあなたのほうがかさぶただよね。あれ?あなたはかさぶたでいいの?最終的には再開発されることを受け入れるという問いに対する答えだよね?

小澤 受け入れるわけではありません。

光嶋 延命だけど?

小澤 はい。延命です。

藤村 先ほどの「受肉対決」の2人は割とアートになりきれないアートみたいなところがあったんだけど、今の2人は建築的ですよね。だから構造もはっきりしているし、建築的表現を用いてこれをやっている。その点は私は割と好感をもっているのですが、なぜこれを「妄想」と言わなければならないのか。つまり、新しい日常を作る、普通に「想像」だとなぜ言えないのか。私はその点が疑問であって、妄想というのは病的な状態から生じた誤った判断で共有されない想像なので、その「共有されなさ」みたいなものを自分で強調してしまっていないかということなんです。「こういうことをみんなに共有して欲しい」、「新しい日常になって欲しい」というメッセージを小澤さんには言って欲しいし、鈴木君はかさぶたという一時的な状態を強調する日常は何のためにあるのだろうか、そういうことに対してもう少し自覚的にならないと、表現のための表現に聞こえたりしないだろうかと。つまり、そういう意味においてアートと言われてしまったりしないだろうか?私はそう思いますね。

竹山 アフリカの集落に居住の原型的な住むユニットがあって、その一角にほぼこれと似たような差し掛けのテラスがあるんですよ。集落というのは共同体のことですから、その集落に訪れる他者や何らかの形で外部と接触するためのテラス。あるいは集落の人たちがなかにいる完全な個人の場所ではなくて、1日ゴロゴロしていたりするような共同のテラスです。それを僕はこれに感じて、「ああそうなんだ」と。完全なプライベートな場所からちょっと出て、でもパブリックというものでもなくて、何らかの他者との関わりはあるけれども共同体の内部でも使えるし、訪れた人たちがまずそこに行く。そういう説明もあって、それが面白いなと思ったのが1つ。それから形態論的に面白い。つまり、切妻のパターンをいくつか作っていますよね。細長い敷地にその長さだけに切妻をかける。あるいはそこに直行した尖った切妻をかける。そして低くかける。こういうようなことを構造的な模型を作りながらやっていて、その位置も絶妙だと思うんですよ。切妻は特に細長い、尖ったものが好きですけどちょっと高い。スペインに海の見える塔があるのですが、これはそういうようなものを連想させる。他のものとの対比や他者との関係とか、そういったものを非常に素朴な方法で上手く作っていて、いいなと思います。僕はこれに2票入れたんですよね。僕が投票した作品はかなり落ちてしまったんです(笑)。これはかなりいいなと思っています。

ID48 石橋 佑季
石橋の恣意性或は地球

プレゼンテーションは**32ページ**参照

## グループ3 発酵対決

田中　第3グループは名前を付けるのがちょっと難しい。「地球対決」かなという話もあったんだけど、結局「発酵対決」。発酵は菌が培養して、いろいろなものが生えてつながっていくということで「発酵対決」です。いかがでしょうか？

藤村　「発酵」というと少しレイメージになってしまうかもしれませんが、話を聞くと「ポストシステム論対決」かなと。従来型のシステム論ではない都市の理解の仕方みたいなものを、それぞれ提案しているように思います。例えば中家さんが言っていた、いわゆる「アクターネットワーク理論」的な、ローカルなものとか人のネットワークを見るんだという、そういう都市の見方ですね。それは今年卒業設計でも取り上げている人が結構いて、いろいろな地域の生業に注目して、循環のなかに建築を位置づけるというものです。だから木材を使った人はたくさんいると思うのですが、中家さんはそういう意味では木造を提案している多くの人たちの代表みたいなところですね。そういう風な見方で作品を見るといいのかなと思いました。石橋さんの作品は私はちょっとまだ整理できていないのですが、部分と全体とスイミーの話、双発の話をしている。双発というのは、いわゆるシステム論のあとでしていたものです。ある要素とある要素が別の次元の別の循環を生み出すというような、石橋さんは魚的性質と言っていましたけど、そういうものが部分と全体を新しくつなぐんだという話と、エネルギー循環装置と言って循環の話をしていて、どちらの話をしたいのかわかりません。この模型を見ると確かに両方入っている。上のほうでスイミーの話をしていて、上下をつないだら循環の話で、石橋さんのなかではどちらが主題なのかな？新しいネットワークみたいな話をしたいのか、それとももっと全体の話をしたいのか、それともごっちゃになっているのか、教えて欲しい。

石橋　ごっちゃになっているなかで、メインのストーリーとしてはスイミーの話です。それを支えるための装置として循環の話がサイドストーリーとしてあります。

藤村　そっちがサブなんですね。よくわかりました。

土居　僕はとりわけ中家君の作品についていろいろ話したいのですが、非常に理路整然としていて、非の打ち所がないようだけれど、実はその構築のされ方がとても強引で、全体としてはやはりコンバージョンありきだから成り立っているということが言えるのではないかと思いました。それと、そういう矩形の多いところがあればいろいろ使い方があるんだけど、同じ欲望を地域住民がもっているときに、取り立ててそこに寄り付く必然性があるのかないのかというのが不思議だし、そこまで賑わいを求める必要は特にないのではないかと思います。それからやはり、その配水場の本来の機能を考えたときに、これは近代どころか江戸時代以来の治山治水の日本人の自然との闘い、バトルの延長戦上にあるわけであって、自然との共生のなかに自然に対する恐れとか、洪水で人が流されるといったことまで含んだ、本当はもっと特殊な場所であるべきなんだろうなと思います。江戸時代に防波堤を作るときに人柱を建てたとか、そこまでは言いませんけど。僕はそういう風にヒューマナイズされるということに関しては、取り立てて嬉しくもないという感じです。この視点は僕だけかもしれませんがあなたはどうですか？

中家　インフラ的な構造物を変える必要性があるのかということに関しては、元々江戸時代に木造とかの入会で作られて、水防の人たちが交代でやってきてとか、貯水池で皿を洗ったりして、それに子どもたちが付いてきて、コミュニティの核になっていたという過去の話を聞いて、それならここにまだ新しい可能性があるのではないかなという形で、今回は提案しているということです。わざわざ集める必要性があるのかということに関しましては、元々ローカルなもので資源化されていて、個別でやっていたものが産業化して都市に

ID58 中家 優
輪中建築

プレゼンテーションは **26ページ** 参照

　　　排出するだけのものになっていったときに、周りの人々の関わりがなくなって近代化していきました。そして現在のお年寄りの方々が少ない面積の畑でやるときに、善意では拾ってくれないようなものを直接の販売として付加価値を与えながらやっていくということは必要なのではないかと思い、この計画を提案しています。

土居　もちろんコミュニティのなかで水を共有して使うというのは美しい話で、その話はまあ大概知っていますが、その前にやはり恐れがあるんですよね。そのことはどうでしょう。それは勝手に思ってそういう風にやっているの?

中家　そうですね、恐れというものは感じないと僕は思っています。新規の住民の方々が、今堤防とかがどんどん増設されているけれども、正直何をやっているのかわかっていなかったり、堤防がどれだけ増えようが水害に対する心理変動みたいなものは変わらないと思っています。過去に伊勢湾台風とかを体験した人はどれくらいの災害が来たときに、どれくらいの危険なものがセーフラインなのかということが何となくわかっていて、「これぐらいならあと何十年は大丈夫だよ」とか、感覚的に体験していることで言っているというのはあります。その部分で、水位などをきちんと知ることができるような建築があって、恐れというものを体験しながら建築化していくということが必要なのではないかと思っています。

島田　僕はこれが何か覆いつくされて非常に親しみやすいものになっていれば、あまり魅力を感じなかったのですが、この不格好で巨大なものがにょっきり出ているという不気味さ、ある種恐れを表象していて、それは素晴らしいのではないかと思って票を投じています。逆に石橋さんの作品は、僕は正直全然わからないんです。これが何をしていてどうやってエネルギーを循環しているのか、わかっているなら誰か代わりに説明して欲しいです。目的なんかどうでもいいのかもしれないけれど、これは何をするためのもので、自然発生的にこういうものができるのか、それとも誰かが作るの?

石橋　私が作ります。それから先ほどの藤村さんの質問に対して、語弊があるかもしれないので言いたいのですが、部分と構成の話をメインのストーリーでやったのではなくて、スイミーの話は恣意的であっても問題ないという仮説の話だったので、やりたかったのは「都市のなかにこういう存在がある」ということです。

島田　エネルギーの循環はどうやって起こり得るのですか?

石橋　エネルギーの循環自体は、ここに住んでいる人の食物残渣や排せつ物や動植物の死骸を発酵させてメタンガスを…。

島田　これはそれほど大量なエネルギーを発生するんですかね? いわゆる昔のボットン便所とかのシステムとそんなに変わらないのでは。

石橋　ボットン便所のシステムというよりも、バイオガスエネルギーのシステムを使います。

島田　それは例えば、豚の飼育工場とかには大量のエネルギーがあるけど、ここにそんな大量の糞尿みたいなものが集まるんですか?

石橋　ここの生物の死骸も含めているので集まると思います。

藤村　それなら、「山田かまち」の作品のドアみたいなもので、想像力の表面に対して島田さんみたいに工学的な質問をしてみると、おそらくコミュニケーションとして成立しないと思う。私はどちらかというと石橋さんの立ち位置が批評的だなというところに投票しています。そしたらそういうジャンルとして見てみないとわからない。

089

ID13　梶浦 悠翠
妄想都市ノ解体絵図
—抽象画からみた都市空間の気づき—

プレゼンテーションは**52ページ**参照

## グループ4　アート対決

田中　これが最終グループ4ですが、「絵画対決」なのか「フォリー対決」なのかという感じがしますけれど、いかがでしょうか？

土居　僕の受け取り方は「アート対決」ではなくて、これこそ「宗教対決」、「ユニゾン対決」なんですよ。つまりカンディンスキーにしろ抽象絵画の配置にしろ、神智学や人智学といった一種の神秘主義思想があるんです。それがモチベーションとなっている。日本に伝えられたときはそれは絵画制作の手法として使われるので、そういう摩訶不思議なものは消え去ってしまう。だけどやはりこれは人間がいかに神の視点に近づくかということなんですよ。これは僕が考えました。もう1つの彼のほうは修験道を取り上げている。修験道をもっと強調しなければいけないんだけど、修験道は明治政府によって禁止になってできなくなってしまった。それは修験道というのは仏教だの神道だの、ごちゃ混ぜだからというのではなくて、ある種の危険性を含んでいた。それは異界に人々をいざなうことで、ある意味反社会的で反共同体的なもの、つまり外の世界を作ることだった。あなたはそれに気づいているから、ものに気づくとか何とか言うわけです。あなたの手法はRCアーキテクトとか似たようなことをやっていて新しくはないのだけど、修験道の人々がもっていた、つまり普通の社会から出て、そこで自然に立ち向かうということの疑似体験をしようとしているように見える。そこに可能性があるわけです。もう1つ言えば、柳田國男のように日本人の言動を考えるときに、普通の人間、常人とそうでない人間を考えるという二分法をやった。これは実験的に普通の人間がたまたま1日トレッキングして、それを感じて、疑似体験をするというような格好にするべきだと僕は思う。僕がこれに魅力を感じるのは、他のプロジェクトが全部悪いとは言いませんが、コミュニティだとか社会とか馴染むとか、そういったもので人間の社会のなかの居心地の良さを考えていくと、時々そこから外に脱出することがあり得ていいはずです。あなたのプロジェクトの可能性はまさにそこにあるわけです。絵の上手さは僕には上手くは見えない。どこかで見たような既視感もあるので、アートとしての質は僕は判断できませんが、僕はあなた自身も気が付いていないかもしれない可能性に賭けて2票を入れました。特に感想はいりませんが、何かどうぞ。

森山　今の社会では科学的技術とかできちんと証明されているものしか存在が認められていませんが、修験道というか昔の日本人は森のなかとか自然のなかに何か違和感を感じて、今より感性が豊かというか、何かそういう存在を感じていたのかなというのがあります。そういうものが忘れられているのではないかなと思って、こういうものを作りました。

光嶋　あなたがジョン・ヘイダックと書いているから、アートか建築かの議論ではなくて、その境界をいかに接続していくかということ。今ちょうど西洋美術館でル・コルビュジエの絵画と建築展がやっているんだけど、それを見ていると、やはりコルビュジエの空間に対する理解は工学的な部分が軸を占めつつも、何か恣意的というかアートの要素がある。それを「絵画と建築」と見ていくとすごくよくわかる。ちょうど西洋美術館にピカソとブラックも置いてあって、キュビズムとピュリズムと言っているけれども、やはり圧倒的にピカソとブラックのほうがいい。それはあなたたちも一緒で、カンディンスキーやヘイダックを参照して絵を描くと、あなたたちの建築の表現で今回良かったのは身体性があるというあなたのほうで、やっぱりこっちは身体性に欠けている。でもそれは置いといて、建築家とアートの二項対立ではなくて分野として独立しているので、カンディンスキーに何されようが、パリのラクレットにあるフォリーはどういう考え方であろうが、「あの赤いあれね」と人の心に刺さっている。フォリーそのものが鈴木大拙の霊性論を彷彿とさせると感じる人が1人でもいるのか、たくさんいるのか。もう独立した建築としての

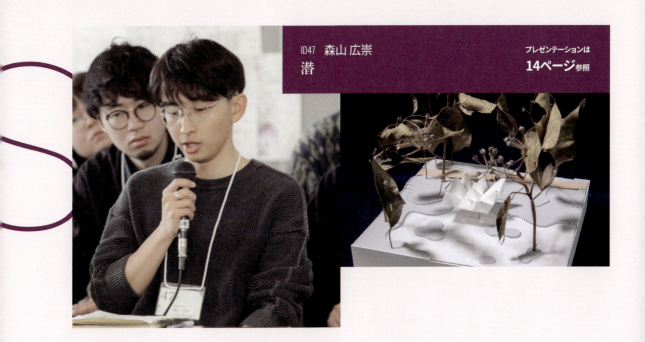

ID47 森山 広崇
潜

プレゼンテーションは**14ページ**参照

評価しかあり得ない。絵画もそうであって、これが良いか悪いかは、「これカンディンスキーっぽいね」って絵描きに切られたら終わりだし、独立しているということを意識して欲しい。君たちのはちょっと似過ぎているというか、ダイレクトに建築からアート、アートや絵画から建築にもってこようとしていて、そんな単純な話ではないんだよ。だからその水脈のところでは、同じ建築家が絵を描いたからすごいのではなくて、絵の歴史は独立した芸術としてあるから絵は絵として、絵は絵で見ないといけない。建築そのものが良いもので、「フォリーとしてどうなんだろうか」という風な語られ方をしないと。ものが良くないとそれは良いも悪いもどっちにもならないと思いました。

島田　僕もアートだという風になると、アートな面だと冷静さを失っていました。ちょっと見直していたのですが、森山さんの作品は意外と構造が結構面白いこと、何か不思議なことをやっています。そのスクエアグリッドが階段で支えていて、それが倒れないように、テンションで引っ張っている構造になっているのですが、他に構造で「ここが面白い」という話があれば教えてください。

森山　ものと自分との関係性を考えるときに、微妙な関係性というか、その危うさみたいなもの、何か危うい状況にいることでそのものと自分との関係性であったりを考えたりすると思っています。構造みたいなものは、そういう何か緊張感みたいなものです。

島田　それを表せればいいということ？

森山　はい。

藤村　先ほどからアートの話だったのですが、私はいつも思うのは、視覚的な想像力というか、視覚的な言語を操る練習をしてきた人がどういう建築を組み立てるのかというのには興味があります。やはり絵を描いて建築を作ろうとしている人に興味があるんですよね。だからこの2人には注目していて、これも菊竹清訓風に言うと「か・かた・かたち」みたいに、少しずつ立体化していってます。菊竹が言うには「か・かた・かたち」というのは循環構造があるので、一回フォリーを作ってもう一回絵を描き直すという循環があったほうが、僕はよりステップアップしたかなと思っています。森山さんも、普通に絵を描いているというか、三面図を描いて模型を作って絵があってという順番があるので、非常に建築的作法で絵を描いているから、やはり単に絵を描いたということとはちょっと違うんじゃないかな。だからコルビュジエよりはもう少しダイレクトに絵と空間を結び付けて2人とも想像しているんだなとは思うのですが。本当はプロトタイプを作ったあとにもっと複雑な組み合わせができるのか、建築的な思考をもっと絵に結び付けて欲しいというのが思うところです。まだ完全な空間のプロトタイプに留まっているところが、少し惜しいかなと思います。

土居　少し補足でいいですか。梶浦君と森山君を比べると、梶浦君は都市なんですね。ところが、最近の建築学の研究動向に対応させると、都市研究とか地域研究とかは割と一段落していて、過剰生産かなという感じがする。それに代わるように登場しているのが領域研究、テリトリー研究なんです。だから設計する人もそれに完全に気が付いていて、テリトリーをやっている。あなたの場合は修験道が成立するのが、地域とか社会とか共同体とは全然関係のない1つの自立したテリトリーであって、そういう意味であなたはフォリーの設計ではないんだよ。それはテリトリーを設計し直さなければいけない。こういうデザインレビューだから、フォリーのレイアウトをしたんだけど実際は模型、本体のある模型のほうが大事なのかもしれない。そういう視点があるというのを知っていただきたいと思います。

# 3. Winners selection debate

受賞者選抜議論

決勝プレゼンテーション後、最優秀賞・優秀賞・クリティーク賞を決める議論が非公開で行われた。

| | |
|---|---|
| 田中 | 最優秀賞1つ、優秀賞2つ、そして各クリティーク賞を選びます。 |
| 藤村 | プレゼンテーション時の壇上でのパフォーマンスは重視しますか? |
| 田中 | 考慮して欲しいですね、せっかくだから。 |
| 藤村 | グループが4つあったのですが、大きく前半と後半に分けることができます。前半が「都市」、後半が「想像力」というキーワードで、前半と後半それぞれのヒーローを選ぶと誰でしょうか? |
| 島田 | 前半は「築地」と「渋谷」、「かさぶた」と「妄想道路」ですよね。 |
| 藤村 | 意外と「妄想道路」の小澤さんが頑張っていました。 |
| 土居 | パフォーマンス的にどうなの?自分の作品をコントロールできていなかったから。 |
| 島田 | わかってはいなかったですね。 |
| 藤村 | わかってはいない、喋ってはいたけど。 |
| 土居 | いや、よくいるタイプですよ。自分の「想い」だけでなぎ倒してしまう。 |
| 藤村 | 確かに、「妄想」と言って切り離してしまっているので。 |
| 光嶋 | そう、あれをなぜ「想像」と言わなかったのか。 |
| 土居 | 僕はあれは流行りの言葉だと思うよ。「優しい」という言葉が流行っていれば「優しい」という言葉を言ってしまう。 |
| 藤村 | 最後の梶浦さんも「妄想」という言葉を書いていました。 |
| 島田 | 例えば前半だと、「かさぶた」はやり取りも結構クレバーだったのかなと思います。鈴木君はさすがによく鍛えられていましたね。 |
| 田中 | あれは学部4年生とは思えないね。 |
| 竹山 | 「かさぶた」は何をやっている作品なの?僕だけ票を入れていないから、聞いてみたい。皆さんの評価には従うので否定はしないんだけど、どこがいいのかわからない。どこがクリエイティブでどこに将来の可能性があるのか。 |
| 藤村 | あれはある種の日常の表現みたいなもので、何のためかというと、彼はただ単に「試問」と言っているんですよ。試みだと言っているけど、その問いは一体何の問いなのか。小澤さんは「新しい日常を作る」と言い切ればいいんだけど、鈴木君は表現のための表現であって、先ほど私が質問したときもそれはきちんと答えられていなかった。竹山さんに今の質問を改めて聞いていただきたい。 |
| 竹山 | いや、皆さんの評価の理由を知りたいです。僕は別に小澤さんをそれほど強く推すつもりはないんですよ。ただ、あれはどういう試みかわかる。そこにある種の心地良い空間ができそう。建築という行為は未来に向けて何かを投げ出すもので、現在より未来のほうがいいと確信していないとやってはいけない行為だと思う。「かさぶた」は未来にとってどこがいいのかわからない。否定はしませんが。 |
| 光嶋 | 道路を暴力的に計画・拡張されることに対する抗い方ということが彼の問題意識です。ただ、それだけではなくて、青山キラー通りみたいにその制約を逆手に取ればいいのではないか、「ワタリウム美術館」と「塔の家」が生まれたのもそういうところからだと言っても、彼は上手く答えられていなかった。まあ、上手にやっているとは思います。どちらかというとあれは「傷跡」を作るために道路を通しています。 |
| 光嶋 | そうそう。「かさぶた」が自作自演だからリアリティがない。リアリティはどうでもいいのかもしれないけど。 |
| 島田 | 不成立になったところを、ある種の構法みたいなものを開発して、ブリコラージュ的な構法でどんどん新しい気持ち良さ、面白さやある種の歪みみたいなものを作り出そうとしている。 |

竹山　できた理由は違うけど、フランク・ゲーリーの「自邸」のほうが遥かにいい。
藤村　確かにゲーリーに似ているところはあります。
島田　ゲーリーの「自邸」と比較するのは酷ではないですか？
竹山　いや、でもやはりそういうものがすでに存在するわけだから。
島田　そういう意味で言えば、彼の作品はあまり快適性みたいなものには興味がなくて、空間に興味があるというよりは構法の開発みたいです。
土居　だからね、そういう論理は上手いわけですよ。「建築構法」というジャンルをわざと背負ってみる。そして都市計画も人の集団だから、そういう専門家の集団の争いというのを上手くもっていっている節がある。でも、それが日常的にあるわけです。問題が圧倒的に強くて構法が弱い、そうすると構法から専門家集団として抗うという1つのやり方を作る。だから僕は竹山さんとは逆で、できたものの良し悪しは割と気にしていなくて、面白いテーマさえあればいいと思っています。
藤村　鈴木君は近代生産システムでできた空間の、建築の不透明性みたいなものを否定しているので、「もっと手仕事が見えるように」とか、「成り立ちが見えるように」といったそういう意味ではゲーリーにそっくりなんですけど、ゲーリーがやっていた空間の単位より、もっと細かく建築を見るべきだという見方をしています。部位とか軒とか、空間を構成する単位をそこまで細かいところに落としてしまっているというのが、ゲーリーの頃よりミクロに向かっているという一種の現代的なムードを表している気がする。私は空間的に単位を求めず、もっと細かく見てしまうというのがあまり共感できないのですが、それが彼らの今の気分なんだなという形で理解しているつもりです。
島田　素晴らしいものができているというよりは、「新鮮な視点を見た」という気がします。
土居　だから鈴木君はあえて作家性を表現するというよりは、構法でやるというようなスタンスですよね。あれはあれで潔い。
藤村　図面に書き込まれていた部材は汎用部材を組み合わせていて、スチールの単管や何かを組み合わせてやっているので、そういう意図ですかね。
島田　態度としてややクール過ぎるところはある。
藤村　それは前半の2人のナイーブさに比べるとまだ建築的かなと思います。
土居　そうだね。
藤村　「落ちている看板を拾いました」という作品や、重村君も「パンチングメタルに傘を立てられます」とか、部位に着目しているという意味では、以前よりミクロな視点になっているということが多くの作品から見られます。
光嶋　いや、ミクロ過ぎてそれを構築する論理がなかったのでは？
藤村　重村君や十文字さんはそういうところなんですよね。鈴木君のほうがまだきちんと構築しようとしているところはある。そんな理解ですかね？
島田　小ネタ集みたいなところはあります。
田中　後半はどうでしたか？
土居　僕は中家君は質問に対してきちんと打ち返すのでたいしたものだと思います。社会に出たら頑張るのではないかと。

光嶋　質問してみたかったのは、石橋さんが作品のタイトルを「石橋の恣意性」としていて、自ら「恣意性」という単語を挙げてそれに対する迷いを示しているのに対して、中家君が恣意性に対してどう思っているのか。役所の人のようにあれだけ淡々とプレゼンして、完成度も高いし、正当に評価すればこれは素晴らしい。でも、隣でプレゼンしている人の恣意性というものは彼のなかにもあるのかどうか。恣意性が悪いものなのか良いものなのか、「自我を消す」みたいな状態に感じられたので聞いてみたいです。

土居　僕は作品のタイトルはあまり信用しないんですよね。

光嶋　なるほど。

土居　だから僕は恣意性についてあまり考えたくない。

藤村　この4人は何か似ています。それぞれ「想像力」がミソという感じです。先ほど島田さんが質問したように、妥当性を問いだすと全然だめなタイプの提案だと思うんですよ。だから突っ込みとして良かったと思います。言っていることの意味がわからないから。

光嶋　「何か言っているけどそこは重要じゃないんだよ」と流していたから。

島田　ちょっと反省しています。

藤村　いや、ネットワーク型の提案も結構たくさんあったじゃないですか、「みかんの生産過程を建築にします」みたいな。木材の生産過程とか、製材過程をワンパッケージにする建築がたくさんありました。

光嶋　そこに観光を組み合わせて、とかね。

島田　そういうものを全部1個1個潰していったような建築ですよね「輪中建築」は。

藤村　独自産業化とかいろいろなことが入っているんだよね。まあ、それが典型的な今の建築的な想像力なのかも。

土居　僕もそこに自分が騙されるのが嫌で、優等生的に作っているのになぜこんなに自分が流されなければいけないんだと、だから正直にいろいろと抗った。でもとりあえず全部打ち返すわけだからね。

竹山　審査とは関係ないんだけど、土居さんの今日のスタンスはとても面白いと思う。「輪中建築」はそのまま残して宗教空間にすればいいと、そう言っているわけ。でも土居さんは非常に周到に回りくどい言い方で言うから、学生はわかっていない。

光嶋　最後のテリトリーという話も彼は「はい」と言ったけど、全然わかっていないですよね。

竹山　全然わかっていないですよ。

光嶋　すごい周到に遠回しに言う。とてもいいことなのになぜこんなにわかりにくく言うんだろうと。

藤村　そういう意味ではテリトリー論に少し入ってきていたのは、やっぱり森山君かなと思いました。

土居　森山君は本当に新しいことをやっている。

光嶋　逃げていないというか、ちゃんと建築だしね。

藤村　真っ直ぐだし、中家君より森山君を評価します。

竹山　でもね、学生のレベルで見るんだから仕方がないとは思うんだけど、

|   |   |
|---|---|
| | ダニ・カラヴァンが…。 |
| 光嶋 | ズドンっていうね。 |
| 竹山 | あれによく似ているとは思うけど、ステンレスをサビ加工するのはどうなんだろう？ああいうものと比較すると全くレベルがだめだよね。 |
| 光嶋 | うーん。実際に実現されているものと比べると…。 |
| 竹山 | 実現されているものを少なくともきちんと理解して、それを超えるアイデアなり何なりがないとね。 |
| 光嶋 | チャレンジして欲しいです。「それは知りませんでした」ではまずいですよね、卒計なんだから。 |
| 島田 | 見たことがあるものを再構成しているように見えてしまう作品はいくつかありました。 |
| 竹山 | みんな優等生なんだよね。キューブとかチューブとかを使っておけば間違いはないみたいな。 |
| 光嶋 | それなら石橋さんかな。 |
| 竹山 | 石橋さんはわからないんだもん。わからないんだけど、ひょっとすると僕らは天才の出現に立ち会っているのかもしれない。 |
| 島田 | 僕は正直ああいうタイプの天才型というのはもう…。 |
| 光嶋 | 信用しない？ |
| 島田 | よくいるタイプの天才ですよね。 |
| 竹山 | それでね、最後までよく聞いて欲しい。ひょっとすると天才の出現に立ち会っているかもしれないという思いを込めながら、僕は石橋さんは選ばない。僕はここでは選べない。 |
| 土居 | 僕もそれは同感ですね。 |
| 竹山 | 皆さんが選ばれるんだったら全然反対はしないです。 |
| 土居 | 僕らはやはり入れ知恵してあげるのだけど、いくら頑張っても入れ知恵できなくて、結局説明が成り立たないものだってある。 |
| 藤村 | 後半の土居さんの読み替えみたいなことで可能性や想像が広がったのは、私はこのなかで言うと森山君かなと思いました。 |
| 島田 | 最優秀賞ということですか？ |
| 藤村 | いや、森山君と鈴木君を最後きちんと比較しないといけない。 |
| 島田 | まだもう1つあるよね？3人選ばなくてはいけない。 |
| 土居 | 中家君？ |
| 光嶋 | 中家君は入ると思いますけどね。トップ3に入らない？ |
| 藤村 | いや、よくあるパターンだと。 |
| 島田 | まあ、よくあるパターンではある。 |
| 藤村 | でも「よくあるパターン」を選択するというのも1つの正解かも。 |
| 光嶋 | 鈴木君、森山君は確定？ |
| 田中 | 議論が盛り上がったという点では「妄想道路」も。 |
| 藤村 | いや、前半は鈴木君ですよね。後半は森山君か中家君。 |
| 島田 | 鈴木君が決まっているなら、あとは中家君を入れるかどうか。 |
| 藤村 | 議論からすると森山君、鈴木君、中家君みたいな感じでは？ |
| 田中 | その3つで異議なしですか？ではその3名でトップを決めましょう。 |
| 土居 | トップを決めるなら森山君か鈴木君では？ |
| 田中 | では手を上げてもらいましょうか。森山君だと思う人？（光嶋・土居・藤村、挙手）鈴木君だと思う人？（島田、挙手） |
| 田中 | はい、ではID47森山君が最優秀賞。優秀賞がID49鈴木君とID58中家君。 |
| 土居 | クリティーク賞は僕はID31市川君の「山田かまち」ね。 |
| 島田 | では僕はID45小澤さん。 |
| 光嶋 | 僕はID48石橋さん。いいですか？ |
| 竹山 | じゃあ僕はID50伊藤さん。 |
| 田中 | あとは藤村さん。 |
| 藤村 | ID56佐塚さんかな。 |
| DR | 光嶋さんがID48。島田さんがID45。竹山さんがID50。土居さんがID31。藤村さんがID56。 |
| 一同 | はい。 |
| DR | はい。ありがとうございます。 |

# Exhibited works

出展作品紹介

# "あいだ"としてあるモノ
― 自然が持つ感覚的要素を建築に共有させることを考える ―

自然現象と人工物のあいだには、建築の新しい可能性があるんじゃないかと思った。自然が持つ複雑性と建築が持つ合理性を併せ持つモノが何か現代に対して刺激を与えることができるかもしれない。そこで建築において重要な要素である梁と柱に自然要素を組み込み、感覚的観点からみたときにもつ自然の特性を建築に共有させる。この操作を経てつくられたこの建築は、自然と建築の境界線の軸上に存在している『モノ』だといえるのかもしれない。

### ID01
**加納 健一**　Kanou Kenichi
名古屋工業大学 工学部社会工学科 B2

**Answer** 1. Rhinoceros, Photoshop, Illustrator　2. 3万円くらい　3. 1ヶ月　4. インパクト・見やすさ・繊細さ　5. 田根剛, 石上純也/エストニア国立博物館, 神奈川工科大学KAIT工房　6. 高校の時にたまたま見た田根剛さんの情熱大陸　7. 建築家（なにか新しいものをつくれればいいです。）　8. 他の学部生からやばい人たちだと思われがち　9. 世界堂, セントラル画材

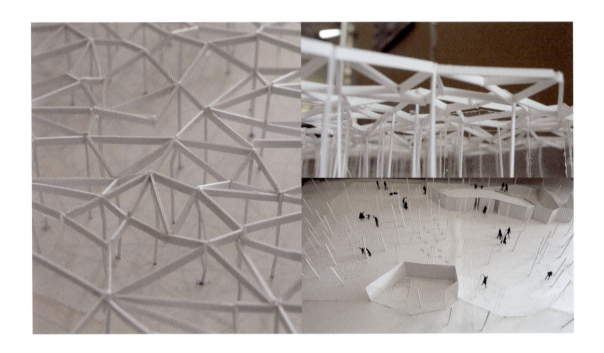

## Poster Session

**加納**　この作品は21世紀を創発する美術館を設計するという課題に対するものです。その課題に対して、私は建築の新しい可能性を考えることが自然や自然現象と人工物の間にあるのではないかと見出して設計をしました。具体的な設計手法として、まず梁に対してはこのような水面がもつランダム性みたいなものを、梁に共有させて梁組を決めました。次に柱に関しては、この決めた梁組に対して5本以上集まっているところに柱を落として、森がもつ揺らいでいる立面みたいなものを作り出すために、こういう風にランダムにこの建築の形態を決めました。美術館なので、平面は具体的にこういう風に壁をくくって、ここがレクチャースペースになっていて、あとは特に壁を設けないで具体的な領域として考えています。フレキシブルな平面計画にしています。

**土居**　構造はいいと思いますが、壁はどういう規則で決めたの？

**加納**　この壁の形は、この梁の線に従って、課題で要求された敷地面積に対してマックスで答えるぐらいの範囲でこう囲って、ある程度しっかりした形になるように壁を決めました。

**土居**　そうするとね、あの壁がないと建物は成り立たないわけだよね。それと柱と梁だけで決めているときは自由でいいんだけど、壁を入れた瞬間に壁の方が強くなってしまう。だからあの希望するような柱と梁だけのこういうスカッとした空間は、建物の機能を入れた瞬間に半分以下になってしまうような気がするんだけど、それはどう？

**加納**　いちおう透明感を出すために、壁はガラスみたいなものでなるべく透過性を出すようにしています。プライベートな部分というか、作品が出てしまうところは隠さないといけないので、そこは仕方なく半透明なもので壁を囲っています。大体は透明なもので、なるべく透明感のある立面にするように壁は心がけていて、それを狙っています。

**土居**　これと同じやり方で、壁も何らかの関係性が出ないかとか思うんだけど、だからここまでは楽しいわけだよね。ここも楽しいんだけど、こうなった瞬間に壁、壁、壁になっちゃう。やり方としては、この柱の位置とは無関係に矩形の何の変哲もない壁が来たりとか、そうするとお互いに壁も柱も純なものになるんだけど、どうなんだろうね。

**加納**　全部節目には不必要な梁が一個もないようにはしています。

**土居**　構造設計家が見たらやりたいと思うプロジェクトということかな？

**加納**　そうですね。まだ水平力がちょっと考えられてはいないのですが。

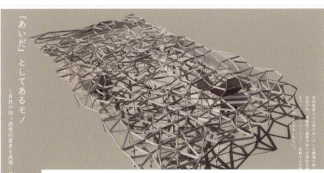
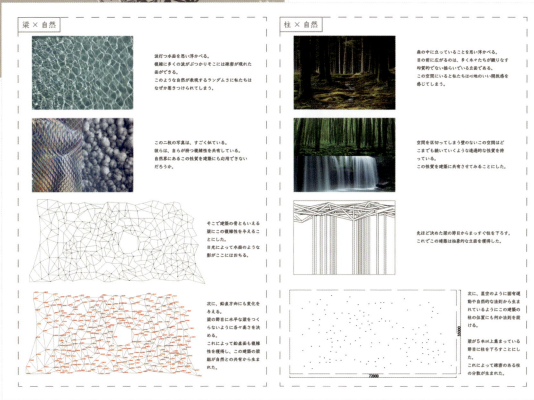

Presentation Board

「あいだ」としてあるモノ
〜自然が持つ感覚的要素を建築に共有させることを考える〜

Poster Session

**加納** この作品は2年後期の設計課題で、21世紀を創発する美術館を設計しなさいという課題の作品です。その課題に対して僕は、自然現象と建築の間に何か新しいものを生み出せるのではないかと思い、自然現象と建築の間の軸上にあるようなものを作ろうと考え、この設計に挑みました。具体的な設計仕様としては、梁と柱に対して自然現象を適用するのですが、梁に対しては水面や魚の鱗とか雲といったランダム性みたいなものを抽出してこの形状を決めて、梁が5個以上集まったところに柱を落としてこの建築の形態が決まっています。

**島田** 三角形の集合体にしたのは何か理由があるの?

**加納** リサーチでいろいろと自然のものを見ていて、そういったものをなぞって、全部三角形ではないのですが、自分で5個くらい書いてしっくりときた形、自分の感覚は入っていますけど、それで決めた形です。

**島田** 三角形にすると、自然的というもので本当に正しいのかな?ボロノイってわかる?ボロノイ図形というのがあって、こういうのも全部ボロノイだから、ボロノイ図を使った方がよりやりたかったことの自然さは現れやすいかもしれない。この屋根が波々したところは何となく自然な感じがするけど、やっぱりこういうところとかこれが自然的かというと…。やっぱり自然というのは合理的だから、ボロノイはどちらかというと合理的というか数学的にできるためあまり不整合が起きないからいいかなとは思う。この壁みたいなものは何?

**加納** これは美術館なので展示作品という部分で、有料空間としたいので、仕方なく壁で仕切って、ここも不透明な壁で作品が見えないように、ここがトイレなんですけど、区切ってあとは壁を設けていません。

**島田** それが自然と人工の狭間みたいな、割と「仕方なく」みたいな感じがする。自然的なものの中にポンと置かれた四角いものみたいに、全然関係なく区切ってあるとか、あるいは天井まで達さないものとして置いても良かったかもしれない。

# 表裏の再構築
— 2027年リニア中央新幹線開通によって奪われる駅西の表裏を解体し、神社空間として再構築する —

ID02

板倉 知也　Itakura Tomoya

愛知工業大学 工学部建築学科 B3

Answer 1. SketchUp、ArchiCAD、Photoshop、Illustrator 2. 5万円 3. 3ヶ月 4. 伝わりやすい順番 5. 黒川紀章、谷口吉生、田根剛 6. 漫才師か建築家で迷い、建築家を選んだため 7. 建築設計 8. 不定期に起こるスチノリの爆発 9. 紀伊国屋、世界堂

名古屋駅西はかつて「駅裏」と呼ばれ、都市計画上の癌と呼ばれていた。その歴史は現代の「駅西」に混沌をもたらし、独特な風景と文化を形成してきた。しかし、2027年リニア中央新幹線開通により、魅力的な街は画一的な都市の風景へと変えられてしまう。人々の拠り所であった神社さえも奪われる現状がある。そこで、立ち退きライン上の主用途である住宅、飲食・商店、宿泊施設、風俗から建築エレメントを抽出し、神社という大きな枠組みに適応させることにより、駅西にとって象徴的かつ皮肉的で異様な神社空間を設計する。

## Poster Session

**板倉** かつて都市計画の癌と揶揄された名古屋駅西には、当時の面影が混沌とした風景や関係性を生み出し、それらが昼と夜の表裏を形成しています。しかしリニア中央新幹線開通により、立ち退きを余儀なくされる用途があり、魅力的な街は画一的な都市の姿へと変えられてしまいます。また立ち退きライン上には神社が存在し、多用途に囲まれているため、さまざまな領域や行動を生み出し、名古屋駅西の混沌は神社そのものと言えます。そこで、立ち退きライン周辺の主用途である住宅、飲食、商店、宿泊施設、風俗から建築エレメントを抽出し神社エレメントに適応させることで、異様でありながら街そのものであり、かつての神社のような神社空間を設計します。

**光嶋** 何年生？これは卒計？

**板倉** 3年生です。

**光嶋** 卒計かと思ったけど、卒計だろうが何だろうが言うことは変わらなくて、問題意識がそもそも都市の癌と言ったんだよね？

**板倉** はい。

**光嶋** 都市の癌ということは、その癌の原因を取り除いて、新しく切り落とすのか、新しく移植するとかしなければいけないわけだよね。その行為に対して元々もっていた問題点をこれは解決できていると思う？

**板倉** 都市の癌というものが、現在の名古屋の駅西にはプラスに働いていると思っています。

**光嶋** だから、あなたは癌ではないと思っているわけだよね？

**板倉** そうです。

**光嶋** だからそれをきちんと語ったときに、癌と言われたのは多分時間軸の問題じゃない？都市開発された90年代とか、バブルとか。そこから30年40年経った今、これがあるわけだよ。これについて細かくあなたがどうエレメントを抽出して、設計手法はいろいろ議論の余地があるけれども、大前提としてやはりその変遷というか、この形態スタディの変遷ではなくて時間軸的に癌と言われていたものが、実は癌ではないのではないかということをきちんと論理的に見つける。それであなたが作っているものも、都市的なスケールを考えていると、この建築だけじゃないよね。関係性のなかでこれがどうあるべきか。何となく増殖していくようなイメージだから、やはり時間軸としてはこれを2030年に神社として作りたい、実は2040年になるとこの木造のところが崩れていきますと。そこに新たにバラックとしてという、時間軸によるその癌を反転させる。

**板倉** そのときの建築ではなくて、そこからいろいろ時間軸のなかで成長して減築したり増築していくということですか？

**光嶋** そうそう。それの一断片しか取っていない、だから写真なんだよね。でもこういう話を聞いていると、建築は時間のムービーであるべきだと思う。だから、これは実は今の風景で、「5年後10年後に木造はもう崩れ落ちるけれども、ここに新たにレンガがどんどんニョキニョキ建つ」みたいなストーリーを聞くと、「あ！そういう可能性もあるかもね！」となる。あなたはまだ3年生だけど、卒計でそういう時間ということをテーマに建築の強度を作ったり、構造的強度ではなくて建築のもつポテンシャルを考える。単体の建築ではなくて、街に向き合うときは時間軸を考えてくれないと、これがどうこうって考えるのが難しい。

# 表裏の再構築

- 2027年リニア中央新幹線開通によって失われる駅西の裏表を解体し、神社空間として再構築する -

名古屋駅西はかつて「駅裏」と呼ばれ、都市計画上の癌と呼ばれていた。その歴史は現代の「駅西」に揺らぎをもたらし、独特な風景と文化を形成してきた。しかし、2027年のリニア中央新幹線開通により、魅力的な街は画一的な都市の風景へと変えられてしまう。人々の拠り所であった神社さえも奪われる現状がある。そこで、立ち退きライン上の主用途である住宅、飲食・商店、宿泊施設、風俗から建築エレメントを抽出し、神社という大きな枠組みに適応させることにより、駅西にとって象徴的かつ皮肉的で異様な神社空間を設計する。

---

**板倉** 学部3年後期の課題です。かつて都市計画の癌と言われた名古屋駅西が今、混沌とした関係性や風景を魅力的にもっていて、それが昼と夜という2つの顔を形成しています。ただリニア中央新幹線の開通によって、これらの風景や文化、関係性というものが立ち退きでなくなってしまう現象があります。また、立ち退きライン上に神社があるのですが、ここが多用途に囲まれているためさまざまな領域だったり、いろいろな行動が起きるので、名古屋駅西の神社そのものが「混沌」とイコールで結ばれるのではないかと考えました。この失われる神社を再構築することで、敷地をこの立ち退きライン上のてっぺんに設置して、立ち退きライン周辺の主用途である住宅、飲食、商店、主格施設、風俗から建築エレメントを抽出して、それらを神社のエレメントに適用させることによって新しい神社空間とします。それは街にとっては異様だけれど、エレメントを抽出しているので、そこから何か新しい神社空間としてかつての街のようにいられる建築を提案しました。

**島田** これは用途は神社なの？

**板倉** 用途は神社の空間として作っています。

**島田** 礼拝的なものだけど、他はカフェみたいに見える。

**板倉** これはいちおう「空間としての使い方としてこういうものもあるよ」というもので、別にここに人を呼ぼうとは思っていません。街の神社としての位置関係というのは人がたくさん来るようなところではないので、ただ何となくそこにあって、人がぽつぽつと来るような建築としています。

**島田** これはサンプリングしたものたちが合成されているんだよね？神社空間的な合成の原理はなんなの？

**板倉** 構築方法ということですか？垣だったら境界性で壁をもってきたり、例えば覆うもの、鎮守の森だったら屋根性というものをもってきます。それで構築することによって、歩いたときに屋根があって、それが鎮守の森だったり、入口にいろいろな開口があっていろいろな入り方があり、それが鳥居としての関係性をもつのではないかと考えています。

**島田** 割とあえて無秩序になるように構成しているように見えるけど、それはなぜなの？

**板倉** 無秩序というか、この建築を作るときに、名古屋駅西自体がぐちゃぐちゃな文化として混沌とした風景をもっていたので、それを建築に落としたときに綺麗なものにはならないのではないかと考えました。

**島田** 周りは綺麗にされているけど、混沌としたものの記憶を遺すものとしてあるの？

**板倉** 立ち退きライン上に広場だったり緑道といったものを市が整備するのですが、そこのてっぺんに対して、皮肉的だけど駅西性をもった建築として建てようかなと思っています。

**島田** 青と緑と赤には意味がある？

**板倉** これは風俗のエレメントだったり、緑は主格施設、青が住宅、これが商店や飲食店だったりしています。

**島田** これはどういった配分なの？

**板倉** これらのエレメントの場所をまずもってきて、その場所に対してそのエレメントがどう良いのかということをこの敷地に当てはめています。こういう住宅だったり商店街に対して、そういうラインに対して、「このエレメントはこの場所にある」というのを少しずつ決めてやっています。

# 折り鶴のチャペル

被爆都市ヒロシマには世界中から祈りを込めた折り鶴が届けられるが、年間10tもの莫大な量が表に出ないまま廃棄されている。この平和の思いを昇華させることはできないか。届けられる折り鶴から建築をつくった。折り鶴は-折り鶴再生紙-となり、さらに折られることで-折り鶴ブロック-へと変わる。それを紙にしかできない組積の構法をもって天へと積み上げる。ヒロシマで平和を祈るためのチャペルである。この建築は絶えずみんなの手によってつくられる。その風景そのものが平和を恒久維持したいという意思の尊重であり、明日の平和記念都市の風物詩である。

ID03

## 畠山 拓也　Hatakeyama Takuya
熊谷 和／田代 拓也

九州大学大学院 人間環境学府空間システム専攻 M1

**Answer** 1. Rhinoceros、Grasshopper、AdobeSuite　2. 約5万円　3. 約1ヶ月　4. パースが活きるようにレイアウトしました　5. 山本理顕さん・横須賀美術館　6. 特にありません　7. 3人とも設計事務所で勤務する予定です　8. 夕日が朝日に見えました　9. 山本文房堂/折り鶴再生紙は[紙の専門館 SOHOタワー]さんで購入しました

**Presentation Board**

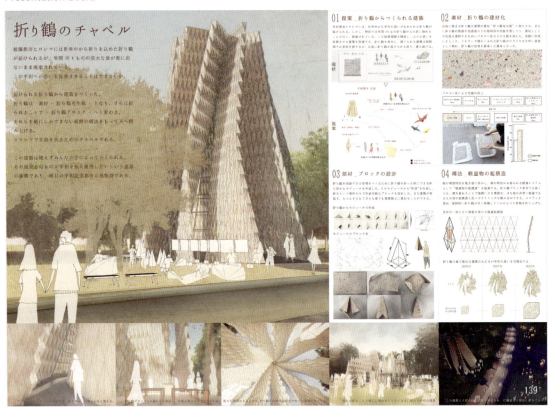

畠山　敷地は広島で、折り鶴が世界中から届けられているのですが、それらの多く、数としては10tもの折り鶴が表に出ずに廃棄されてしまいました。その折り鶴を使って、平和への想いを可視化して都市に循環することができないかなと思いました。そこで、実際に素材を作って、その素材からブロックを建築することで、平和への想いを表すことができないかと考えました。これは実際の折り鶴から自分たちで作ってみて、それを折り図という「このように折ればブロックができるよ」という折り紙専用の図面みたいなものを作って、設計してこういう風に実際に折っていくわけなんです。中空のこういうブロックができて、そのブロックを紙でしかできないような、紙の合理性を高めたような積み方でこのように積層していくことで1つの建築を作りました。実際にこれは届けられた折り鶴の量を可視化するバロメータになるのですが、例えばある量だったらこのサイズになったりといった形で、それをこういう風にみんなで施工するんですけど、紙なので実際に誰もが参加して建築を作ることができるのではないかなと考えています。
藤村　現代的なモニュメントだと思うんだけど、構造とか自重がどうとか書いていたよね？
畠山　紙は自重が軽いので、単純に垂直に立たせるのではなくて、少し捻りながらでも自重をキャンセルしながら積むことができるんです。全てを一体化しているので、三次曲面で一番しっかりしています。さらに、重い石だったらここは破壊されてしまうのですが、紙は軽いのでその上でレシプロカルに留めることができて、かつ三次曲面で立たせることができます。
藤村　鉛直はわかるんだけど、水平とか耐風圧とかそういうのは？
畠山　水平も実はこれで耐えることができていて…。
藤村　ちょっとこうしてみていいですか？
畠山　これに関しては全然大丈夫です。
藤村　ネットワークしている感じなんですか？
畠山　そうですね。ここは半屋外になっているので風が通っていて、かつ水平も耐えることができます。実際にこれを広島に展示するために持って行ったりするのですが、長距離のドライブにも耐えることができました。
藤村　何が一番の主題なんでしょうか？
畠山　主題は単純にものづくりをしたいというわけではなくて、ものとか素材とか施工といったものに着目することで、どれだけ広げることができるのか、例えば都市に対しても広げることができるのかということを考えています。マテリアルからいかに都市とかものを変えることができるのかという。でも着目したいのはものとかです。
藤村　なるほどね。ちなみになぜ広島なんでしたっけ？広島を題材にするということは最初からあったのですか？折り鶴ならどこでもいいのではないかと。
畠山　広島に住んでいる友人と一緒に作ったのですが、その方が特にこれで行きたいというのもあって、元々テーマとしてありました。
藤村　舞台的というか演劇的な街だよね。要するに丹下健三が作った舞台装置があるから、そこでアピールするのはものすごい政治的なわけですよね。折り鶴も一種のそういう政治的なアピールみたいにもなるわけじゃないですか。そういうことにコミットするようなものとしてできているという感じですか？
畠山　そうですね。平和記念公園のなかに建つものなんですけど、丹下さんの建築もあるなかで、平和の喜びを表すものというのがなかったので、そこに対して作りました。
藤村　三分一博志さんは元々石みたいなものを作ろうとしていたわけだよね。実際には政治的にできなかったけど、そういうものに対するある種の対比みたいな感じなのかな？
畠山　石と紙ということですか？そうです。戦争を表すものというのは恒久的な石とかが多いんですよね。でも僕はそうではなくて、8月6日に向けて建てられて、もしかしたら撤去されるかもしれないのですが、その次の年にまた建てられる。そういった日本的な永遠性みたいなものを、イサム・ノグチの石と比較してではないですけど、モニュメントとしては紙でもいけるのではないかなというのはあります。

畠山　敷地は広島です。広島は被爆都市なので世界中から折り鶴が届けられるのですが、その折り鶴は年間10tもの量が表に出ずに廃棄されてしまっています。そこで、その平和への思いを素材としてブロックにして建築にすることで、可視化することはできないかなと考えました。実際に折り鶴からこのように紙を作りました。
土居　素晴らしいね。
畠山　素材の質感を確かめたあとに、折り鶴のこの幾何学を抽出して、その幾何学を元にこういったブロックを作るのですが、実際にこの紙を折ることでブロックになります。そのための折紙専用の図面みたいなものがあって、それを「折り図」と呼び、それも設計しました。紙にしかできないような組積造ということで、ダイナミックに飛翔するように積んでいきます。これは紙の素材的に合理的な積み方になっていて、自重を考えないためにこういった形ができるんです。これが内観のパースでこちらが施工の風景なのですが、普通の施工と違って、折り紙のように実際にみんなが携わって折ったりすることができます。そういう風に施工にも参加することができて、その風景そのものが平和への一つの風物詩にならないかなと考えています。
土居　うーん…。すごく理屈は通っていていいんだよね。ただ実際になるとこんな大きな構築物って相当難しいよね。例えば何日保てばいいの？
畠山　8月6日に向けてこれは建てられていきます。ずっと保つものとは考えていません。戦争のモニュメントは永久に保つために石とかコンクリートという素材を選んでいますが、紙だからこそ壊れて、でもまた8月6日に建つという、そういった日本的な永久性というものをこの建築が一番表現できるのではないかと考えています。
土居　僕は逆に言えば、これだけ高くなると自重を支えるのはほとんど難しくて、自重が支えられないんじゃないかなと思う。だから要するにこのデザインがいい、この形がいいというのではなくて、僕はシステムだけでいいんじゃないかと思う。紙で漉いて再生紙にして作っていく。作ってある程度できたら別にもうどんどん代謝してもいいんじゃないかな。折り鶴を送る人が常にいるように、広島で作り続ける人がいて、それが代謝される。1週間でも1ヶ月でもいいけど、これ以上やると保たないと思ったら別にまたゼロから始めればいい。そういうシステムのほうが面白いんじゃないかと思うけど。
畠山　一方で僕は、建築の形態というものを一つ与えることの大事さみたいなものは示したいなと思いました。もちろん大き過ぎるというのは、これは実作ではないので、それで示すという意味で一番わかりやすく、過激に表現しました。
土居　これはアーキテクトがいる設計でしょ？
畠山　はい。
土居　ところが「お参りに来る人に独自に作らせたらどうなるか」ということも実はあり得るわけ？
畠山　そうですね。その数によって高さが変わっていったりするのですが、それを元に量が見えるようになるという話はありますね。
土居　うん。だからその話で見えないのは、やはりシステムをきちんと理路整然と言うと、最後になぜこの形なのかという点で逆に必然性がない、ということになってしまう。ただ、これはダメだけどこれもあり得る、だけど違う人の違うデザインもある。
畠山　なるほど。そういった形もあるかもしれないと。
土居　そうすると、「このデザインとこのデザインでなぜこちらが選ばれるのか」というのに対してなかなか理屈がつかないよね。
畠山　それは一つのアーキテクトの思考ということですかね？
土居　究極的にはそれが慰霊のためであるということになると、「こちらの慰霊が正しくてこちらの慰霊が悪い」ということにはならない。
畠山　なるほど。建築家としてという話ですか。
土居　どう考えるのかなっていうね。

# 看板都市

京都市は広告物に関する条例により、景観を守っている。しかし、条例によって看板の大きさや色彩を規制している為、看板本来の役割を果たせているとは言い難い。そこで、看板を建築化することで新たな看板と建築の在り方を提案する。異なる流れを持つ4つの道から看板の決定条件である通る人の速さと視野距離を読み取り、空間を構成する。時代に合わせて無限に表情を変えるこの建築は、京都という都市の看板となる。

ID04

## 尾崎 彬也　Ozaki Akiya
立命館大学 理工学部建築都市デザイン学科 B3

Answer 1. Illustrator、Photoshop、SketchUp　2. 1万円程度　3. 7週間　4. 手でパースを描いた　5. Rem Koolhaas　6. ものづくりが好きだから　7. アトリエ系に就きたい　8. 睡眠は甘え　9. 生協

**Poster Session**

**尾崎**　現在の京都市では、広告物に関する条例によって景観を守っているのですが、その一方で「看板の役割というのが本当に果たせているのか」という風に着目しました。看板本来の役割がなくなってしまっていることと、都市から見たときに建築と看板というのが完全に分断されていること、それらの問題を看板を建築化することで解決します。元々外部に取り付けてある看板というものを内部空間に集約することで、美術館ではないのですが、広告による美術館のような空間になるのではないかと考えました。構成としてはそれぞれ4つの特徴がある通りに合わせて、看板の構成要素である「通る人の速さ」と「視野距離」に着目しています。例えば御池通は、車とか自転車が速い、すごくスピード感のある通りなので1つの大きい空間に、逆にスピードの遅い木屋町通では細かく、奥行きのあるスケールにしました。また、元々外部の看板を内部にすることで、看板の成立というのを図ったのですが、逆に反転して考えたときに、ここの内なる外部空間というのもファサードにも表れない場所であって、広告を貼れるのではないかと考えました。外に緩やかに出るファサードと、逆にその内側に強く発されるインナーファサード、新しく2つができるのではないかなと考えました。

**竹山**　看板の美術館みたいなものを作ろうとしているの？

**尾崎**　施設としては商業施設で、看板を出せないような店舗というのが中にあります。

**竹山**　商業施設のスペースがこの中にあるの？

**尾崎**　この壁が全部内側にもう一枚入っていて…。

**竹山**　どれ？どこが商業施設なの？

**尾崎**　この内部空間です。

**竹山**　あまり床面積がないね。

**尾崎**　メインとして、やはり看板を出すということに重きを置いて設計したんです。

**竹山**　そうだとしても商業施設の面積がね…。いやいや、言おうと思ったのは、いくつも路地があってそこに看板が出ていたりして、それが見えるかどうかというと、ちょっと狭すぎて見えないところが多いという感じがする。それだったらもっとずーっと通っていく道筋が長いほうがいいんじゃないかと思うね。

**尾崎**　1本でこう回る…。

**竹山**　1本じゃなくても何本でも。つまりこれは急進的で、ここに行って、ここに行ってと…。何に重きを置いているのかがわからなくて、この中でこうやって展示してしまうと美術館みたいな感じじゃない？

**尾崎**　はい。

**竹山**　だから看板というのは、本当にテーマとして一番相応しかったのかな？この空間にとって。建築の役割というのはやはり1つの空間的なタイポロジーを出すことだから、あなたのこのタイポロジーが、看板都市というのが相応しいプログラムなのかなと思った。もう少し違うプログラムのほうが良かったんじゃないかな。

**尾崎**　形とマッチしていないということ？

**竹山**　いや形というか、建築は空間だから、空間の高さとかボリュームとかそういうものだからね。

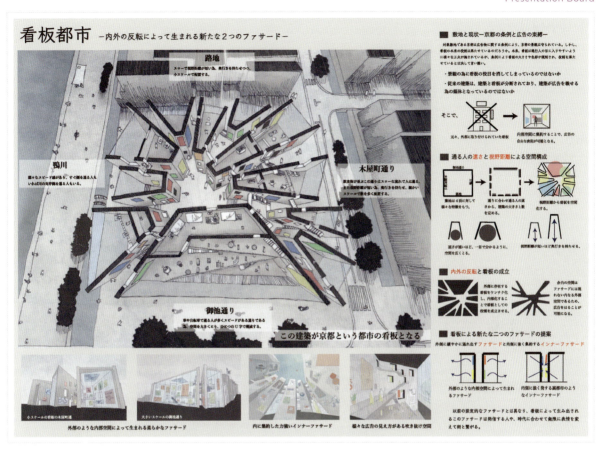

尾崎　現在、京都市では屋外広告物に関する条例によって、看板というものは規制されています。それは看板の大きさであったり色彩というものを規制していて、それで京都の景観を守っているのですが、景観のために看板本来の役目というものが失われているのではないかなと考えました。また都市においても建築と看板というのが分断されていて、建築も看板を乗せるためのただの媒体になってしまっています。そこで、元々外部に付けられていた看板を内部に集約することで解決しようと考えました。そこで着目したのが看板を作るときに重要視する通る人の速さだったり、視野距離というものに着目しました。敷地は特徴的な4つの通りにあって、それぞれに合わせた視野距離であったりそのスピード感に合わせて数を決めて決定しました。また、先ほど説明した外部を内部にすることで外の看板をなかに入れて、看板という役割を果たそうと考えたのですが、逆に見たときに、この内なる外部空間というのもファサードに現れない場所であるので、広告も貼れるのではないかということで、新しく都市におけるファサードの提案を2つしようと考えました。1つは外側にガラスを1枚通しているかのように溢れ出すファサードと、逆に内側に強く溢れ出すファサードというのを提案します。

光嶋　これは3回生の課題なの？
尾崎　はい。
光嶋　あなたが言ったことについては何の異議もないけれど、看板とは何かということを考えて、そのきっかけが景観条例で看板を出せないということ。看板を出せないんだけど出す方法があなたの言ったこの2つだよね。
尾崎　そうです。
光嶋　でも看板はあくまで看板であり、そこで思考停止にならないでもっとその先を考えて欲しい。「看板とは何なんだろうか？」と。宣伝しているわけで、広告だよね。広告の在り方とは何だというときに、ゴディバの広告を見たらゴディバのチョコレートを食べるわけだよね？
尾崎　はい。
光嶋　NIKEの広告を見たときにNIKEの靴が買いたくなるわけだから、そこが建築だよね。
尾崎　はい。
光嶋　ただ看板があるかないかというのは入口でしかない。だからあなたは建築の入口の在り方を語っているけれども、建築の本体を何も語っていない。それを空間で語ってくれないと看板の在り方でしかない。ゴディバをどう食べるのかということに、この広告の在り方がどう影響するのかということを考えて欲しい。それに何も答えてないよね。この細さとこの形と実際に生まれている空間と広告との関係性しかないじゃない。でも「メジャーリーグを見てみたい」、「東京オリンピックのことをもっと知れる空間は何だろうか」というものが広告の先に生まれる。こと看板だけで言うと、もう看板なんかいらない。渋谷のQFRONTみたいなものができたら看板はいらないわけだよね。ファサードそのものが映像になれば広告費も取れる。でも問題はQFRONTのなかの空間がどういう空間なのかということを建築として考えて欲しい。頑張ってください。

# 作劇のまち
― 宝塚南口駅前地区からの都市回遊性の創出 ―

兵庫県宝塚市にある宝塚ホテルの移転をきっかけに、その跡地に、これまで宝塚歌劇が100年の歴史の中で培ってきた演劇に関わる人的資源や技術を生かし、周辺にある住宅街や、宝塚を訪れる観光客を取り込み混ざり合う場を作る。
演劇だけでなく、様々な生産活動の過程を「作劇」として定義し、作劇の過程で人と人が新たな関係性を持つことによって都市の中にネットワークが形成され、それをきっかけとして都市に新たな回遊性が生まれる。

ID05

山田 千彬　　Yamada Chiaki

神戸大学 工学部建築学科 B4

Answer 1. Rhinoceros、Cinema 4D、Illustrator、Photoshop　2. 4万円ほど　3. 半年　4. 流れのあるレイアウト　5. ―　6. テレビ番組　7. 住宅設計　8. 終電登校　9. カワチ

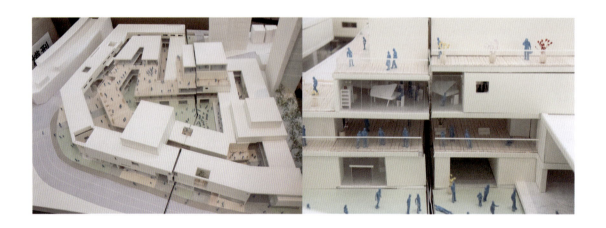

山田　敷地は兵庫県宝塚市にある宝塚ホテルの跡地です。これまで宝塚歌劇団が100年の歴史のなかで培ってきた、演劇に関わる人的資源や技術というのを生かして、周辺にある住宅街であったり、宝塚を訪れる観光客を取り込んで混ざり合うような文化拠点をつくりました。コンセプトとしてさまざまな生産活動の過程を作劇として定義して、演技の演出であったり小道具の生産が行われていたり、地区の特産である植木を販売したりする場所があります。

竹山　商業施設になるの？

山田　商業もあります。そういうプロの人と関わり合いながら、そこで人の関係が生まれて、ネットワークとなって、そのネットワークをきっかけとして他者の中に寛容性を作っていくというものを考えています。

竹山　比較的同じスケールの部屋がずっと並んでいるように見えるんだけど。それでいいの？

山田　壁を構造体としてある程度の間隔で、宝塚の街にとって大き過ぎるものにならないように、壁で分割したものになっています。

竹山　だからこういうところは大きいのか。

山田　そうですね。壁の中を行き来するというか、部屋としてはつながっているような場所もあります。壁はある程度5mぐらいのピッチで入っています。

竹山　商業施設以外は何が入っているの？

山田　例えば1階部分は商業であったり、ギャラリーみたいなものが多いです。

竹山　これは1階でしょ？それから？

山田　上層になると、そういう人たちと一緒に作劇ということで、実際に生産活動を行うピアノの教室であったりバレエの教室であったり。衣装を想定したものであれば、裁縫であったり、それによってできたものを売るショップとかもあります。

竹山　メインはここから入るわけ？

山田　そうですね、駅がここにあってメインに入ります。

竹山　それでぐるぐる回るの？

山田　そうですね…。大きく開けて演劇の部分があったりだとか、大道具があったり、小道具や衣装などという風なゾーン分けはしてあります。

竹山　インターフェースがいっぱいできるために長く作ることはいいことだと思うんだけれども、このプランを見ても同じくらいの幅のものがずっと通っていて、ショッピングモールみたいだなっていう感じ。もっと幅が広かったり狭かったり驚きがあったら良かったんじゃないかという気がする。メリハリがあれば。

山田　この下の部分では壁がセットバックしてあったり、下がピロティとして開かれている部分があります。

竹山　いやいや、でもこれがほぼ同じでしょ？

山田　道自体が？

竹山　道が。だからそこがそれで良かったのかなと。

山田　幅があったほうがいいということですか？

竹山　うん。もう少しいろいろあったほうが驚きがあるんじゃないかな。

## 作劇のまち
－宝塚南口駅前地区からの都市回遊性の創出－

**山田** 敷地は兵庫県宝塚市の市街地を流れる向こう側の護岸にある、阪急宝塚南口駅前の宝塚ホテル跡地です。現在の街の中心である対岸に宝塚ホテルが移転するのをきっかけに、都市のなかに新たな懐疑性を生み出すような場所として、この建築を提案します。

**藤村** 機能は何ですか？

**山田** 機能は文化施設になるのですが、宝塚歌劇がこれまで培ってきた人的資源などと関係性をもちながら、作劇としていろいろな生産活動を行う場としてここの場所を作っています。

**藤村** 具体的にはコワーキングとかギャラリーとか？

**山田** そうですね。1階部分はギャラリーが多くなっていて、情報を受け取るようなものが多くて、その情報を発信している人と関係性をもちながら、上層部分で実際にバレエであったりピアノであったりというような、演劇に関わることからいろいろなことの生産活動が行われていきます。

**藤村** でもこんなに活動があるのかな？埋まるかね、こんなに。

**山田** はい。演劇ということに関しても、いろいろ衣装や大道具であったり小道具といったものや、そこから派生していくものであったり、演技の演出というところからも、先ほど言ったようにピアノやバレエといったものもあります。それ以外にも、農業や宝塚の別の地区で生産された植木をここで販売したり、その技術を受け取る場所として講義が行われたりするスペースとなっています。

**藤村** 商業は入っていないんですか？

**山田** 商業も入っています。商業に関しては一階部分に店舗があるものもあるのですが、情報を受け取ってその技術によって作り出したものは2階部分とかにも店舗があります。

**藤村** ショッピングモールっぽいですよね。もう少し大空間みたいなものはないんですか？これがそうなのかな？

**山田** そうですね、ボリュームが何個かあって…。

**藤村** 空間が全部教室だったらいいけど、幅が均質だから学校みたいに見えてしまうというか、大空間はこういうところにあるの？

**山田** こういうところだったり、それを横断するような部分で用途がつながっていて、大空間を必要とするような場合ではこうつながって使用するような形になります。

**藤村** ちょっと幅が同じ過ぎるという気もしますけど、鉄骨造のイメージなんですか？

**山田** いえ、RCです。

**藤村** それだったら柱がもうちょっとドバドバ出てきそうだよね。パースが嘘パースというか、もう少し柱が出てくるよね。何となく意図はわかりました。もう少し場所が多様でもいい気がするんですけどね。

**山田** この幅だけではなくということですか？

**藤村** 連続的に変化するのはわかるんだけど、その変化がもう少し可視化されてもいいのかな。こういうのとかいいと思うんですけど、ちょっとここことかは同じ幅じゃないですか。多分この平米数だと単調かなという気もしないでもないです。

# 子どもの声が聞こえる街
― 認可外保育園の可能性 ―

戦後間もない頃の沖縄県では、子どもが家事や仕事を手伝ったり、子ども同士で遊ぶことで、地域に混ざって生活していた。現在、沖縄県の多くの子ども達は、認可外保育園という小さな保育園に通っている。しかし、この認可外保育園の多くは、外部に対し閉鎖的で、窮屈な空間をつくっている。この計画は、保育園を周辺建築物との複合施設とすることで、かつての沖縄県の様に、子どもを地域で育むことを目的とする。

ID06

### 森田 聖也　Morita Seiya
琉球大学 工学部環境建設工学科 B4

**Answer** 1. Shade3D、Illustrator、Photoshop　2. 10万円　3. 6ヶ月　4. 街に埋もれている感じを表現しました。　5. 象設計集団・名護市庁舎　6. 昔から工作が好きだったから。　7. 都市計画課の公務員　8. とにかく自己負担。　9. 大城画廊

Presentation Board

## 1. 背景

・現在沖縄県は、幼児人口の割合が高い。

・しかし、市街地では子どもの生活している姿が見られない。

## 3. 調査結果

現在の認可外保育園と周辺建築物は、地域で育む、かつての沖縄県の風景を失くしている原因の1つではないか。

## 5. 敷地

▲図17 敷地　　　　　　　　　敷地：那覇市久米1丁目24

## 6. 空間構成
4.1 認可外保育園と集合住宅の構成

▲図26 構成①　　▲図27 構成②　　▲図28 構成③

■ 保育機能
□ 住居

## 9. おわりに

この建築は、都市化してきた沖縄県の現状において、保育園と住居の複合施設をつくることで、かつての沖縄県の風景を取り戻すための立体的提案である。
立体化された認可外保育園によって、子どもと住人の距離を縮め、街から子どもの声が聞こえる社会となることを期待する。

森田　かつて沖縄県は子どもが地域に混じって生活していました。しかし現代に近づくにつれてその姿はあまり見られなくなりました。沖縄の多くの子どもたちは現在、認可外保育園という小さく窮屈な保育園に通っており、この現状はかつての沖縄の風景をなくしている原因の1つではないかと考えました。よって、保育園と周辺建築物の複合施設を作ることで、沖縄の風景を取り戻すことができるのではないかと考えました。こちらが空間構成で、現在限られた空間にある保育園を、周りの集合住宅を住居ごとに分解して一つの建物としていきます。そして、保育機能を分散させていき、建築物全体を保育環境と住居を両立する空間になるように考えました。こうすることで結果的に、立体化された認可外保育園によって「子どもの声が聞こえる街」となることを期待しています。

竹山　あなた何年生?
森田　学部4年生です。

竹山　構造体はきちんと考えないといけないんじゃない?
森田　そうですね…。
竹山　この全部がパラパラっと浮いているのはすごい魅力的で、とても風通しもいいし、いろいろなところで子どもの声が聞けるみたいでとてもいいと思いますよ。だけど4年生だったら、構造体をきちんと考えないと。それにどう絡めて、あたかも浮いているように見えるかというのをやったほうがいいんじゃない?それと図面に柱がないからさ。
森田　ああ、そうですね。
竹山　4年生だったらやっぱり構造体をきちんとつくれないと。というか、そこに面白さが付与できないと、ちょっと弱いよね。でも、アイデアというか、模型とか全体の考え方は面白いと思うけどね。とても面白いと思うけど、構造的な提案もきちんとあればもっと説得力は湧くよね。
森田　はい。

竹山　普段は構造とかあまり考えないの?
森田　構造については少し甘い部分があるかもしれないです。
竹山　この上がもう少し開いてたほうがいいんじゃない?この辺のスケールが。
森田　そうですね。
竹山　上からもう少し光がずーっとなめて入ったほうが。
森田　いちおう今、屋内なので暗いのですが、屋外で取ればもっと…。
竹山　いやいや、屋外じゃなくてこの下にね。下にもっと光が入るようにこの辺をボコンと開けといたほうがいい。これはもう、ぱっと見た模型の問題としてもね。
森田　はい。照らします。
竹山　面白いと思います。

森田　かつて沖縄県では子どもが地域に交じって生活していました。しかし、現代に近づくにつれてその姿は見られなくなっていきました。沖縄の多くの子どもたちの居場所は現在、認可外保育園という小さく窮屈な保育園に変わっており、この現状はかつての沖縄の風景をなくしている原因の1つではないかと考えました。よって私は今回、保育園と周辺建築物の複合施設を作ることで、かつての沖縄の風景を取り戻すことを目的として設計しました。空間構成としては、現在集合住宅のなかの限られた空間に保育園がある状態から、集合住宅を住居ごとに分解して1つの建物としていき、隙間に保育園を埋めていくことで建物全体を保育環境にしていこうと考えました。そうすることで立体化された認可外保育園によって、子どもの声が聞こえる街となることを期待しています。
土居　混ぜるのはいいんだけど新たに建てるの?それとも改修するの?
森田　新たに建てる予定で考えています。

土居　もし事業としてやろうとすると、ボリュームの2、3割が保育園であとはマンションみたいなこと?
森田　そうですね。
土居　そのために外部空間、テラスがあるというわけだ。収益的には成り立つと思う?
森田　はい。
土居　この赤いのが保育園機能なの?
森田　そうです。食事室など保育に必要なものとなっています。そういった部分を分散して、保育園だけでなく住民なども使える屋上の畑があれば、住民が昔あった感じの農業を通じて交流できたりといったことを考えて、どちらにも使える空間として考えています。
土居　思い出したのはル・コルビュジエのマルセイユのユニテ・ダビタシオンで、屋上庭園を考えているからプールがあったり小さい運動場があったりするんだね。そこで子どもが遊んでいる。じゃあ保育園機能が屋上だけなのか。あるいは中間階に商店

街があって、そこと連携してるのかわからないけど、それにしてもそれだけで保育園の床面積はいらないと思うんだよね。そんな大胆にならなくても、例えば屋上にペントハウスと保育園だけで全然面積的には足りるはず。そうすると既存のマンションでも、屋上にペントハウスを作ることが法規的に可能ならばそこでできる。しかも子どもが屋上から落ちるのは困るけど、外的不安、怖いおじさんとかから守ることはできる。子どももいることを考えたら1階から一気に10階まで上がっちゃえばいいとか、これを見るとそういうことを感じるけどね。実際に事業的に成り立つのかな?
森田　成り立ちそうではあります。
土居　だから僕は下が普通のマンションでも上だけで成り立つような気がする。
森田　それだと今の平面的に限られている現状とは変わりがないのではと思うのですが。
土居　うん。変わりがなくてもいいんだよ。

# 慈雨 ─ 雨の恵みと暮らすということ ─

雨水循環に着目し、雨と暮らす涵養住宅を提案する。広域な宅地化や合流式下水道による大雨時の環境問題から、雨水を一括処理するのではなく、各々の敷地で少しずつ地下へと還元することが必要だと考えた。都内一の揚水量を誇る武蔵野市を対象に、地域の持続的な地下水利用と地下水循環の改善を目指す。敷地の凹凸は降雨時に雨を蓄え、涵養を促す。分散する住戸を水辺がつなぎ、起伏と水位により様々な水辺の風景と私的空間が生まれる。この土地で還元された雨水は長い年月をかけ、やがて武蔵野市の飲み水として生まれ変わる。

ID08

**田丸 文菜** Tamaru Mona

多摩美術大学 美術学部環境デザイン学科 B4

**Answer 1.** AutoCAD、Sketchup、Photoshop、Illustrator **2.** 10万円 **3.** (作品のみ)1.5ヶ月(構想期間も含めて)5ヶ月 **4.** 分かりやすさ。色味の統一。手描きのパース **5.** snohettaのsvart/times square、三分一博志の直島ホール **6.** 海外での建築家事務所での職務体験の経験 **7.** 建築、都市計画系の仕事 **8.** 寝れない **9.** ぴかん(大学内)、世界堂(横浜)

## Presentation Board

田丸　私は雨水循環に着目して、雨と暮らす住宅を提案しています。涵養住宅なんですけど、涵養というのは地表の水が地下に浸透することを指しています。まず都市部において広域な宅地化の影響で雨が地下に浸透しなくなっている問題があり、合流式下水道による雨の環境汚染だったり、突発的な洪水が起きているなかで、雨を遠くで一極集中的に処理するのではなく、それぞれの敷地で少しずつ浸透させることが必要ではないかと考え設計しました。敷地である武蔵野市は、東京都の地下水脈調査からこの有効性が高いとわかりました。なぜ武蔵野市かというと、武蔵野市は地下水をもの凄いたくさん使っている地域で東京都内の地下水脈にまで影響を与えている点と、地層の構造的に難透水層があまりなく、地下深くまで雨が浸透できる地層があることから、この地域での涵養路の増加というのが武蔵野市地区全体の地下水の持続的利用だったり、循環を改善することを考えました。この設計は基本的にはランドスケープをメインとした設計となっていて、敷地が変わることでどう住環境と雨の循環、雨の浸透が共存できるかということを考えました。

島田　浸透と貯留のバランスってどうやってとるわけ？浸透が凄くいいと雨が貯まらず、ざーって全部抜けてしまうのではという気がするんだけど。

田丸　基本的には浸透というものにはとても時間がかかるということがわかっていて、1日に1mm程度しか浸透しないんです。そのため、起伏を設けないとほとんどの水が流れてしまうということがあり、あえて起伏を設けて貯めています。

島田　なるほど。そうすると結構湿地帯のような環境になると思うんだけど、それと住環境はどうやって両立させているの？

田丸　基本的にはまず住戸を浮かすことで水、湿気を若干回避するというものがあります。それから、水を貯めたままだとどうしても水が腐ってしまうので、敷地に井戸が点在していて貯水値をビオトープとして維持できるように、井戸から水を使って動かすことができるように設計しています。

島田　今示されているのは雨が降った直後？

田丸　はい。雨が降ったときです。

島田　どれくらいでなくなるの？

田丸　起伏によって深さが違うので、結構場所によって違うのですが、深いところだと1週間とか2週間ぐらいかかるような感じです。

島田　それが抜けていくとそこは藻がびっしりとなってあまり綺麗ではない。

田丸　理想としては庭として活用できるようにしたいのですが、逆に水を抜かないで、それこそ水辺に維持して暮らしていくようなこともできたらいいなと。完全に抜けきらなくてもそういう暮らし方もあるのではないかと思います。

島田　貯水マンションなんかもあったけどあれはどうですか？

田丸　あれは人工的な解決の仕方で、私の提案はどちらかというとグリーンインフラ的な考えなので、水のかっこいい流れ方というよりは、どちらかというと湿地帯でいかに暮らしていくか、湿地帯の良さを住環境にどうにかつなげられないかということを目指して考えました。

島田　なるほど、わかりました。

田丸　私は雨水循環に着目して、雨と暮らす涵養住宅を提案しています。涵養というのは、地表水が地下に浸透して地下水となることをいいます。都市部において宅地化の影響で地下に水が浸透しなくなっている問題や、交流式下水道によって川が汚染されたり、突発的に洪水が起こったりという問題を踏まえて、雨を遠くで1か所に、集中的に処理するのではなくて、それぞれの敷地で涵養させていくことが必要なのではないかと考えました。

藤村　グリーンインフラ的な？

田丸　そうですね。敷地を変えることで、どう住宅と雨水の循環とが共存できるかというのを設計のメインに置いています。

藤村　水ですかこれって？

田丸　水ですね、水面。

藤村　普段から？

田丸　基本的には雨が降ったら溜まって、なくなったら徐々に減っていく感じです。単にこのままだと水が腐っていってしまう問題とかもあるので、例えば井戸が敷地のなかに点在していて、そのビオトープとして維持できるような使い方だったり、ここで涵養された水が長い年月をかけて地下水となって、住民の飲料水として使っていけるような仕組みを考えています。

藤村　これは公営住宅なの？

田丸　公営住宅地を対象としています。まず老朽化の問題があって、それから公営住宅は例えば市が運営していたり区が運営していたりというので、武蔵野市という地域が特にこの涵養が必要だと思っています。まず地下水を利用する量がダントツで高くて、東京都全体の地下水脈まで影響を与えるようなすごいことになっていて、さらにこの地域は地層的にも難透水層が少ないんですね、港区とかと比べると。だから地下深くまで雨が浸透できる、つまり武蔵野市の水源を雨によって賄うことができるのではないかと考えてこの地域でやっています。

藤村　一角だけですか？

田丸　この卒制では一角だけですけど、広がっていくイメージです。武蔵野市は特に公営住宅だったり、共同住宅がとても多くて、全体の7割がそういう住宅なので、そういうところでどんどん作っていったら広域な地下水脈も改善できるのではないかなと考えています。

藤村　住宅でも敷地全体で何haとあるんですかね？

田丸　元々は40戸ぐらいあったのを今回、全体で28戸に減らしています。

藤村　50m四方くらいですか？

田丸　はい。2,700、2,800㎡ぐらいですね。

藤村　28戸ということは、1戸100㎡くらい。

田丸　はい。

藤村　とてもゆったりに見えるけど28戸あるんだ。

田丸　ありますね。結構密度があるところは詰めていて、庭のようなスペースだったり路地みたいな空間を作っています。

藤村　駐車場って外に？

田丸　公営住宅では基本的に駐車場は考えないので。

藤村　車はないの？

田丸　自転車を使う人はものすごく多くて、自転車置き場というのは至るところに設計しています。

藤村　公営住宅にしてはちょっとハイスペックという感じはするけれども、考え方とかはわかりました。この水が溜まっているところの生活にどう影響するんですか？

田丸　今回はあまり住宅の形のところまでは突き詰めてはいないのですが、例えば屋外空間というのを全部の住戸に設けていて、水辺に浮いているようなテラスだったり、テラスではなくても路地を歩いていくだけである意味公園を歩くような住環境を、新しいコンクリートだけではないような住環境を考えています。

藤村　せっかく水が入ってきたりするのに、ちょっと無関係に立っている感じがして、いろいろ公園のなかに住んでいるみたいな、もう少しサービスしてあげてもいいかな。

田丸　最初はここだけあえて対比するイメージだったのですが、今はいろいろなことを踏まえて、もう少し関係させてもいいかなと思っています。

# 枝分かれの風景

熊本県の津奈木町は、海の上にある小学校の廃校舎とそれを取り巻く海や集落、みかん畑の関係性が他にない特別な風景を作り出している。しかし、高齢化が進みこのままでは崩れてしまう関係にある風景。昔からつづく生業と新たな接点を築く観光業を受け入れるため、みかん工場と観光施設を計画する。これらをまとめる屋根からは、毛細血管や植物の根のように小さな屋根が広がっていき、住民と観光者の出会いの表面積を増やしていく。

ID09

**奥村 仁祥** Okumura Hitoshi
熊本大学 工学部建築学科 B4

Answer 1. Photoshop、Illustrator 2. 5万円 3. 構想:半年ほど 制作:1ヶ月 4. 文字大きく 5. カテドラル教会 6. 理系だけど文系っぽいことがしたかった 7. わからない 8. — 9. 甲玉堂、ハンズマン

Presentation Board

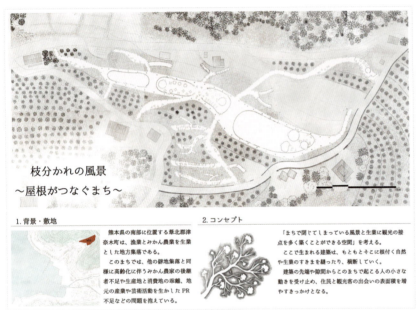

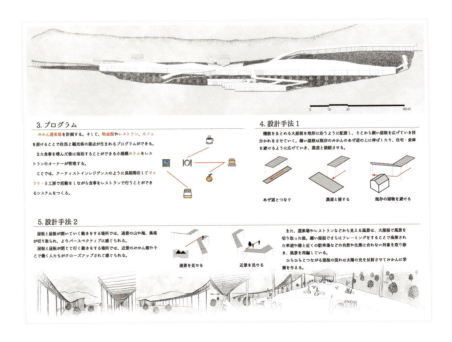

奥村　敷地は熊本県の南部に位置します津奈木町というみかん農家を生業とする集落です。ここでは農家の高齢化であったり観光のPRが上手くいっていないなどの問題を抱えていて、今ある風景と生業の関係が崩れてしまうことが将来考えられます。そこで観光との接点を築くためにみかん工場と、物産館やレストランなどの観光施設を複合した施設を計画しました。形状の考え方としまして、農家と観光客が多く接点をもつということを考えて、屋根が枝分かれしているような先端や隙間に人や風景を入り込ませるという考え方をして、土地に寄生するような建て方をしました。屋根のところで農家が休憩していたり、観光機会の導線が交わったりしたような体験であったり、あとは屋根の開き方や閉じ方で遠景を見せたり、近景をクローズアップさせたりというような視覚変化で街の構造を理解できるような観光の楽しみ方もできるように計画しました。

光嶋　この白く見えているニョキッとしたグレーの模型のところは、実際にフラットなの？

奥村　実際に起きたところはフラットになっていまして、あとは地形に合うように作りました。

光嶋　地形に合うように作っても、どうしてこんなフラットな大きな面積が生まれるの？少し有機的になるんじゃない？屋根がすごく動いているわけだよね。

奥村　はい。

光嶋　これと一緒だけど、ここが動いているものに対して違う形が幾何学は来ている。有機的なものに幾何学が来て、有機的な大地に対して幾何学的に有機的に動かしているわけだよね。これは響き合っているよね。ここは断絶が起きている、違うもの、異物が載っている。あなたがそうしているように見えるんだけど、断面図を見たら床がストンて真っ直ぐじゃん。だから自然である大地が真っ直ぐではないからこういう建築を作りたいんじゃないの？それだったら床もこのみかん工場がすり鉢状になっていたり、そのポコっとした空気をもち上げたかのようにここが膨れ上がったり。「豊島美術館」は緩やかに水勾配で水たまりが溜まるんだよ。だから普通に考えてありえないんだけど、ここはフラットなところにこうある。でも豊島美術館はこっちがへこんでいる。そしたら球体がゴンっと押して風船が膨らんでいる途中かもしれないから、それで言うとこれも起きてて下からビューンと押し出された結果なのに、何で地面が真っ直ぐなの？それが不自然だよね。有機的にどんどん蔓延ってつながっていくのにこのグレーのデザインがすごく人工的というか。それを変えることであなたは、キーワードは観光とただ言っているけれど。観光は素晴らしいよね、いろいろな人が来るから。その観光体験を素晴らしくする。そうした大地が中なのに外っぽいみたいな、そういう体験を作ってあげないと。それができていないのはこのグレーをポンって差し込んでいるからだと思うね。この有機的な形に対してこれらも全然床スラブがフラットだから。それで自然と人工で対比が起こってしまっている。あなたは自然と寄り添うと言っているのに、結局対比している。これがガタガタしているなかでこれが生まれたら、なるほどという新たな観光になるかもしれないと思う。だからこの屋根はいいけど、床が良くないよね。

奥村　敷地は熊本県の南部にあります、津奈木町というみかん農家が生業となっている集落です。高齢化によってみかん農家を継ぐ人がいないことであったり、観光のPRが上手くいっていないなどの問題を抱えていまして、そこで観光施設と農家をつないで、今の風景を保とうという考え方で行っています。こちらの建築ですが、入っているのがみかん工場と観光のレストランや物産館などで、その細い屋根をつなげていくことで、屋根と屋根の隙間で風景を取り込んだり、人の動きを促したりということを考えています。

竹山　図面はエレガントな感じがするんだけど、模型がサンショウウオみたいで…気持ち悪くない？ここの家はなぜここを黒くしたんだろう？ヤモリとかイモリとか、サンショウウオみたいだよね。それで一方でここは何の変哲もない白い建物があるけど、それは何なの？

奥村　上から見た図で屋根の色を反映していて、ここが小学校なので白くなっていて、あとは瓦の屋根なので…。

竹山　いや、瓦の屋根は真っ黒ではないということもあるし、やっぱり模型というのはもっと抽象的なものだからね？

奥村　はい。

竹山　これだって実際、実物とは違うわけだよね。我々が頭のなかで、その模型のなかからの風景を改めて紡ぎ出だしているわけ。だから自分がどこを設計して、どんな風に見せたいかというのは総合的に考えなくてはいけない。これは図面は爽やかな色を使っているけど、ちょっとすごいかなと思って。これは全部ガラスの屋根なの？

奥村　いえ、本当はガルバリウムなので、透けさせるために。

竹山　構造的にもう少し本物らしい模型を作ったほうがいいよね。

奥村　スケール的に少し抽象度が低くなってしまって…。鉄骨でフレームを組んでという構造になっていますね。

竹山　うーん。鉄骨だったらなおさらこの線が不思議だよね。真ん中の線はあまりいらないし。もっとこちら側にざーっと作っていくほうが、グラデーションがシュッと見えるんじゃない。

# 塀でつながる町

「生まれ育った町」「好きな風景」誰もがあるものではないだろうか?福岡県遠賀郡岡垣町吉木は、歴史的に見てみると、城下町であり、宿場町でもあった。現在その頃の面影は建物にはほとんど残っていない。しかし、【塀】には、その面影が残っている。また、地域の問題になっている、高齢化や成長して町を出ていく人が多くなり、空き地・空き部屋が多くなってきていること。宿場町の頃からものづくりが盛んであり、その地域性を活かした物々交換で地域コミュニティーが形成されていた。だが、近年人と関わる機会が減少したことでコミュニティーが崩壊し、近隣交流さえなくなってきているということ。
この2つの問題に『塀』を用いた新築の住宅と空き部屋を開放的にする。という2つの提案で解決し、風景を守り、塀で繋がる町を設計していく。

ID10

## 本田 祐基　Honda Yuki

福岡大学 工学部建築学科 B4

**Answer** 1. Illustrator、Photoshop、Vectorworks　2. 2万円程度　3. 3ヶ月　4. 見やすいように　5. 丹下健三さん　6. 一番かっこよかったから　7. 相手に寄り添える設計者　8. 提出前のバタバタする徹夜　9. レモン画翠

Presentation Board

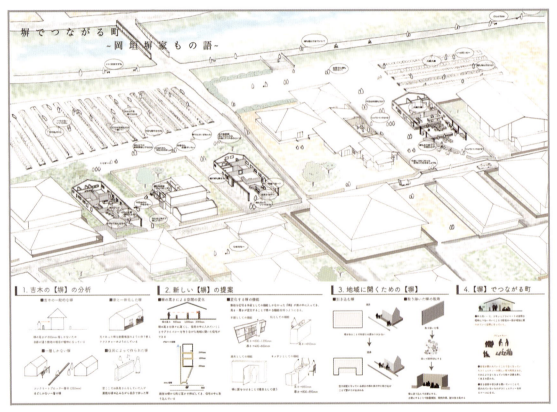

**本田** この設計の敷地である福岡県遠賀郡岡垣町吉木という所は、福岡市と北九州市の間にある街です。ここは、歴史的に見てみると城下町であり宿場町でもありました。しかしその頃の面影は、建物には現在ほとんど残っていません。しかし塀は顕著に残っています。こちらのヒアリングをしていくなかで、大きな課題が2つ見つかりました。課題の1つ目が、空き地・空き部屋が多くなってきていること。2つ目は近年人と関わる機会が減少したことで、以前は形成されていたコミュニティが崩壊してきているということです。この2つの問題を塀を用いた新築の住宅と、既存の空き部屋を開放していくことで解決していきます。こちらが新築の提案で、これが既存の空き部屋を開放していくところになります。日本家屋には外と内という概念があり、それを塀という敷地を明確に区切るもので高さを変えていくことで、この既存の塀から伸ばしてきた住宅をそれぞれ設計しています。

**竹山** 塀は材料は何で作られているの?伝統的なものなんでしょ?

**本田** 伝統的なものもあるのですが、今回模型では素材までは表現できていなくて、コンクリートブロックのものや、土からできているものがあります。

**竹山** ああ、そうなの。ブロックだったらそんなに古くないよね?

**本田** そうですね。ブロック塀というのは、新しく住んできた人が作っているのですが…。

**竹山** 伝統的なものに戻したほうがいいんじゃないの?

**本田** 伝統的なものが残っている部分と残っていない部分があります。

**竹山** もう残ってなくなったところは戻したほうがいいんじゃないの?塀がテーマって言ってなかった?

**本田** 塀がテーマです。

**竹山** それなら伝統的な塀の材料で、塀を何かモチーフにして作ったほうがいいんじゃないかと思ったけど。

**本田** それもいいんですけど、僕はこの既存の塀から伸びてくる、その素材は同じものを使ったほうがいいんじゃないかという考えで作ったんです。この既存から伸びてくることで、グラデーション状にコモンの空間からプライベートの空間になるように、塀の高さを用いて緩やかに開いていきました。

**竹山** 説明の仕方がね。もう何も残すべきものは残ってないかもしれないけれど、塀はこの街の特徴であるという風なことできたから。塀について、やっぱり素材からいろいろなことまで変えたってもちろんいいんだけど、変えてどのように良くなるかとか、いろいろなことを考えてプレゼンしたほうがいいよね。

**本田** 素材まではこだわれなかったという部分はあります。既存のところから伸ばしてくるという形で取ったので、そこはこだわれなかったです。

---

**本田** 本設計の敷地である福岡県遠賀郡岡垣町は、福岡市と北九州市の中間にある街です。ここを歴史的に見ると、城下町で宿場町でもありました。現在のその頃の面影は建物にはほとんど残っていませんが、塀には顕著に残っています。この地域のヒアリング調査を行っていくなかで、空き地・空き部屋が多くなってきていること、近年人と関わる機会が減少しコミュニティがあまり形成されていないことという2つの問題が見つかりました。この2つの問題を塀を用いた新築の住宅と既存の空き部屋を開放していくということで解決していきます。用いた設計手法としては、こちらの木で作られている3つが新築の住宅になり、新築は既存の塀から伸びてきた、日本の家屋には外と中と内という概念があり、敷地を明確に区切る塀というモノを使って、グラデーション状に高さを変えて緩やかに開いていきました。既存の住宅は、既存の塀からここにあった塀を取り除き、家のなかにへこませて入れることで空き部屋を開放的にしていきました。

**土居** 空き部屋対策か…。結局プロジェクトの目的は何だっけ?

**本田** 目的は、元々形成されていたコミュニティが近年なくなってきていることと、空き部屋がこれからどんどん増えていくことの解決です。空き家はこの道沿いにはそれほどなかったので、では空き部屋はどれくらいあるのかと調べたところ、空き部屋が増えていっているとわかりました。そこでその対策をしていくためにどうしていったらいいのか。塀でこの空き部屋を軽く開いていくことで、この街がもっと良くなっていくのではないかという風に考えました。

**土居** でも「空き部屋だからすぐ開きましょうか」でいいんだろうかね?空き部屋になるというのは、要するに子どもが大人になってどこかへ仕事に行くとか、都会に行ってしまうとかそういうことだよね。だからその度に開いていたら大変面倒くさいのではないかという気がするんだけど。

**本田** そうですね。自分が例えばもっている趣味だとかできることを少しずつ、ああいう風になっていけばいいなという将来像を描いています。例えば開きたくない人、内に留まりたい人は別にそのままでいいと思います。

**土居** その前にね、例えばああいう連続平面があるとしたら、どこが空き部屋なのかというのをプロットしていくことが大切なんじゃないかなと思うんだよね。敷地があって建物があるときに、じゃあお父さんお母さんはもうずっとここにいるだろうと。それで子どもが出て行くわけ。大概ね。そしたらその子どもがいた部屋を細かくプロットしたときに、例えばこの敷地の奥だったり手前だったり、ある種の傾向性がある。だからそういうのをスタディしたらいいんだよ。つまり、部屋が空いたからどうしようとすぐ一直線に対策を考える前に、スタディを一回やる。そういういろいろなスタディがあり得るから、今のところ個々の住宅の話しか聞こえてこないわけよね。だからあそこも空き部屋、ここも空き部屋。空き部屋というけれど、それを集落のなかに落としていったときに何か見えないかな?どうだろう。

**本田** 最初にこの既存だけでやっていたんです。既存だけで空き部屋をどうにかしていくという話で。それだったら起点となる場所がないと、そういう風にやっていけないのではないかという考えに陥りました。その上で近年空き地とか空き部屋が多くなっていく。じゃあ空き部屋対策としては、こういうモデル的なものを建てたら、この空き部屋に対してのアプローチができていくのではないかと考えてやってみたんです。

**土居** 空き部屋だらけになっちゃうとね、ちょっと難しいと思う。

# Instagenerative Architecture
― インスタ映え至上主義における設計手法の提案 ―

ID11

杉浦 雄一郎　Sugiura Yuichirou
近畿大学 建築学部建築学科 B4

Answer 1. Rhinoceros、Illustrator、Photoshop　2. 10万円　3. 半年　4. SNS風のレイアウトを意識した。　5. MVRDV　6. 行きつけのお好み焼きで、建築学科の教授に出会ったから。　7. 建築家　8. 建築学科棟だけ永遠電気が着いていること。　9. カワチ、東急ハンズ

「インスタ映え」は建築設計の現場において、無視することはできなくなってきている。インスタグラムユーザーは、自らの行き先を、「そこに行って写真を投稿すればどれくらいの、いいね！を獲得できるか」という自己承認欲求を評価軸に決定する場合がある。逆算して考えると、彼らの欲求を満たせるような空間を設計することは、建築設計の対象になり得る。

Presentation Board

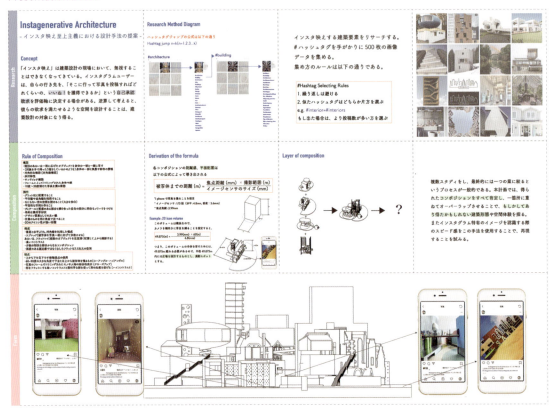

杉浦　まず初めに、一般の人々と建築を専門に勉強する人々の建築への見方が全然違うということに着目して、このプロジェクトは始まっています。インスタグラムという流行に乗って、インスタグラム上で一般の人々がどのように建築を見ているかを映し出しました。リサーチ方法としましては、ハッシュタグを手がかりに建築の画像を500枚集めたのですが、「#アーキテクチャ」で調べると人気投稿が9枚出てきて、そこに引き下げているハッシュタグを「繰り返しは避ける」、「似たハッシュタグはどちらか選ぶ」といったルールに従って集めていきました。それでそれらを一度抽象化することなく、画像に忠実にモデリングなり模型を作るなりしてそれらをコンポジション、組み合わせてみるということをしました。コンポジションのルールとしましては、写真を撮ることを想定して作られているので、ボリュームが全て映るために離れなければいけない距離をこの公式に当てはめると出るといった設計をしています。

藤村　機能とかはない感じですか？

杉浦　機能はカジノです。大阪夢洲の既存の計画があります。

藤村　超大衆建築みたいな感じですか？それで何か意外な発見とかはありましたか？

杉浦　設計者側の発見と、民衆の方々の発見があると思うのですが、もう一度作ってみてインスタグラム上に投稿して、それをフィードバックといった形で「いいね」の数の差を検証してみたというのがあります。例えばこの同じボリュームで、ここで撮った写真とここで撮った写真では「いいね」の数に15開きがある。その原因は隣に大きなボリュームがあると、単純に光が入らずに写真が暗くなってしまうので「いいね」の数が少ない、こっちは対照的に多いといった差が出てきています。

藤村　それを元にもう一回作れば良かったんじゃない？最高にインスタ映えする建築みたいな。わかりました、まあこういうプランになってくるのかな。表層を設計することはできると思うんだけど、プランはどうやって設計するの？

杉浦　表層のデザインと内部空間の二重性と呼んでいるのですが、それがカジノ建築には適していると考えていて、カジノは看板建築ですがなかはすごく平凡なプランだったりするんですね。

藤村　それってプラン次第じゃないの？

杉浦　箱のなかは結構…。

藤村　割とその辺はランダムということ？

杉浦　そうですね。

---

杉浦　まず最初にこのプロジェクトは、一般の人々が見る建築といったものと建築を専門に勉強している人々の見る建築といったものが、全くイメージが違うというところからスタートしています。Instagramという流行に乗っかって、Instagram上で投稿される建築のイメージをリサーチしました。リサーチ方法としましては、#（ハッシュタグ）を手がかりに、例えば#architectureを入れると人気投稿が9枚出てきて、その画像が引き下げているハッシュタグをまた選んで、といったルールを使って計500枚の写真を集めました。その500枚集めた写真を1枚1枚、画像に忠実に模型を作るなりモデリングを作るなりして、それらの建築ボリュームを重ねるといった操作をしています。写真を撮ることを想定して作られているので、まずこの人がこのボリュームを撮るために必要な、離れなければいけない距離といったものをここに書かれた公式を使って設計しています。プログラムは大阪の夢洲に計画されているカジノ建築で、表層的なデザインと内部空間の単純さといった二重性を含んだ新しいカジノ建築になっていると思います。

土居　インスタ映えの分析はわかるしカジノもわかるんだけど、その間がどうつながっているのかよくわからなかったんだけど。

杉浦　組み合わせ方ですか？

土居　だからなぜこんなにごちゃごちゃしてるのかとか、こういう組み合わせになったのはなぜ？

杉浦　Instagramというのは、画像が代わる代わる、全然コンテクストも何もなく変わっていくといった視覚情報のイメージの変化というものがあって、それを建築で表現するためには、ボリュームをそのまま重ねるといった手法が適していると判断しました。

土居　それは例えば、写真をバラバラに撮ったときに手元の画像のリストとしては何となくバラバラになるわけだよね？

杉浦　はい。

土居　そこは時間が消費されているわけで、それを本当にそのままやったらこうなると？

杉浦　そうですね。

土居　うーん…。でもそういうことだと、写真と写真の間にあるものが実は重要なんじゃない？2つのシーンを撮る。その間は歩きながら、しかし何も考えていないのではなくて、何かを待っていたり撮った写真の余韻に浸っていたりする。そして次の写真があるわけだよね？だからそんなにもバラバラではないのではないかという気がするんだけど、どうだろう？

杉浦　このリサーチ方法のなかでは、脈絡もなく違ったハッシュタグに飛んでいくといったことが起きるので、その場合、例えば建築の写真からいきなり女の人の顔の写真であったりというものが出てきたりします。

土居　それは人間の頭のなかが分裂的にできているからじゃないの？あるいは集合的に撮った写真というのが、タグを付けると別の階層になってしまうということ？

杉浦　はい。

土居　それはそれでいいんだけど、それは写真の撮り方の集合的な構造と呼べるものであって、それをそのまま現実の建物がなぞっていいんだろうかというのが疑問だな。どうだろう？あるいは、じゃあこの建築は何かというと、Instagramというアプリケーションの、あるいはメカニズムの建築化であるということになるよね？

杉浦　そうですね。

土居　それとカジノであるということは別に必要なんだろうか？僕はね、アプローチとしてはいいと思うよ。だけど、そのハッシュタグが自動的に作る構造はどういう風に見つけられるのかなということをきちんと言っておかないと。現実の構造に置き換えるときに、やっぱり違うことをやっているわけだから、どこが同じでどう違うかというのが少し曖昧な気がするんだよね。

# 神秘なる邪魔者
― 竹建築辞書を用いた里山再興 ―

ID12

**原 良輔** Hara Ryosuke

九州大学 工学部建築学科 B4

**Answer** 1. Illustrator、Photoshop、SketchUp、TheaRender 2. 6万円 3. 3ヶ月 4. レイアウト 5. Elora Hardy 6. 父が大工だったから 7. 設計事務所 8. スリッパ 9. ナフコ

古来より神秘なるものとされていた竹は、現在邪魔者として扱われている。しかし、その成長スピードは他の建築材料にないポテンシャルではないだろうか。建築、土木、プロダクトでの竹の使われ方を分析し竹の建築言語をまとめた竹建築辞書を作成した。それを用いて放置竹林問題に侵された里山の再興を計画する。日本において建設不可能な竹建築の未来に向けた一提案である。

## Presentation Board

原　　現在の日本では建設不可能な、竹建築の未来に向けた一提案として卒業設計を行いました。今、竹の建材としての使われ方がわからない状態で、それによって放置竹林という問題が起きているので、竹の使い方を提示する必要があると考えました。そこで、初めに行った分析としては、既存の竹の事例を集めてそれを分析することで、3つの構成要素というのと7つの形態操作に分離することができて、それらの組み合わせによって44個の竹の建築言語を作成しました。その竹の建築辞書を用いて、福岡県糸島市にある可也山の麓にある集落で設計を行いました。作ったものとしては、竹の登山道を設計しています。竹の伐採や運搬、製材、販売という林業のプログラムを登山道に沿って配置していて、登山道内で完結した竹の流通システムを構築しました。設計に関しては、製材所ではその言語を使っていて、竹というのは伐採したあと、貯蔵・乾燥というプロセスが必要なのですが、建築形態としては間仕切り壁と柱という建築形態に組み込んでいます。

竹山　　竹が割れてしまうんじゃないの？

原　　割れとかに関しては、日本と海外で種類が違うのがあります。

竹山　　でもこれは糸島の竹を使うんでしょ？

原　　そうです。海外の事例とかも集めているのですが、今日本でできないのは処理の方法などがあまり研究されていないことが原因だと思っていて、これを作ることで竹の利活用が進めば、企業なども研究を進めて、竹の利活用へ進んでいくのではないかなと考えました。そのため、竹が割れるとか、竹の性能についてはあまり考えていないです。

竹山　　これは屋根はかからないの？ただフレームがあるだけ？

原　　いえ、横を連結して屋根をかけます。

竹山　　屋根は何で作るの？

原　　植物で葺こうと思っています。これに関しては、割竹を交互に重ねることで屋根に対して、登山道にいろいろな竹の使われ方が生まれます。

竹山　　去年もどこかでよく似た分析があって、作品は違うんだけど。糸島の竹やぶって有名なの？

原　　竹やぶというか、放置竹林問題は全国的に起きていまして、糸島だけでなく。

竹山　　うん。京都は竹が有名でブランドなんだよね。糸島はそんなに竹がブランドではないの？

原　　そうではなくて、邪魔者として扱われています。

竹山　　それはかわいそうだね。でもパースとか綺麗だね。

原　　現在の日本では建設不可能な竹建築の未来に向けた一提案として、卒業研究を行いました。今、竹は建材としての使い方がわからない状態で、それによって放置竹林の問題が起きているので、竹の使い方を提示する必要があると考えました。まず行ったのは、既存の竹の事例を集めてそれを分析することで、3つの構成要素と7つの形態操作に分類することができて、それの組み合わせによって44個の竹の建築言語を作成しました。それを集めた竹の建築辞書というものを用いて、福岡県糸島市にある里山で設計を行いました。計画したものとしては、竹の登山道沿いに林業のプロセスとして伐採から運搬、製材、加工、販売というプログラムを挿入することで、竹の登山道内で完結した流通システムを構築しました。辞書から引用した言語を反復することで設計していて、例えばこの製材所はこの言語を持っていて、竹を伐採した後に貯蔵、乾燥という工程があるんですけど、それを間仕切り壁として建築形態に組み込んでいます。

光嶋　　これをあなたは研究したわけでしょ？竹の在り方を研究して、研究した対象は誰なの？誰をどう研究してこのバイブルは作られたの？

原　　建築土木プロダクトの事例を集めました。

光嶋　　どこのいつの事例？

原　　雑誌などから。いつかは特定していないんですけど、日本ではないです。

光嶋　　だからそれがもうダメだよね。日本に竹の建築がないんじゃないの。インドネシアの事例を持ってきても、ネパールや中国の事例を持ってきても、風土が違うんだから成り立たないじゃない。これは雨が漏れるよね？漏れていいの？

原　　日本にない原因として竹の研究がされていないということがあります。

光嶋　　研究がされていないのは日本における竹の在り方というのが、建築は場所と関わるわけだから、「ネパールにこんな素晴らしい建築があります、じゃあ日本でも使いましょう」という単純な話ではないじゃない。だからまずあなたに聞きたいのは、日本とか関係なくこれがあなたの研究成果なんでしょ？あなたにとってこれから設計していくための根拠はここにあるわけじゃない。これをどこからどうやったかということの緻密さが足りないというか、その場所と風土と時代とスケールがないから、これを転用してこれになりましたというのは、あなたが勝手に転用しただけでしょ？サイズとかどうやって決めてるの？それも全然曖昧じゃない。そんなのでは間違いなく継承されていかない。この時代にこういう技術がこういうコンクリートで、というのが全部継承されていく集団的知性の種をあなたは作ったのに、種をきちんと説明できなければそれは種になりえない。

原　　日本でまだ竹の技術があまりないので、第一歩目として海外の事例から参考にする必要があると思いました。

光嶋　　それを日本に持っていくときに、ただ単にこの精度の地図では全然転用できないから、そこにあなたの新規性を見つけなきゃいけない。だからすごくいいチャレンジなんだけど、そもそもこれが成り立たない理由というのは何なのかをやっぱり考えて欲しいし、壮大なことをやろうとしているから、これでやった気になって欲しくない。これはいい失敗だと思うんだよね。今言ったことが失敗の理由なんだけど、ここの精度をもっと上げないと、解像度のいい状態に日本で転用できない。そこを考えられたら、もしかしたら小さいこういうのを一個作るだけでもできるかもしれない。

# 過疎化に向けた最小のまち

過疎化が進行する「まち」に対する「まちの保存」について考える。社会問題として様々な対策がある中、建築的に地域価値を見出しまちを終わらせないためにできることはなんだろうか。まちの機能を保全し、まちの住人同士の交流を促す。地域の価値をまちのひとと維持していくそのような建築空間を提案する。嘉穂町はこれからどうなるのだろうか。人と人が手を取り合いまちづくりをする。まちに住むこと、暮らすことがまちそのものになる。人と人の交わり合い暮らすまちを未来に描きたい。

ID14

## 出口 貫太　Deguchi Kanta

福岡大学 工学部建築学科 B4

Answer 1. SketchUp、AutoCAD、ArchiCAD、Illustrator、Photoshop　2. 6万円　3. 1080時間　4. Ctrl＋S　5. Thomas Heatherwick/1000 trees　6. 恩師にものづくりっぽくないと言われたから。　7. 不動産開発（就職）　8. 慢性睡眠不足症候群　9. 中洲川端・大崎周水堂

**Poster Session**

**出口**　僕は過疎問題に着目して設計をしました。今、日本で過疎化が進んでいるのですが、自分が住んでいる福岡県中央部の嘉穂町というところも、平成の大合併によって合併されて行政機能が失われ、今、人口減少が加速している地域になります。その地域において、その地域の価値というものをいかに持続させていくか、盛り上げていくのではなくて持続させていくかという観点から建築を作りたいと思っています。そこで、行政機能が1個に集約してしまって、住民の声が聞けなくなってしまっているので、行政機能をできるだけ分散させることによって、またその各行政機能を点在させながら地域の価値を行政機能と商業、またレジャー、いろいろな食文化と絡めていくことによって地域価値を持続させていこう、という設計になります。今回、第一計画地、第二計画地、第三計画地という風にわけまして、第一計画地は街並みを取り込んで、長屋を連ねる大隈町の中心というテーマとして設計しました。第二計画地は、遠賀川の源流域に位置している街なので、かなり水が綺麗なんです。その遠賀川を取り入れた、遠賀川の側に寄り添う形のレジャー施設。また、第三計画地は、山の谷あいに房状に集落があるその形態を利用した行政と商業施設になります。この3つを作って持続的な地域価値を見出そうという設計です。

**島田**　行政機能と商業機能も？

**出口**　第一計画地は食文化とその他、行政機能、落ち着ける場所。第二計画地については遠賀川で遊べるようにレジャー機能と行政機能を兼ね備えた空間になります。3番目は、この地域に大工さんがいたり陶芸家がいたりするので、いろいろな事務所とかテナントをこのなかに入れながら、行政機能と絡めて街の何でも屋さんみたいな感じで使えたらという風に計画しています。

**島田**　これはなぜこんな形をしているんですか？

**出口**　3番目にスタジオの集落があるのですが、元々はデザインとして1つ1つは戸建てくらいの規模感で、それをフレームでつないでいってあげることでそれぞれが絡んでいけるような感じにしたくてこういう形にしています。1つのボリュームとしてはものすごく大きいんですけど、1つ1つ分割してみると一戸建てくらいの大きさです。ここで1つ気づいて欲しいのが、過疎地域にこんな大きな施設を作ってどうするのかという話もあるのですが、僕がヒアリングしたなかではもう少し活性化して欲しいというか、行政機能をもたせつつ落ち着いた空間が欲しいという住民の声がありました。行政側からするとその声は届いていなくて、僕はその住民の気持ちを反映させたくてこういう規模感の建物になっています。

**島田**　じゃああっちまで出ているの？

**出口**　分割しています。

**島田**　ああそういうことね、わかりました。

出口　自分は過疎問題を取り上げ卒業設計を進めました。今回の計画地が嘉穂町というところで、福岡県の中央部に位置します。平成の大合併で合併され今は嘉麻市という市になっているのですが、行政機能が集約されつつあり、嘉穂町の人口がどんどん減少しているという現状があります。ヒアリングを行っているなかで、住民が考えていることと行政が考えていることにものすごくギャップがあったので、それが合併による弊害だと思っています。それによって過疎化が進んでいると私は考えたので、行政機能と住民が活動している場を1つの複合施設にすることで過疎問題をクリアにしていこうと考えました。一度集約された行政機能を分散化させなければと考えたので、嘉穂町のなかに3つ計画地を作りまして、1つ目の計画地は元々大隈街道というところがありまして、長屋がずっと連なっている街並みがあるのですが、それを崩さないように、街に溶け込むように設計をしたものです。行政機能と嘉穂町で採れる野菜やお米を使った食堂、また交流空間というのを付けた複合施設になっています。2つ目が嘉穂町に遠賀川という川が通っているのですが、源流域なのでものすごく水が綺麗なんです。そのレジャー機能と行政機能を兼ね備えた複合施設になります。3つ目の複合施設は山間に5、6軒の集落がありまして、その集落形態を踏襲した形を作って、そのなかに設計事務所だったり大工さんの事務所だったりいろいろ入れて、それらと行政機能を絡めた複合施設を作りました。それらを作ることで住民の声が行政により届きやすくなり、地域の価値を持続できていくのではないかというところで過疎化問題を解決しようと考えました。

藤村　コンテクスチュアリズムみたいな感じですか？

出口　そうですね。

藤村　説明としては合っていると思うのですが、手続きというか何となく場当たり的に見えるじゃないですか。統一した手法とかはあるんですか？

出口　このなかで統一していることは、できるだけ構造躯体を簡単にすることでより簡単にしつつ、街の特徴を取り込んでいくというのがデザインの元になっていて、なぜ構造躯体を簡単にしたかというと、柔軟な建築を目指したかったんです。1つ目の建築だったら今8mスパンで長屋を模して作っているのですが、もし住民が減っていった場合は、スラブを取り除いて壁だけ残して、長屋の風景だけを取り残せるみたいな手法を全体的に統一して使っている感じになります。

藤村　ちょっとだけまだわからないんだけど、間延びして見えるというか、ゆったり設計されている気がしてもう少し厳密でもいいかなという感じがしますね。やりたいことはよくわかりました。

# 引き込む襞

幼稚園は学年ごとにクラスや園庭を分けることが理想的とされている一方、子どもたちは他者との関わりの中で自分を表現し、自分を少しずつ理解しながら育っていく。他者との関わりは就学前児童にとって重要な成長過程である。本設計ではクラス、園庭を学年ごとに分けて幼稚園としての機能を担保しつつ、園庭、教室、地域を引き込む襞が他学年との関わりを誘発させ、他者を思いやる心を育むホワイエのある幼稚園を提案する。

ID15

## 竹村 寿樹　Takemura Toshiki

千葉工業大学 創造工学部建築学科 B2

**Answer** 1. Rhinoceros、Illustrator、Photoshop　2. 旅費、交通費込みで約10万円強　3. 1ヶ月　4. テイストの統一、見やすさ　5. 亀老山展望台　6. 建物を設計する職業に就きたかったから　7. 建物を設計する職業　8. 白模型が一番かっこいいと盲信する時期がある　9. 御茶ノ水、レモン画翠

**竹村**　2年設計課題の幼稚園です。私の通う千葉工業大学の最寄駅である津田沼駅の目の前には、奏の杜という開発地区があります。マンションや低層住宅の整備が進み、住みたい街ランキングでは2018年に28位へと急上昇しました。子育て層の流入によって保育施設の需要が高まっています。この場所に幼稚園を設計するにあたり、敷地境界で閉ざす幼稚園ではなく、街を引き込むことによって周囲と関わり合う幼稚園を目指します。プランは、まずなかの基準というものを敷地の中央に配置し、それに向かってひだが内部に向かって入り込むようになっています。例えば園庭であれば、この園庭が内部に向かって入り込んだり、こういったひだの操作によってできた教室というものが内部のホワイエとつながることによって、5歳児、4歳児、3歳児それぞれの教室からホワイエを介して、他学年であったり他クラスの人たちと交流ができるという風にしています。また、敷地境界で閉じない、引き込むというひだの操作によって周りを歩く人たちは壁を越えるごとに質の違う、例えば5歳児の遊ぶ風景だったり、パブリックな場所に出会ったりという風にいろいろな質が壁を越えるごとに切り替わっていくという幼稚園です。

**竹山**　ここだけは普通の人が入れるけど、他は入れないんだよね？

**竹村**　そうですね。

**竹山**　別に開かれていないよね。開いたらえらいことだもんね。これ全部幼稚園でしょ？

**竹村**　はい。

**竹山**　何が開かれているの？こことここだけか。

**竹村**　基本的にはそうですね。開くというのが、実際に入ってくるという意味ではなくて、完全に、従来通りの画一的な塀でバーンと区切って、その手前にもっとこれより…。

**竹山**　形は高くしているけど塀で区切ったところばかりじゃないよ。結構見えるよ外から。外から見えるように作った方が安全だっていう理論もあるからね。むしろもっと形の操作による豊かな内部空間とかさ、そういう風なことを語ったほうが良かったんじゃない？開く開くというのはもう安易に使われ過ぎて、もう消費され尽くした言葉だから。あまりそういうことで売らないほうがいいと思うけどね。ここは何？全部ガラスの屋根なの？

**竹村**　はい、半透明のフィルムを使っています

**竹山**　そこではどんなアクティビティが起きるの？

**竹村**　基本的にはホワイエとして使われるのですが、遊戯室も兼ねていて、例えばこちらにつながっている部分は読み聞かせとして使われます。

**竹山**　遊戯室はどこにあるの？

**竹村**　遊戯室はこのホワイエ全体が遊戯室として使われます。

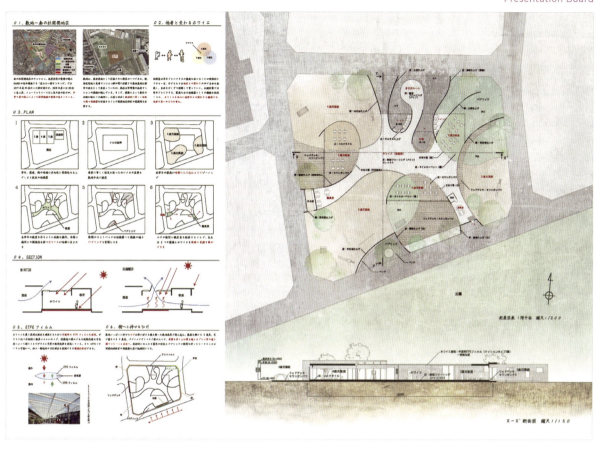

竹村　2年設計課題の幼稚園です。私の通う千葉工大の最寄駅である津田沼の前には奏の杜という開発地区があります。マンションや低層住宅の整備が進み、住みたい街ランキングでは2018年に28位と急上昇しました。ニューファミリーに人気の奏の杜ですが、子育て層の流入によって保育施設の需要が高まっています。この場所に幼稚園を設計するにあたり、開発地区特有の閉鎖感を促進してしまう、敷地境界を閉ざす幼稚園でなく、街を引き込むことによって周辺地域と関わり合う幼稚園を目指します。まず、画一的な関係性にならないために中の基準を中央区に設定します。そして、内部に入り込むように園庭をゾーニングし、教室ができるようにそのひだを操作していきます。そうしてできた敷地境界線側の隙間にはパブリックなスペースというものが生まれて、真ん中の部分というのは各学年を分けているんですけど、3歳児から5歳児がこのホワイエの中で関われるようにしています。また、ひだを伸ばすことによって、敷地境界を歩く人は、壁を越えるごとにさまざまなシーンの幼稚園児を見ながら生活することができます。

光嶋　この空間の溶け合う感じというのはすごくいいと思うんだけど、やっぱり恣意的な要素がちょっと強すぎるよね。恣意的ってわかる？

竹村　自分勝手みたいな…。

光嶋　そうそう、自分勝手というか「え、なんで？」という感じ。これがもう少し説明できるといいんだけどね。要はここで水をこぼしてみました、こぼしたらこういう風に水滴が広がりました、それを使いました。それも恣意的なんだけど、根拠があなたなりにあるわけじゃない。2年生だからこれから考えて欲しいんだけど、ここで天井の高さがちょっと違うとか、天井を斜めに持ち上げたらどうしてダメだったのかとかさ。すごい可能性はあるんだけど、まだすごい不器用なデザインというか。ここだけちょっとドームみたいになって、すごい硬いものからこうキュッと風船が飛び出したみたいな、ノーマン・フォスターの大英博物館の中庭みたいな。そうなったらすごい地域の力がぎゅっとこっちに圧縮してるんだっていうメッセージが伝わるわけじゃない。そういう風にあなたが説明してくれたエネルギーとか、根拠みたいなものを数値化じゃなく、ここでこういう空間が作りたいんだっていう風に説明できると思うんだよ。そういうことを意識すると、書いてる絵もすごい上手なんだけど、なんでこの絵を描くべきなんだろうか、この壁が曲がっててこっちが跳ね上がっていたらどうだろうかみたいに、なんとなく恣意的に描くんじゃなくて意識的に、意図的に設計できるようになる。2年生でこれだけできるんだったらちょっと天狗になりそうだけど、将来が楽しみだからそうならないよう、まだまだやれるぞとここで圧をかけておく。まだまだだけどね。すごいいいものを持っているから、恣意的なものと建築が表現できる何かを考えてやったらいいんじゃないでしょうか。

# 階段を纏う家
― 木津南配水池から集合住宅へのコンヴァージョン ―

敷地は京都と奈良の県境である。縦に伸ばした凸型に、二重の皮を巻いた構造の木津南配水池は聖書に登場する「バベルの塔」と外観がよく似ており、地域の人に親しみがある。二つの小学校が近くにあるため、子持ち家庭に向けて遊び場のような住宅を提案する。既存の螺旋階段、曲面壁、アーチという三つの要素を持つ魅力的な空間に対して、新たに箱型の住宅というシンプルな空間を組み合わせる。これを通して、2つの地域を繋ぎ活性化を目指す。

ID16

## 石胗晨　Seki Kitsushin
大阪市立大学 工学部建築学科 B4

Answer 1. AutoCAD, Rhinoceros, Photoshop, Illustrator, InDesign　2. 3万円以上　3. 2ヵ月　4. 既存と新築の関係性をわかりやすく伝えるようにつくった。　5. 安藤忠雄　6. 点数が悪かった　7. 建築デザイン　8. 常に寝不足　9. KAWACHI

### Presentation Board

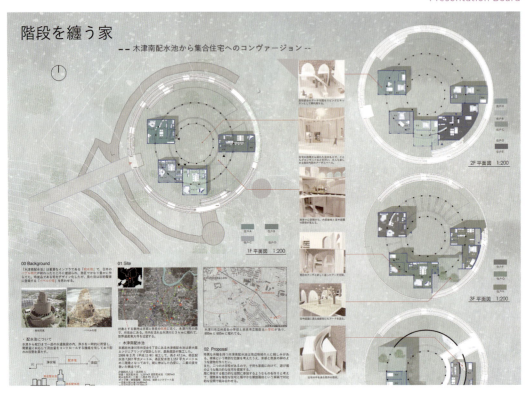

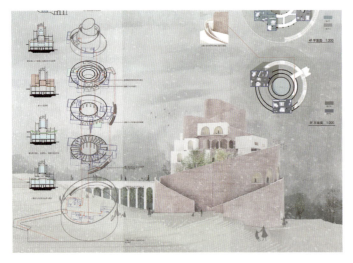

石　木津南配水池から集合住宅へのコンバージョンを発表します。敷地は京都と奈良の県境に近く、木津川市の南で州見台にあります。直径は45m、高さは47.1mの給水塔で、円柱に伸びた凸型に二重の皮を巻いた構造物です。日本のバブル時代が終わった頃に建てられました。特産品である筍をデザインした見た目は旧約聖書に登場するバベルの塔に似ています。また周りに2つの小学校があるので、子持ち家庭に向けて遊び場のような魅力的な住宅を提案します。構築物の集合体は地域の高低差を合わせるために高区と低区の2つの配水池を分けて、中間に層があります。そして、中間部は結構空間が余っています。その機能ではない空間のなかでは、壁を除いて視線を通して空間を作ります。集合自宅の入口は南の神山から2階の庭園のなかに導いて、そしてその方法によって作業員などの動線を分けます。集合住宅の構成は螺旋階段から外して、15の入口は床と階段の踊り場の高さによって決まります。

土居　水を貯めていた時代はどこに水を貯めていたの？真ん中の部分？

石　はい。真ん中の一層と下の一層です。

土居　その中間は何だったの？

石　中間は昔から庭園です。今もまだそのまま使われています。

土居　集合住宅に一番やりにくい形だよね？だからあえてする理由は何かあるの？丸い形だからマンションを置きにくいと思うんだけど、なぜあえてマンションなんですかね？

石　まずは周りに2つの小学校があるので、その小学校の子持ち家庭に向けて面白い空間に集合住宅を作ればと。

土居　うん。隣は幼稚園ではないけど、幼稚園とかにしたらもっと楽しいと思うし、集合住宅ならむしろこの辺に建てて、ここを集合住宅の人が使ったらすごい面白い。地域の人が使えば楽しいものにすればいいと思うんだけどね。それから、構造的にはここに丸い壁で四角い間取りを作るって結構大変そうなんだけどいいのかな？真ん中の空間は何になるの？

石　最終的には2階からはずっと庭園です。

土居　ああ、庭園か。

石　はい。余っている空間です。外観的にバベルの塔に見えるじゃないですか？聖書のなかでは「バベルの塔」とは表現していなくて、代わりに「the city and its tower」と表現しているので、元々バベルの塔もみんなの住む空間ではないかと思ったので住宅にしました。

土居　でもね、住宅にするならもっとファンタジーがあれば良かった。割と真面目な住宅なんだよ、これを見たらね。

石　単純な形で箱を挿入したら元々の建物の面白さ、動線とか空間とかをもっと感じられるのかなと思いました。また、ノアの時代にノアと家族が箱舟を作ってみんなが救われたじゃないですか？だからもし…。

土居　ここに住むと逃げられる？（笑）

石　いえ（笑）。箱で安定、安心な場所も家の定義ではないかなと思っています。

土居　まあ、ガスタンクを住宅にするとかいう例もあるから。そういう例も見たほうがいいと思いますよ。ドイツのガスタンクで、すごい大きいんだよね。その外観を保って内側を円形の集合住宅にした例があるから、そういうのを見ておくといいと思う。

石　木津南配水池から集合住宅へのコンバージョンを発表します。敷地は京都と奈良の県境に近く、木津川市の南で州見台にあります。直径は45m、高さは47.1mの給水塔で、縦に伸びた凸型に、二重の皮を巻いた構造物です。日本のバブル時代が終わった頃に建てられました。特産品である筍からイメージして作りましたが、見た目は旧約聖書に登場するバベルの塔に似ています。また2つの小学校が近くにあるので、子持ち家庭向けの遊び場のような、魅力的な住宅を提案します。構築物の集合体は地域の高さによって、高区と低区に配水施設を分けて、上階に沿ってあります。そして中間部は結構空間が余っていますので、その機能のない空間の壁を取り除いて視線を通します。集合住宅の入口は、南の小山から2階の庭園のなかに導き、その方法によって作品との動線が分かれます。集合住宅の構成は螺旋階段から派生し、住戸の入口は2階の床と、階段の踊り場の高さによって決まります。住宅の階段のいろいろな関係を作り出すことを考えて、既存の階段を住宅のなかにも通して、上階に住む住宅の玄関に通じます。

竹山　これが既存なの？これがあるわけ？すごいね。これは基本的に今のまま？この色がついてるの。

石　そうです。

竹山　白いところだけ作ったわけ？

石　はい。白い部分が新築です。

竹山　こっちから入るの？

石　この山から、こちらの道路から入ります。

竹山　こんなところに住んでいたら悪い夢を見そうだよね（笑）。今は使われていないの？

石　今も配水池が使われてます。

竹山　あ、使われているんだ。じゃあそれは残すわけ？

石　残して、余っている空間だけを再利用します。その周りに2つの小学校があるので、遊び場のような住宅を作っていて、子どもたちが来ると嬉しいと思いました。

竹山　ここは何かに使うの？

石　ここはそもそもの配水池です。

竹山　そこは水が貯まっているの？

石　はい。上の一層と一番下の一層に水が貯まっています。

# 本能を呼び覚ませ！
# わくわくを引き出す幼稚園

ID17

成定 由香沙　Narisada Yukasa
明治大学 理工学部建築学科 B2

Answer 1. ArchiCAD、Rhinoceros　2. 34~5万円　3. 3~4週間　4. 色調を揃える　5. ピーターズントー　6. 日本版WIRED建築特集を読んで　7. —　8. —　9. 世界堂

都心から少し離れたところにある、子供たちの為の空間。大きなアーチの連続は彼らにとっては森林のようにも、巨大な動物の足のようにも感じられるのではないだろうか。走り回るという行為だけに留まらず、園内を探検し、自分のための場所を見つけ、時には遊具として楽しむ。3000×12000(mm)のCLT既成材からアーチをつくりだし、出来るだけ無駄のないように内壁や控え壁、家具に至るまでを作り出す。木材が全体を包み込む暖かい空間である。

## Presentation Board

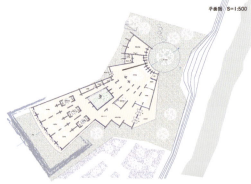

成定　この作品は東京都狛江市の野川に面した広場に幼稚園を設計するという2年後期の設計課題で、子どもたちが自分たちなりの遊び方や過ごし方をたくさん発見できるような空間を目指しました。広場自体が地域の集まりの場となっていたことから、地域に開けた広場としてシンボルツリーの周りに機能を残したまま、シンボルツリーから放射線状に軸線を伸ばしました。それに沿ったCLTの壁から既存の木々を避けるように設定した居室の合流も、円筒状に除いていくことで、森林や動物の足元をイメージしたアーチが連続する空間となっています。隣接した公園がとても広くて走り回るのに大変適している空間ということで、逆にそれ以外の行動を子どもたちがそれぞれ楽しめるように誘発できる空間というのを考えています。そこで、教室と廊下の境などをできるだけ曖昧にしていて、個人で見つけた遊びなどを1人ではなくて2人、3人、あるいは隣の教室まで範囲を拡大していけたら良いのかなというイメージで設計しています。

土居　ああいう走っている子どもが可愛いけどね。

成定　子どもたちにとって、こういう木々とか動物の足の間とか大きな建築というのがどういう風に捉えられているのかというのをイメージしたのが下の図になっています。上はそれを建築にしたときのイメージです。

土居　プランが丹下健三のゆかり文化幼稚園に似ているけどそれは関係あるの？

成定　ないです。

土居　ない？よく言われる？

成定　いえ、初めて言われました。

土居　放射状の空間ってすごい強いんだけど、それと子どもが走るというのは両立するの？子どもはこう走るの？

成定　子どもが走るという行為自体はこちらの元々ある公園のほうで想定していて、それ以外の自分のための遊びといったものをこちら側で、自分たちで考えていけるようにというのを第一として考えています。子どもたちの走る方向としては、この教室と教室の間にも壁を設けずにカーテンだけで仕切っているので、縦にも横にも走り回れるのかなと考えています。

土居　横断方向に見た方が、アーチがあんなに微妙に一直線じゃなくて、少しづつずれながら、揺らぎながら続いているというこの感じが何となく体験的に良さそうだな。だからあそこにああいう立面を描いているけど、ちょっとパースやなんかで見た感じを描くといいと思う。そうすると本当に幼稚園らしくポエジーが出てくる。向こうに違うスパンのアーチがあって、さらに違うスパンのアーチがあってという二重三重のレイヤー構造、とくにこの辺の見上げなんて結構素敵な空間が実はあるんだよね。それに対してこういう四角い枠というのが必要上できるんだけど、あまりそぐわないから。この使い方、空間の分割の仕方を工夫するといいと思うよ。

成定　今回の作品は、東京都狛江市野川に面した広場に幼稚園を設計するという2年後期の設計課題で、子どもたちが自分たちなりの遊び方や過ごし方をたくさん発見できるような空間を目指しました。広場自体が地域の集まりの場となっていたことから、地域に開けた広場としての機能はこのシンボルツリーの周りに残しています。シンボルツリーから放射線状に軸線を伸ばし、それに沿ったCLTの壁から既存の木々を残すように設定した教室のボリュームを円筒状に除いていくことで、森林や動物の足元をイメージしたアーチが連続する空間を作っています。特徴としては、教室と教室の間や廊下とか部屋と部屋の境をできるだけ曖昧にしていて、子どもたちが一人一人の遊びをそれぞれ考えていった結果、それをどんどん他の人たちにも互いに影響し合いながら、1つの教室で行っていたことが隣の教室にも及んでいきます。

藤村　教室ってここだけですか？

成定　ここだけです。

藤村　この辺は？

成定　ここは事務の空間で大人の空間になっていて、ここの奥に多目的室と言って園児たちが遊戯会を行ったりする場所があります。

藤村　幼稚園ですか？

成定　はい。

藤村　この辺は？

成定　廊下です。

藤村　何か設計せずに余ったみたい。バーッて引いて教室をはめて、この辺が設計せずに余ったみたいで、あともう少し設計できれば良かったね。ここを使い切れると良かった。それから、これがはまっているのかはまっていないのかがわからない。教室のなかで邪魔と言えば邪魔だけどね。合っていないところをもう少し変えるみたいなことをしてもいいかなという感じはしないでもないですけど。まあ2年生くらいだったら、とりあえずこれで考えたことをまとめるほうが大事かもしれないですけど、3年生、4年生になってくるともうちょっと住復できるといいですね。

# カミとカミの間

2050年の歴史、全国に散らばる熊野神社3000社の総本宮と空の旧社地大斎原。熊野本宮大社が誇る長い歴史が、この150年あまりでバラバラになってしまいました。私は敷地が抱える隔たりを糸のほつれに見立てて「つむぐ」をコンセプトにデザインを考えました。コンセプトから歴史、文化、環境、自然、災害、様々な糸をつむぐ糸車として、たくさんの黒塗りのキューブを敷地に埋め込みました。キューブはこれからの2050年に向けて苔むし風化しながら隔たりと共に環境に馴染んでいきます。

ID18

## 平見 康弘　Hirami Yasuhiro

近畿大学 産業理工学部建築・デザイン学科 B4

Answer 1. Illustrator　2. 5000円　3. 6ヶ月　4. とにかく読みやすく。　5. アレハンドロ・アラベナ　6. 大工に憧れて。　7. 意匠設計　8. 課題提出直前に女子のスッピン見えがち。　9. ドラッグストアコスモス

## Poster Session

**平見**　和歌山県の田辺市にある、熊野本宮大社という大きい鳥居のある神社の敷地を選びました。現状、昔の大水害で元々あった敷地から中身の社だけが移転して飛び出してしまっています。ここに社があったんですけど、今は飛び出して出ていってしまって、そこに小さい鳥居があり、そこの奥にあります。社と別れてしまった空の空間の間をカミとカミの間と自分の中で定義しまして、どういうふうに地区計画というか、デザインし直せるかというのを考えました。そのなかでどういう風につなげていくかということで、全国に熊野大社が3000社あるのですが、ここにあった元々の社がバーッと飛び出していくようなイメージでやっています。所々石ころみたいなキューブだけじゃなくて建築もあるのですが、ここから500年とか600年と長い歴史のなかでそれが抜け落ちていきます。

**島田**　マテリアルは何ですか？

**平見**　マテリアルはコンクリートを今は考えていて、その表面に水を吸い込むような材料を張り付けます。

**島田**　苔むしていく。

**平見**　苔むしていってどんどん風化して、そこに新しい意味が入り込んでくるような。

**島田**　コンクリートだと風化してないんじゃないの？

**平見**　表面の材料が剥がれてきます。

**島田**　痛んでくるけど失われない？

**平見**　ものすごい年月をかけてそれが消えていったり、また別の意味が入り込んで、今でいうリノベーション的な空間というか風景が生まれるんじゃないかと。

**島田**　全部で6種類の大きさがあるんですか？

**平見**　30cmのものから11mのものまで自分のなかでは同列に扱っていて、照明であったりとかその他もろもろ能舞台だったり、消えてしまったりしたものを復活させるという意味もあります。

**島田**　これは何？

**平見**　それは、観光協会があるのですが、そこの展示室みたいなものを分割して配置しているという感じです。

**島田**　何かすごく垂直方向の美が、トップライトがあってどっちかというと神社的ではないなと思ったんだけど。

**平見**　そうですね。

**島田**　いろいろな試みをしているということね。

**平見**　形としてはあまり神社を意識していなくて。

**島田**　これとこれも黒く塗っちゃうの？それとも元々黒いの？

**平見**　元々黒いんです。

**島田**　ああ、そうなんだ。

**平見**　意味が入り込むという空の部分がやっぱり神社的かなと思っていて、それをデザインし直したいという感じです。

**島田**　これは何？

**平見**　それは、この辺が宿泊ゾーンと決めていて、それの受付です。

**島田**　これだけ違うボキャブラリー？

**平見**　そうですね。何となくそういうものがあったりして、早くなくなっていったり新しく作られていったり、せめぎ合い的なところが自分はいいなと思っています。

**島田**　はい、わかりました。

## Presentation Board

熊野本宮大社

・熊野三山の一つ、熊野十二所権現・熊野権現・阿弥陀如来・薬師如来・千手観音
・神仏習合、神武東征、伊邪那岐命、伊邪那美命、天照大神、須佐之男命等、日本書紀や日本書紀の関係都宮信仰に書かれている日本神話の世界。
・巨岩信仰、山岳信仰、原始信仰、熊野信仰、日本神話の世界を巡っている平安時代の阿弥陀信仰、原始信仰からかみさびた山を巡って行ったことと自然崇拝的な信仰と。

### 文化の変化と隔たり

太古の昔から熊野の民は、「異物を受け入れ、取り込む」文化を持ち育んでいました。しかし、江戸が終わり明治に入ると、この文化に異変が起きました。受け入れ取り込む文化から、流れに身を任す習慣へと変わっていったのです。流れに身を任せ無計画な伐採と植林、炭鉱での採掘を繰り返した結果が明治22年の大水害です。最大な被害を出したこの水害は、熊野本宮大社を破壊し大斎原にあった社を、現在の高台に移転させる原因となりました。

悪習慣と水害がもたらしたのは物理的な距離だけではありません。それまで受け継がれてきた歴史や文化、各地の熊野神社とのつながり、自然と人との関係に大きな溝を作りました。

現在は水害から、上流に巨大なダムができ、大斎原に大きな堤防ができました。このことで旧社大斎原は中洲でなくなり、その形を完全に失ってしまいました。

## ■ カミとカミの間 ■
熊野本宮大社旧社地大斎原を紡ぐデザイン

カミとカミに挟まれた地 空の総本宮とばらばらの中身

和歌山県田辺市本宮町本宮、大水害や時代の変化で分離してしまった熊野本宮大社社殿と旧社地大斎原。多方面に大きな隔たりができている熊野本宮大社を先のほつれた糸に見立て、「紡ぐ」をコンセプトにほつれを一本の糸にする計画をします。

### 設計概念と手法「紡ぎ」

紡ぎを紡ぐため、まずは「受け入れ、取り込む」文化から提案の軸を考えました。異物の「受け入れ」と「取り込み」の過程では何が起きているのでしょうか?

過程があるようでない。複雑な要素が絡み合い、結果だけが残されていく。ダイアグラムのように、きっと間には何もなく、神道で言う「万物にカミを見る力」だけが働いているブラックボックスなのだと私は考えました。

ブラックボックスをそのまま、張りのキューブに置き換えます。キューブが持つ六面と、その内部空間の操作で、紡ぎを紡ぐブラックボックス化した神社の間に挿入します。このキューブ化された神社の間に挿入します。こうしてできたキューブが作りだす空間は、大きな繋ぎであったカミとカミの「間」を紡ぐデザインになります。

### キューブの紡ぎ方

神社の社の中何物もなく、あっても鏡を祀っているのみの空っぽの空間です。これは社が神の住む家ではなく、カミを見るための装置であるからです。映し出された環境にカミを見ると言うことです。

最大で一辺が11Mにもなるキューブの面が、重なる人・自然・動物・風景などの「地」となり、重なるものを鏡のように映し出します。同時にキューブは後ろの風景に穴を開けます。キューブの穴は、人・自然・動物・風景を隠してしまいます。

キューブは見え隠れする空間とともに社が持つ「カミを隠し映し出す機能」を引き継いでいきます。

配置は全国の熊野神社千四百のプロットした図をそのまま計画敷地内に投射し、総本宮と重なりを持たせ、サイズは密度から選定されていきます。密度が高まっているところは小さく、空いていれば大きくなります。

大きさのバリエーションは一辺の幅から、360㎜から11520㎜まで、6パターン。
散りばめられたキューブは間をランダムに作っていく。
（1尺の日本円周六十尺）

巨大なキューブは内部空間に紡ぐための機能を持つ。面を切り取られフレームとなったキューブは空や連なるやまなどの昼色を切り取り映し出していく。

内部空間を持つキューブはよりそこのことを人々に語りかけ歴史や景観を刷新する。建築化されたキューブ。ただ空間を持ちキューブ、時に色を持ち切り取るキューブ。様々なキューブ同士とキューブが見え隠れする景観を生みだす。そうして紡がれ、一つの景、風景となって、私が目指す、複数を繋ぐ取り込み紡ぐのデザインの完成です。

巨大な傘廊い 空間を切り取る 空を切り取る 能舞台の復原 歴史資料館 観光協会

## Poster Session

**平見** 敷地が和歌山県の本宮というところで、大きな神社があって、既存でこの鳥居と木が生えています。熊野本宮大社というのが元々あったのですが、昔の水害でなかの社が流されまして、現在はそちらの小さい鳥居のほうに入っています。だから総本山であるにも関わらず空っぽで、なぜか飛んでしまっている。そこでそこの間の空間を神と神の間としてつなぐデザインを施そうと考えました。その手法としてまず神社の後接で、神社というのはどんどん奥まっていて、ひたすら追いかけても追いかけても空っぽの何かが続いていて、そこにお賽銭を投げ込んだり願い事を投げ込んだりして神様に受けとってもらうような空間だと思っています。それがこの敷地と同じであり、田んぼしかなくて空の空間に自分は異物を投げ込んでしまおうと。そしてその異物が時間をかけて熊野本宮大社に取り込まれていき、苔むしたり欠けたり丸くなったりして、それが神の空間というデザインになるのかなと考えています。

**藤村** こっちは割と苔むしていてこっちは割とドライなんですか？

**平見** これは模型上ではグラデーションで時間の経過を表現していて、こちら側は時間が経っていて奥に行くほど新しいです。

**藤村** なるほど。これは何か機能をもっているんですか？

**平見** はい、機能ももっています。こういうものもキューブの内部で時間が経つにつれ廃墟になったりして、機能が抜けて形だけが残ってそれが空になり、それは神社と一緒ではないか、社と一緒ではないかというところまでいくというのが、自分のなかのストーリーの終着地点です。

**藤村** これは何ですか？

**平見** それは歴史資料館が今現在あるのですが、その機能を担うものとして自分がまた別に設計しました。

**藤村** このたくさんの柱は？

**平見** それは、周りがものすごい斜面の山で山岳地帯なので、斜面の表現です。結構木が生えている杉の感じを表現しました。

**藤村** じゃあキューブごとに違うボキャブラリーを当てはめていくというか…。

**平見** そうですね。それが抜け落ちていって形だけが残って、「何だったんだろうこの空間は…」みたいな。「でも空っぽだから神社っぽいよね」みたいになります。

**藤村** 意外と何かコンセプチュアルというかロマンチックというか…。

**平見** 「建築しているのか」と言われると何か言われてしまいそうですが。

**藤村** ある種の考え方が示されているというか、あまり建築は設計していないんですね。

**平見** そうですね。機能のあるキューブが唯一建築と言えるのかなと思います。ある種のデザイン放棄というか、キューブを選んでいるというところもあります。神の視点に立つのも自分は良くないなと思って、放棄したほうがいいのかなと考えました。

# 読書行為が織りなす情景

人が箱に押し詰められたような電車。人が賑やかで活気があることがかえって迷惑なカフェ。姿勢を正して読書することが強要されたような図書館。どこにおいても読書をするのが嫌になる。人の読書行為は本来もっと自由度が高いはずのものであるのに対して、現代社会のいかなる公共空間においてもそれらは制限されている。そのような居場所はないのか。無機質なニュータウンに人の読書行為の多様性に着目した読書空間を提案する。

ID19

## 二田水 宏次　Nitamizu Kouji

九州大学 工学部建築学科 B4

**Answer** 1. AutoCAD、Illustrator、Photoshop、Lightroom、Rhinoceros 2. 8万円(模型材料7万円+輸送費1万円) 3. 1ヶ月半 4. pinterestで好みのレイアウトをひたすら探す 5. 威光院(竹山聖) 6. 消去法 7. 未定 8. 深夜テンションズハイ、学校に誰かいるという安心感、仮眠という名の熟睡 9. 東急ハンズ、山本文房堂、レモン画翠

Poster Session

**二田水** 北九州市八幡西区の永犬丸というニュータウンに、人の読書のための空間を作ろうと思い、この卒業設計を行いました。人の読書の行為というのがすごい多様性があるなととても感じていて、そのなかで今の読者のための空間、簡単に言ったら書店だったり図書館だったりというのが、計画だったり家具といったものが人の行為を制限しているなと強く感じていました。そうしたものを払拭するための空間を作ってみたいと思って卒業設計を行いました。今は暗くなっているのですが、光の入り方などは断面を意識して操作して、光の落ち方だったりそういったものをなるべく意識して形態操作を行っています。細かい壁面は基本寸法を設定してそれらを組み合わせたり、壁の幅員だけは自由にしていてそれらを組み合わせたり、斜めに回転させたりすることでそういった空間に、個人のための空間を作ったり、集合的に読書を行えるための空間を設計しようと考えました。

**竹山** 構造的にはこれはどうなっているの？何で支えているの？

**二田水** 主にこちら側の外壁は、外壁のRCでスラブを埋め込んでいます。

**竹山** 水平力だよね。めちゃくちゃ重たいでしょ本って。柱はないの？

**二田水** 柱というか、壁面書架をなるべくそういうところに使っていこうかなと思っています。

**竹山** ここはかろうじてつながっている感じだけど、あとはつながってないよね。それだと構造的には全く効かないよね。

**二田水** うーん…。

**竹山** 考えてないなら考えてないって言ってくれた方がスッキリするわけ。構造はどうなっているの？あなた4回生だよね。3回生以下だったらうるさく言わないんだけど。

**二田水** その点は甘く見過ぎたかなと思います。

**竹山** 何かこう周りで全部水平力を取り切れるんだったら、ちょっとこれデコボコしてるから怪しいけど、本当に細い柱がいくつかあるだけで大丈夫なんだよ。そうでなければなかでV字の柱を作って、これは斜めにしているから、V字の柱をX軸Y軸と同じ方向に同じ傾きで作っておいて、そこに絡めてこれを作ればまあまあ効くんだよね。だからそういうことも合わせてデザインのヒントにしないと。何かインテリアの設計みたいじゃない。外をデコボコしたかったんでスラブを付けて、適当に穴を開けました。それで壁を作りましたってそれはインテリアだよ。建築じゃない。これだけ面白い形を作れるのに、そういうのはもったいないよね。やっぱり構造的に考えたほうがいいですよ。

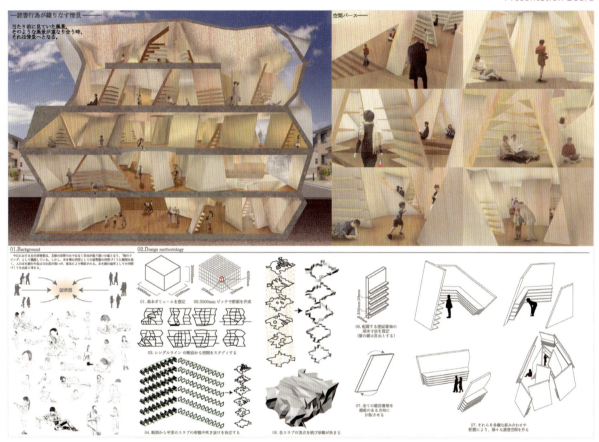

二田水　北九州市の八幡西区の永犬丸という地区に、人の読書という行為のための空間を作ろうと思って今回の設計を行いました。設計のイントロの問題意識として、人の読書というのは多種多様でとても自由度の高いものであるとこちらのイラストから感じていました。それに対して今の公共建築、例えば図書館だったり書店というものがすごく家具とかで制限されていると強く感じて、今回そういう為の空間を作ろうと思い設計しました。基本的にボリュームを設定して、それを2,500ピッチの細かいスケールで簡単な方眼紙のようなものを設計して、これらをその方眼紙に則ってシングルラインの斜めの線だったり、光の入り方だったりをスタディを行ってそれらを連結させてこの形を作りました。中央の部分が割と端に比べて広げているのに対して、端のほうは割と細かい個人の為の空間だったりそういったものの設計を行いました。

藤村　下も真っ暗だけど、イメージとしては割とこういう感じなんですか？

二田水　いちおう光はちゃんと落とすようにしていて、光の落とす位置なんかも割と自分なりにイメージして設定を行っています。正直、ライトとかが上手く挿入できていないので結構暗くなってしまったというのが、模型表現で上手くいかなかった点です。

藤村　奥行きがあるから模型の感じだと結構真っ暗だね。自分のイメージとしてはもっとパラパラと光が入っていく感じなの？

二田水　照明とかは必要最低限は入れているのですが…。

藤村　断面を見ていると結構スラブが強いね。

二田水　そうですね。スラブは1つ軸として各フロアというか、それぞれの基準線みたいなものを設定したくて水平に設計を行いました。

藤村　いろいろな行為が行われるとしたらもう少し床が遊ぶというか、段差があったりするから、もう少し表現されても良かったなと思いますね。その辺が気になるけど意図はわかりましたけど。具体的にはこの辺？もう少し図面に出しても良かったかな。

# 街路ネットワークを活かした塀と蔵とアートによる木密エリア再編の提案

ID20

福井 靖範　Fukui Yasunori

近畿大学 建築学部建築学科 B4

Answer 1. Rhinoceros、Illustrator、Photoshop　2. 15万円　3. 半年　4. リサーチから設計のストーリー　5. 田根剛、o+h、藤野高志　6. 楽しそうだったから　7. 組織設計事務所に就職　8. コンビニ商品に詳しくなる　9. KAWACHI

計画敷地は大阪市海老江という町である。海老江の街路は同じスケールで連続しており、人が明確に街路の中で滞在できる空間を持たない。しかし、この町の道は蛇行した道が複数あったり、辻で道と道がズレているなど特徴的で複雑な都市構造をしている。そこで、道の構造と道に面する建物に着目しリサーチを行った。そのリサーチから木密エリア独自の街路にたたずめる線的な広がりを与える設計手法を提示する。

## Presentation Board

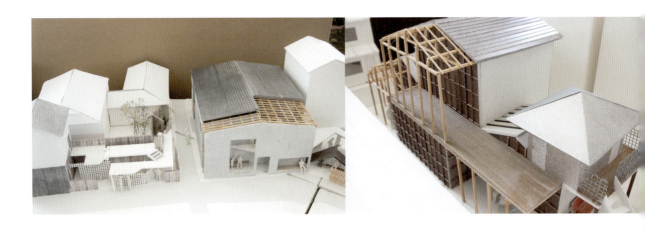

福井　大阪市福島区の海老江という街を対象に設計を行いました。海老江の街路は同じスケールで連続しており、人が明確に街路の中に滞在することができません。しかし、この街は複雑な都市構造をしていて、とても特徴的でした。そこで道の構造と道に面する建物に着目してリサーチを行い、それを元に、木密エリアならではの街路に線的なポケットパークのようなものを提案しました。街歩きから、塀や開口がない壁面にこの庭地の中でたたずめるポテンシャルがあるんじゃないかと感じました。従来の木密エリアというのは街路に対して生活感が溢れ出していて、私的性があってどこか緊張感があるのですが、塀があることによって住居内からの干渉もなく、公共性が高い道が保たれていると感じたので、海老江4丁目の道に面する建物の連続立面図を全て作成しました。このパネルなんですが、アーカイブを行いここから街の中にあるポテンシャルを見つけ出しました。そして蔵と塀を主に基点として計画を行いました。塀をオフセットしたりすることによってポケットパークを作り、今回計画していない塀などにも、そういった滞在できるという認識が連続できると考えています。

光嶋　この木造の躯体を露出しているのは、新築で足しているのか、減築で減らしているの?

福井　減築で減らしています。

光嶋　じゃあ素材、仕上げを剥がした状態で露出させているのはなぜ?

福井　この模型で説明すると、本来ここには塀があって、ここからは溢れ出しが起きているのですが、この道は全然使われていない場所だったので、メインのファサードから開口や溢れ出しをなくそうという計画です。この空き家になっているところを抜いて、そこに対してこの出入り口の玄関などを持ってきて、この抜けに対して溢れ出しを作ることによって、公共性が高い道を取り戻すことができると考えたので、こういった素材を剥がしたりという操作をしています。

光嶋　仕上げは構造体を守っている訳よね?その仕上げを剥がしたら構造体は死に近づく、つまり腐ってなくっちゃうよね?じゃあなんで全部くさずに構造体だけを露出させたんだろう。それが無自覚であれば大問題。これって都市的なことだから、やっぱり時間を考えて欲しくて、元々あったこの建築たちにより多くの人が来て長生きしてもらいたいのか、もうぼろぼろで建て替えなきゃいけないんだけど徐々に建て替えるのか、減築だったらこの先はどうなるのか。これはこの建築を死に近づけているんだよ。骨を露出させちゃったんだから。じゃあ切断してあげたほうが良かったんじゃないのかとか、これを鉄骨で作れば、取ったものをまた鉄で補ってあげると構造的にも強くなったり、意味をもってくる。だから表層的な提案に止まっちゃっている。あなたのデザインが、防災的に木密が持っている弱点をより良くしてくれればいいんだけど。空間的には良さそうなんだけど、それが防災とか構造的な強度とか、時間においてちょっと弱い気がして、それも解けていたらいいんじゃないかな。

福井　設計敷地は大阪市福島区の海老江という街を選定しました。提案です。海老江の街路は同じスケールで連続しており、人が明確に街路のなかに滞在できる空間をもちません。しかし、海老江4丁目の道は蛇行したりと大変特徴的で複雑な都市構造をしています。そこで道の構造と道に面する建物に着目し、リサーチを行いました。そのリサーチから木密エリア独自の街路に佇めるような、線的なポケットパークの提案を行いました。この街の佇めるポテンシャルとして、街歩きから塀や開口のない面が多く道に面していると感じたので、そういったところが住居のなかからの干渉を受けずにすごくポテンシャルがあるのではないかと感じました。そこで海老江4丁目の道に面する建物を、全て立面図を作成しアーカイブしたものがこちらです。このオレンジにマスクをかけているものが開口がないところなんですが、そこからポテンシャルポイントを見つけ出し、蔵と塀を起点に塀のオフセットをすることによってポケットパークの提案を行いました。

土居　街って住宅が整然と並んでいるだけじゃなくて、まさに蔵みたいに人は通さないけれど、でもあったほうがいいものがあるわけだよね。塀もそうだよね。それで結局君がこれをやる目的はどうしたいんだっけ?

福井　高齢化が進んで、外に出ていく高齢者の方がどんどん少なくなってきているなか、でも買い物に行ったり病院に行ったりとか、どうしても出ないといけないときに街路のなかにこういった溜まりの場というものがあれば、街の見え方も変わってくるのではないかと…。

土居　だからね、そこで人がなぜ溜まらなければいけないんだろう?歩いて目的地までサッと行ければいいじゃないかと思うんだけど。それはどう?人が住む住宅ってそんなに開放的じゃない。当たり前だよね。私生活を囲むわけだから、別に開放的でなければいけない理由なんて何もない。むしろ閉鎖的に立てこもっていたいから住宅を持つわけ。一方で例えば、蔵を建てるというのはやっぱりステータスだから。そして蔵の「財産をもつ」という機能が終わったときに、財産は銀行に預ければいいわけだよね。蔵が機能が変わったときに別の機能をもって、街に対して開くということもあり得るかもしれない。そういう可能性が少しはあるような気はするけど、君が考えている開放性というのはなんだろう?

福井　開放性ではないのですが、この都市のなかに家ではない居場所みたいなものがあると、街に対する愛着というものも変わってくるのではないかと感じています。

土居　家とは別の場所というと、一時期は喫茶店であったり、イギリスだとパブだったりがあって、そういう角打ちみたいに立ったままちょっと一杯ひっかけるようなところが庶民的な街にはあったりするけど、どういう形で、何のために人は集まるわけ?

福井　集まるというよりは、ふとしたときに寄る場所であって欲しくて、ここで例えばカフェが開かれているとかそういったわけではないんですよ。

土居　その「ふとしたときに」がわからないんだよ。「ふとしたときに」人が集まったらいいとは思うけど、なかなかそうは日常生活のなかで「ふとしたとき」は来ない。だから、簡単な酒飲み場というのはそういうときにあるわけで、例えば共同井戸の周りで四方山話をするのは「ふとしたとき」だし。生活のなかの「ふとしたとき」というのは何かというのを本当に考えたほうがいいと思うね。でも模型とかは結構いいから、造形力があるから、きちんと鍛錬を積めばいい建築家になると思う。

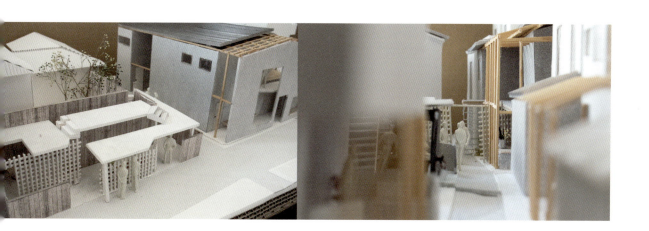

# 瀬戸内の窓辺

土地の懐かしさはどこからくるのか。人は、その土地のたくさんの風景を体験し蓄積した時、その土地らしさ、懐かしさに気づくのではないだろうか。私の地元である、瀬戸内には美しい風景がある。変わりゆく風景は訪れる多くの人を魅了している。しかし、街の中にある流れ行く風景は訪れた人の中に残りづらいものになっているように感じる。窓辺により瀬戸内の風景を具体化し、瀬戸内をより知るための建築の提案である。

ID21

## 清水 史子　Shimizu Fumiko

九州産業大学 工学部住居・インテリア設計学科 B4

**Answer 1.** Vetorworks、Illustrator、Photoshop、Jw-cad　**2.** 10万円　**3.** 1ヶ月　**4.** わかりやすさ　**5.** Peter Zumthor　**6.** テレビ　**7.** 建築家　**8.** 徹夜　**9.** MARUZEN

**Presentation Board**

清水　私はある窓辺に出会いました。それはヨーロッパを旅していたときに出会った窓辺です。

光嶋　これはあなたが撮った写真？

清水　そうです。この窓辺に座ったとき、ベネチアの街というのをものすごく感じられたんです。それはこの窓があることによって、窓辺がフィルターとなってベネチアという街をより感じれたのだと思い、それを軸としてフィルターとしての建築を考えています。敷地としては瀬戸内で、自分は愛媛県出身なんですけど、ベネチアでの窓辺の体験を展開させることによって、瀬戸内をより体験しやすくするというのをやっています。サイクリストの人を体験者として仮定していて、特徴としては、さっきの窓はガラスがなく空気をつなぐというのが一番大切だと思うので、開口をたくさん開けているのですが、全てにおいてガラスをなくして、瀬戸内を直接体験者に伝えるということをプログラムの1つとしています。もう1つの特徴としては、サーベイから防波堤をデザインソースとして導き出して、瀬戸内海に対してその防波堤が必ず接していて、それを建築の形の要素として作ることです。

光嶋　どこにあるの？防波堤は。

清水　この形ですね。ここを防波堤の外壁として使っていて、防波堤が瀬戸内をトリミングしているんです。それによってその開口を開けると、防波堤が瀬戸内をトリミングしたように、建築が瀬戸内というものに対して風景を見せることができると思っていて、2つの要素を特徴としてやっています。

光嶋　言い方を変えただけじゃない？結局トリミングされているのは瀬戸内でしょ？

清水　そうです。

光嶋　防波堤だろうが建築だろうが同じことを言ってるよね？何年生？

清水　4年生です。

光嶋　4年生か。ベネチアの話から始まって、トリミングだけ？

清水　トリミングです。これが街と自分をつなぐもので…。

光嶋　うん、つないでいるのは窓がすごい重要なんだけど、大事なのは見てる先のものでしょ？

清水　はい。

光嶋　見てる先と何をつないでいるの？

清水　体験者。

光嶋　あなた自身だよ。ここにいる人たち。この人たちとつなげている対象がなぜ作られていないの？これはすごく足りないよね。これは何を作ろうとしているんだろう。ここに込められている情報とかその感動体験を与えるポテンシャルの強さはここにはないの？何にも愛情がないし、防波堤と言ってもどこにあるの？実際防波堤があって、じゃあなぜその防波堤をこれにしなかったの？なぜこれが一緒のレベルなの？レベルをずらさないとこんなの見えないよね？この海に対して、ここから見えるんだったらうここからは見えないし、そうしたらずらせばいいんじゃないの？どんどん持ち上げて防波堤を。

清水　はい、ずらしています。

光嶋　ずらしてないじゃん。これはフラットじゃない。

清水　屋根はフラットですけど、床のレベルを変えることによって高さも変えているんです。

光嶋　でもこの床のレベルを変えたってもう見えなくなっちゃうじゃん。下がったとしても。向こうを上げないと。

清水　はい、それは開口を開けることによって、ここからだと重なりを、高さを変えたことと、窓を通して違う風景を見せているという感じになりますね。

光嶋　ズントーが好きなんだったらもうちょっと勉強をしないと。ズントーの建築がすごいのは、置かれている場所との対話が生まれているから。これは対話を生み出す努力が足りなくて、すごく無機質。そこはやっぱり無意識だと厳しい。

清水　自分はある窓辺の体験から今回の卒業設計を持ってきたのですが、それはベネチアでの窓辺の体験でして、自分のなかに流れ込むような体験がありました。窓辺という枠があることによって、フィルターを介して見るからこそ流れ込んできたという風に自分は解釈して、このフィルターとしての窓枠というものを建築でやったら、それは街と人をつなぐきっかけになるのではないかと思い、今回卒業設計を始めました。

土居　うん、気づきとしてはいいね。

清水　ありがとうございます。自分は愛媛県出身でして、その窓辺の体験を瀬戸内という景色の美しい場所で展開させます。サイクリストの人がここに来ていて、岩城島という島を敷地としています。しまなみ海道からは外れているところで、船でしか行けないんですよ。だから船に乗る30分といった余白時間ができます。その余白時間に体を休める温浴施設という設定と、瀬戸内を知るための窓辺の体験というものをプログラムとして挿入しました。自分がやったことは主に2つで、1つ目は空気をつなげるということです。ガラスがあると景色は見えるんですけど体験はできません。だから開口は開けるけど、ガラスは入れないです。そしてもう1つは防波堤をデザインソースとして建築に取り入れています。これが自分が発見した風景、瀬戸内の風景なのですが、防波堤によって瀬戸内が切り取られて見えます。これが瀬戸内における風景の見せ方だと思い、外壁を防波堤のデザインソースで作っているんですけど、その外壁に開口を開けたら、それは瀬戸内における風景にリンクするのではないかと思い、それを窓辺と定義して建築を作っていきました。

土居　うん、面白いと思うけどね。瀬戸内の風景が何たるかはさすがによくわかっているんだけど、個人的な好みだけどやっぱり堤防はコンクリートのブロックだし、必要だからやっているだけで、あんなものは別に美しいと思っているわけでもないよね。だからそれで切り取られなければいけないと思うと、少し切ない感じがする。しかも模型で座っている人は、向かいの壁を見ているだけで海を見ているわけではないよね。

清水　これはレモン畑と石鎚山、美観、瀬戸内という4つの要素に囲まれています。それに対しての開口なので、こちらの人は中庭を通してレモン畑を見ていたりという、それぞれの方向性があるようにはなっています。

土居　いや、僕はいいと思うんだよ。360度の景観というのはなかなかなくて、何らかの形で切り取られないと景観にならないわけだよね。そういう意味で上手く額縁を作ることは非常にいいんだけど、それが防波堤と防波堤の隙間だけなのかなとか、そのときにベネチアで見た良いものが何となく萎んでいるような気がするんだけど、そう思わない？

清水　ベネチアの窓辺は、すごいパースペクティブな感じになって1点集中なのに対して、防波堤というのは水平ライン、レイヤーなんですよ。だから瀬戸内はそのレイヤー上の薄い奥行きに対して、防波堤は横に…。

土居　むしろ、そうするとここの内側を上手くやればすごい良くならないかな。

清水　内側ですか？

土居　堤防の見える側。内側をそういう風にすればいいんじゃないかな。水平線の高さが目線の高さでしょ？

清水　はい、そうですね。

土居　そうすると君が写真を撮ったときは大体この高さにいるわけだよね？目の高さが。だからちょっと高くすれば水面が出てくる、低くすれば水面が隠れる。ほんの2、30㎝で全然違ったものになる。そういうことを何か操作できないかなと思って。1つの性質のなかで、上から見ると広がりがあって、少し1m下がればこれに似た景色になっているとか。それって体験すると結構驚きがあるような気がするんだけどね。

清水　そうですね。

土居　いい写真だけど、いろいろと視点を変えてみて、見え方のリサーチもやってみたら良かったんだけどね。

清水　1つ開けるだけではなくて。

土居　だから、そのためのこの建築かと言われると、ちょっと僕は違うような気がする。
でもね、君は割と喋り方が爽やかで、とてもスッキリとしているから、仕事で生きていけるような気がするね。

# 生活の痕跡

人はだらしない。自分の生活や環境を整えるために建築のデザインを更新し、物をひろげる。でもその場所はだらしないようで、生き方や暮らしぶりが溢れ、整えられていてカッコいい。同じような街並み、住宅街。住み手のリアルな人生観で形作られる住処は、均質化していく街並みの中で新たに"個の場所性"として定義される。だらしなさは、わたしらしさ。わたしの、誰かの、だらしなくカッコいい場所。

ID22

## 戸上 夏希　Togami Natsuki

九州産業大学 工学部建築学科 B4

**Answer** 1. Illustrator、Photoshop、Vectorworks　2. 3万円　3. 1年　4. 手書きのスケッチ　5. 島田陽(建築家)・西澤俊理(建築家)　6. ドラマで見た現場監督に憧れて　7. 建築家　8. 製図室がやたらだらしない　9. 丸善

## Presentation Board

戸上　私は人はだらしないと思っています。その理由が、例えば張り紙だとか、使いやすいようにモノを広げていったりだとか、建築的な美しい空間性といったものが失われてしまうかもしれないのですが、そういうところにすごく人間らしさを感じています。自分が活き活きとしていると思うだらしなさをヒントに、建築を作っていけないかと思いサーベイをしました。サーベイをしていくなかで、こういう風に人々が規格とルールを超えて、自分たちで暮らしの場を作っていっていることを表出現象として扱っていて、これが動線の幅と関係があるということに気づきました。こういう風に活き活きとしている空間は、600という人が最低限通れる幅を残しながら空間が構成されていて、幅が人がより扱いやすくなるようなスケールに近づくにつれ、どんどんこういう場が作られているということに気づきました。これを使って渦巻のユニットを作ったのですが、これでどんどん渦を巻きながらフレームを巻いていくことで集合住宅を作りました。その幅が例えば、1つだけ出てきたりすることで幅の変化が生まれて、こういう使われ方を受け入れるような建築を目指しました。

土居　割と論理構築能力があって、全体的に1つのストーリーを作る能力があるという風に見たけど、全部はつながっていないような気もするんだよね。60cmからこう広がるにつれて変わっていくというのが1番面白かったけれども、そこから渦巻は全然別の論理だし、これがあるから渦巻にならなければいけない理由はないし、渦巻は非常に唐突だよね。それと何となくこの形が、渦巻に見ようと思ったら見えるけど、渦巻なのかなという気がする。なぜこんなグリッドで？

戸上　グリッドに収まらないと思っていて、それを取り巻くようにという基準で渦巻を考えています。

土居　だから作り過ぎているというか、いい発見をしているんだから、こういうところは強調して残るようなことでいいと思うんだよね。僕は結構こういう表現が好きなんだよね、人間の生活がだらしないとかね。そういうベタなところから始めるのはすごくいいと思う。事前に資料を読んだときに1番面白かったのはだらしないという発想のところ。人間はだらしないという、そこから気づきはあるはずだけど、ちょっとそれに対して強引すぎるんだよね。せっかく人間が誰でももっている普遍的なものをきちんと見抜く力がありながら、建築をやり始めた途端にすごい剛腕を発揮する。もう少し整理したほうがいいと思うんだけどね。

光嶋　ここに壁があるの？

戸上　これは壁だったり立ち上がりだったり全部支えていて、それをぐるぐる渦を巻きながら全体を巻いていくように集合住宅を作りました。こうすることで自分の家の中の土間や玄関先で、こういう共有の路地空間という地続きの関係を作ったり、フレームとのズレを作ることでその人たちの生活が入った時に、このユニットが変形していくことを目指して設計しました。

光嶋　ピンクと白はそれぞれ何なの？

戸上　例えば、二重に巻くことでピンクに機能が入ったらこっちがプライベートになって、ここに機能が入ったらこう開かれていく…。

光嶋　ん？全然わからない。

戸上　例えばですけど、このピンクのところに水回りとか動かせないコアの部分が入っていて、その機能で壁を作ることでこうプライバシーを直接ぶつけるんじゃなくて、そういう幅を認識させることによってものだったりこういうレイヤーの使い方というのでその人たちの…。

光嶋　じゃあピンクが機能だとしたら白は何？

戸上　白は動線です。

光嶋　それはつまらないよね。小嶋一浩さんの「黒と白」は知ってる？ルイス・カーンのサーブドスペースとサーバントスペースは知ってる？

戸上　はい。

光嶋　それを知っててなぜこんな曖昧なことが言える訳？

戸上　これは動線でこれは機能と全てを決めてやるのではなくて、それを全部固定して巻いているのではなく、交互に入れ替えたりしながら組み替えてやっています。この形で規定してるんじゃなくて、これを応用にしています。

光嶋　応用するそもそもが全然論理的じゃないのに、それを応用したら余計訳がわからなくなって自分でも全然説明できていない。それが魅力的な空間であっても、だらしないままじゃん。あなたの手法が既にだらしなくて、コンセプトはだらしなくてもいいけど、その手法がだらしなかったら人に伝わらないし、伝えられない。言葉で伝えられないものは、「なんかいいでしょ」っていうのと変わらないよね。「なんかいいでしょ」では議論にならない。過去の建築家の先生たちが考えてきた機能と動線をもっと勉強して、その中であなたなりの可能性を少し足して、結果的に「だらしない空間は実はいい空間なんだね」と思える可能性を考えないと。論理のところが曖昧だったら過去の議論を上回ることはないので、それは考えてください。

# 海女島
― 荒布栽培から始まるこれからの海女文化 ―

約三千年の歴史を持ち、素潜りで漁をする海女は独自の文化を持ちながら海と共に生き、志摩半島の沿岸地域においてなくてはならない存在である。そんな海女が今、水産資源の減少から生じる収入の減少、継承者不足などの問題を抱え、海女文化と共に消滅の危機にある。本計画は、藻場の形成、鮑の中間育成を始まりとし、海中生物のスケールから組み上げられた構造体を海中環境の関係性の中に組み込むことで持続可能な海女文化の構築を図るものである。

ID24

## 坂井 健太郎　Sakai Kentaro
島根大学 総合理工学部建築・生産設計工学科 B4

Answer 1. SketchUp、Illustrator、Photoshop、AutoCAD　2. 5万円くらい　3. 1週間程度　4. 配色を気にする　5. 安藤忠雄・地中美術館　6. 某スーパーゼネコンのCMをみて　7. 設計する職　8. 現実世界においてもCtrl+Zを求めてしまう　9. レモン画翠、スーパーホームセンターいない(春日店)、コーナン東出雲店

Poster Session

坂井　海女さんは3000年の歴史をもっていて独自の文化とともに海と生きているのですが、そんな海女さんが海女文化とともに消滅の危機にあるので、新しい海女文化を構築することで海女を救おうという設計です。海女さんはアワビの漁獲高の減少や海女人口の減少、高齢化という問題をもっていて、それらはアラメというアワビの主食である海藻の減少が引き金となって、収入減少とかを引き起こして、海女の消滅まで進んでいます。計画対象地は三重県鳥羽市国崎町で、なぜ国崎町かというと海女の発祥地だからです。配置計画は国崎漁港の付近の、海底5mのラインに帯状に計画しています。この架構は海女のお守りであるドーマンという格子状の印があるのですが、魔除けの印でして、それを構成要素にしています。

藤村　どれがドーマン？

坂井　これがドーマンで、これからインスピレーションを受けて組んでいて、セーマンという星型の印もあるのですが、それはソフト面の計画に使っています。

藤村　何が違うの？

坂井　これはアラメの栽培と観光海女小屋と海底建築で、こっちはアワビの中間育成も行っているのですが、それの風景を再現しています。

藤村　なるほど。ここは何？

坂井　これは海中生物の住処になっていて、海中生物の住処を連続させることによって、海女の足場や共有する場所になったり、海女体験などをする場所になったりして、小屋が組み上がっていくという仕組みになっています。

藤村　これは木造？

坂井　木造です。

藤村　木造だと海のなかに入れたら腐ってしまうよね？

坂井　腐るかどうか調べたら、海中にあることでより木材が締まって水分が飛んで、より強固に組まれていくという説明があって、腐らないそうです。

藤村　そうなんだ。

坂井　はい。そういう想定で作っています。

藤村　なぜ木造なの？

坂井　三重県に尾鷲ヒノキという県産材がありまして、それをたくさん使いたいというのと、二酸化炭素の固定もしたくて木造を選びました。

藤村　木造にする人多いよね。構造的にはすごい不安定な形に見えるんだけど、どうやって安定させるんですか？

坂井　ここを杭で刺していて…。

藤村　いや、1個1個ポイントで安定してたとしても、ここは左右に必要ですよね。構造的に例えば、こっち方向にはこうなっているけど、こっち方向がバタンと倒れてしまうような構造になっている。

坂井　こっち方向は構造でもつのですが、上はそうですね。

藤村　こっち側はアーチになっているけど、こっち側は何もないから、こっち側にバタンと倒れてしまうのではないかと思って。その辺がもう少しリアリティーがあるといいんだけどね。イメージはわかりました。

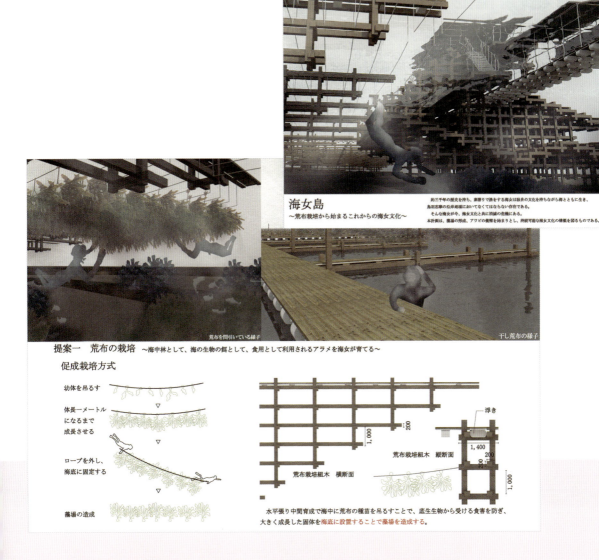

海女島
〜荒布栽培から始まるこれからの海女文化〜

約三千年の歴史を持ち、素潜りで漁をする海女は独自の文化を持ちながら海とともに生き、鳥羽志摩の沿岸地域においてなくてはならない存在である。
そんな海女が今、海女文化と共に消滅の危機にある。
本計画は、藻場の形成、アワビの養殖を始まりとし、持続可能な海女文化の構築を図るものである。

荒布を間引いている様子　　　　干し荒布の様子

提案一　荒布の栽培　〜海中林として、海の生物の餌として、食用として利用されるアラメを海女が育てる〜

促成栽培方式

幼体を吊るす
体長一メートルになるまで成長させる
ロープを外し、海底に固定する
藻場の造成

荒布栽培組木　横断面　　荒布栽培組木　縦断面

水平張り中間育成で海中に荒布の種苗を吊るすことで、底生生物から受ける食害を防ぎ、大きく成長した固体を海底に設置することで藻場を造成する。

坂井　海女さんの歴史は古くて、素潜りや漁をすることは日本だけの文化なのですが、その海女さんが消滅の危機にあるため、新しい海女文化を構築することがこの卒業設計の目的です。海女の諸問題には漁業高の減少や、高齢化などがあるのですが、それを解決するために荒布の栽培から始まりとする設計です。まず敷地は、三重県鳥羽市の国崎町の漁港付近です。デザインソースとしては海女のお守りであるドーマンの要素を取り入れまして、海女小屋で使われている木材や単管パイプ、トタンをメインに使用して作っています。ここは荒布の栽培風景で、荒布を栽培してここに植えたりすることで海中生物を増やします。架構は栽培するとともに海女が漁の訓練をする場所にもなります。こちらはアワビを中間育成する場所にしています。

島田　これは？

坂井　海中生物の住処兼海女が潜りを練習する場所、さらに観光海女体験をすることを兼ねている構造体で、海女小屋を支えています。

島田　これは？

坂井　これは観光海女小屋で、ここで体験して獲った漁獲物を、海女さんと観光客がおしゃべりしながら食べるという空間を作りました。

島田　このスレートみたいなものは何ですか？

坂井　これは海中生物や海藻が引っ付きやすいように波型スレートを設けて、この表面積を増やして住処にしています。

島田　こっちで荒布は作らないの？

坂井　ここで荒布を作って荒布を植えたり、人が食べたり、アワビの餌にしたりしています。

島田　こっちは本格的な海女さんの漁であったり、こっちは海女体験コーナー？

坂井　海女訓練施設と海中生物の住処を兼ねた構造体です。

島田　これとこれとの関係は？あ、ここがつながっているのか。全体の図面はない？

坂井　小さいのですがこれです。

島田　たくさん並んでいるんだね。

坂井　アワビの種苗を5千匹育てることができて、藻板を造成できる大きさを考えるとこれくらいの規模になります。全長は400mくらいあります。

島田　このスイマーはダイアグラムに利用しているだけで、別にどこかにあるわけではない？

坂井　スイマーはソフト面の計画だけで用いました。

島田　これが単一方向の構造で、こちらにないのはなぜですか？

坂井　それは、波がこう来るんですけど、そのほうが荒布が動くので。

# ハレとケの可視化
# 人生二度目のブライダル

今回の対象敷地である旧越家住宅という民家を再生するにあたって、集合住宅に付加する用途として「ブライダル」を提案する。これは少子高齢化が進んでいる中、日々多忙で何かを忘れかけている若者が、恋人と出会い、仕事先で式を挙げた後、故郷である須坂市に戻り、親戚や家族、身内間だけでの「人生二度目のブライダル」を挙げることで忘れかけていた何かを思い出す。この様に「ブライダル」という媒体で忘れかけてしまったものや家族の繋がりを今回の対象敷地である「旧越家」にて再生する。

## ID25
### 正治 佑貴　Shoji Yuki
信州大学 工学部建築学科 B3

Answer 1. Illustrator, Photoshop　2. 8万円　3. 3ヶ月　4. 図面は基本的にすべて手書きで行った点。　5. ジェイン・ジェイコブズ　6. 父親が建築科だったため　7. 設備設計を行いたい。　8. 古着着がち。　9. お茶の水、レモン画翠

**Poster Session**

光嶋　あれは誰なの？建築家なの？

正治　あれは僕の姉です。今回のテーマがブライダルということで、ちょうど姉が地元で結婚相手と出会って式を挙げるというので、今回の課題と相まって、地元で2度目のブライダルができたらいいんじゃないかと思いました

光嶋　2度目？離婚しちゃうってこと？

正治　いえ、そうではないです。1度目は仕事先の会社とかそちら側で挙げた後に、2度目に身内間で挙げようということです。

光嶋　それがテーマで「ハレとケの可視化」なのね。

正治　はい。対象敷地が長野県の須坂市です。旧古式住宅という住宅を再生するという課題でして、現在旧古式住宅は一般開放されているのですが、ほとんど使われておらず、そこで集合住宅を提案するのにプラスアルファとして、街に開けた要素としてブライダルを提案しました。長野県でも少子高齢化が進んでいて、若者が都会に出てしまうと思うのですが、その流れを緩やかにすることができるんじゃないかと思って、緩やかにする媒体としてブライダルを提案しました。

光嶋　実際に何をやったの？

正治　実際まず移築と減築を最初にしました。

光嶋　どこを移築して、どこを減築したの？

正治　ここにあった北土蔵を南に移築しました。その後に、北に大きな庭があったので集合住宅の空間としてL字に集合住宅の空間を増築しました。

光嶋　それは何で？

正治　10人住むという構成なので、その面積を…。

光嶋　条件を満たしただけ？

正治　条件を満たすというのもありますが、新いものと古いものを統合とか、古いものを強調させかったので、旧古式住宅の核となる座敷を強調させるためにL字のゾーニングを行いました。あと、新しいものとしてL字の鉄筋コンクリートの壁を付けることで、新しいもので古いものを際立たせました。

光嶋　構造的な役割は果たしているの？

正治　はい。今柱が通っているところを抜いて壁にして、梁と桁だけ通るようにしました。

光嶋　そこをRCにしたの？

正治　はい。

光嶋　断面図はどこ？これは卒計？

正治　いえ、違います。3年です。

光嶋　やっぱり卒計じゃないから難しいね。「10人のための集合住宅を作りました」ということに何の必然性もないから。単なる課題の設定だからよ。卒計というのは課題がなくて自分で考えるけど、課題の要件ですって言われちゃうとそれは弱いよね。

正治　対象敷地が長野県須坂市の旧古式住宅という場所で、その古式住宅は昔は住宅として使われていたのですが、今は街に開いた場所として使われています。今回の課題がこの古式住宅を集合住宅に再生するというもので、プラスアルファとして街に開けた用途を付加するということで、ブライダルを街に付加させようと思いました。長野県全体でも少子高齢化が進んでいて、多くの若者が田舎を出て都会に行ってしまうと思うのですが、そこで恋人と出会って結婚したあとに、身内間だけでの人生2度目のブライダルを行えれば、古い建物を未来に引き継げると考えました。

土居　2度目のブライダルってちょっと意味がわからなかったけれど、要するに再婚するということ?

正治　いえ、そうではなくて、若者が故郷の須坂を出て都会に行って、仕事先で出会った女性や男性と結婚して1回結婚式を挙げたあとに、日々多忙で忘れかけている何かを思い出すために、こういう古民家でこじんまりとした二度目のブライダルをということです。

土居　それは銀婚式とかでいいんじゃない。だってそういうことじゃないの?

正治　それはそうですが…。

土居　そうか、ポエジーだね。別に再婚でも再々婚でもいいと思うけど、なぜそうでないの?

正治　都会に出るとやっぱり何か大切なものを忘れがちになると…。

土居　そうかな?大切なものって何だろう?

正治　家族とか身内とか、そういう暖かみみたいなものをもう一度再確認するために。

土居　君は信州大学だけど、そんなに田舎じゃないよね?

正治　いえ、長野駅から結構離れている場所なんです、この対象敷地は。街の方もここは観光地ではないと言っていました。

土居　だからそれは君の人生観みたいな話だな。例え30歳で結婚したあともそれからの付き合いは長いから。そこで人間は何かしなければいけない。何かイベントで変わるのではなくて、個人個人が次のステージに行くという、そういう自分自身が変わっていく、あるいはもう少し上の価値を求めて磨くものがないといけない。そうするとやはり相手に認めてもらうみたいな、謙虚な立場が必要なんだけどね。でも別に離婚して再婚してもいいと思うけどね。2、3回やっても僕はいいと思うんだけど(笑)。

# 紡ぐ途

計画対象地は佐賀県鹿島市肥前浜に位置する鹿島市立浜小学校です。ここ肥前浜は明治以降、酒造業などが栄えたことから、現在でも歴史的建造物が数多く残り、観光客も訪れる美しい街並みを形成しています。そんな町の歴史的側面と人々の生活の境界に位置するこの小学校には、それらを紡ぎ合わせる役割が必要だと考えます。そこで今回は、子供達の学舎として、また住民・観光客などが日常的に利用する"途"として地域に根ざし、紡ぐ小学校を提案します。

ID26

## 土田 昂滉　Tsuchida Takahiro
佐賀大学 理工学部都市工学科 B3

**Answer** 1. VectorWorks、SketchUp、Photoshop　2. 1万5000円程　3. 3ヶ月　4. ボードを幾つかのグリッドに分けて、視覚的にわかりやすく図や文字列を配置するよう努力しています。　5. 藤本壮介・House N　6. 隈研吾さんの建築特集をテレビで見て建築家に憧れたからです。　7. 建築設計・デザインに関わっていきたい。　8. 製図室は第二の家。　9. 佐賀県佐賀市、ワタナベ画材店

**Presentation Board**

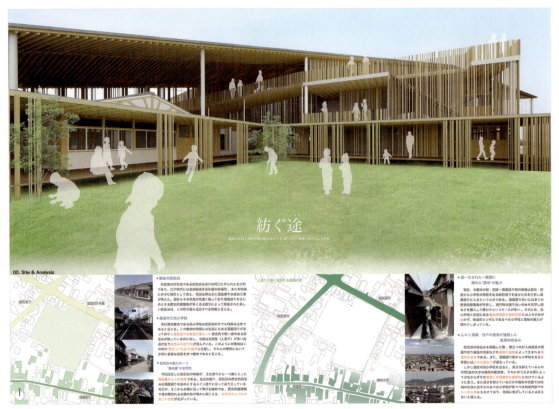

土田　これは3年後期に取り組んだ課題で、地域に根差す小学校を提案せよというものです。対象地は佐賀県鹿島市肥前浜という土地の浜小学校の敷地です。肥前浜は歴史的建造物が数多く残り、年間10万人ほどの人が訪れる観光地となっています。そんな肥前浜のなかでも駅、国道によって街並みの近代化が見られる北側のエリアと、歴史的街並みが色濃く残る酒蔵通りと呼ばれるところで、歴史的街並みの境界に位置する敷地に小学校を設計します。この小学校には地域住民の生活と歴史を紡ぐ、地域の道としての機能を取り入れた小学校を提案しました。小学校だけの機能ではなく、地域の道として機能することによってこの敷地内でさまざまなアクティビティが生まれ、地域と小学校の関わり合いが日常化していきます。それによってより地域に根差し、愛される小学校になると考えます。また、肥前浜の屋根が連なった街並みとの調和や風景の溶け込みなど、人々の視線的要素にも着目して設計しました。
竹山　これは構造体なの?この柱。
土田　その細いのは道を支えている構造体です。
竹山　うん、だから構造体が何なのかなって。ここがこうなって下がないのは何で?
土田　下は教室内に入っていて隠れている感じですね。ボリュームを通って下に…。
竹山　プランがないからちょっとわかりにくいんだよね。上手く小さいスケールと大きなスケールとを混ぜていくというのは作り方としてはとても面白いと思うんだけど、都市の作り方として。でも、全体の構造体がある程度整合性をもっていないと、長い目で見たときの建築の愛され方とかそういうものが少し弱くなる気がする。だからシステマチックな構造体に複雑な空間というのが一番いいんだけど、構造のシステムがあまり見えない。あまり構造体ということからは発想していないのかな?
土田　そうですね。
竹山　そうだよね。3回生の課題だったらそれでいいんだろうけど、こっちのダイナミックさに比べて、これはドメスティックな感じだね。
土田　どちらかというと南側は酒蔵通りの街並みに連続する形になっています。
竹山　なるほどね。
土田　逆に北側は国道に沿って人々の目線を取り入れるボリュームにしているので、確かに対照的なボリュームではあります。

土田　これは3年後期の課題で「地域に根ざす小学校を設計せよ」というものです。敷地は佐賀県鹿島市肥前浜という街で、この街は歴史的街並みが色濃く残っているため、年間10万人ほどの観光客が訪れます。そんな街でもこの敷地は、北側に国道と駅など住民の生活の一部となっている部分と、南側に酒蔵通りといって特に歴史的街並みが色濃く残っている通りがあります。ちょうどその境界に位置している敷地で、住民の生活と歴史の境界に位置する小学校ということです。
光嶋　小学校を小学校として再建したの?
土田　小学校は建っているんですけど、その敷地に新たな小学校を建てるという設定です。
光嶋　なるほど。
土田　その小学校に小学校としての機能だけでなくて、地域の道となって地域の一部となり、骨組みとなって地域に溶け込む小学校を提案しました。小学校だけでなく地域の道を取り込むことによって、この中で子どもたちと地域住民のさまざまなアクティビティが生まれて、本当の意味で地域に根ざして地域に愛される小学校ができると考えています。
光嶋　小学校のセキュリティーというか、子どもたちは守られているの?街の人が入れる動線とは別にそれはきちんと考えられているの?
土田　はい。街の人は国道側から、その入り口からここの路地空間に入ってくるのですが、まずそこは守衛室があって、動線の別れ道でこっちは子どもだけが入れるところになっています。
光嶋　人の力で「こっちですよー」ということ?
土田　はい、そうです。守衛室があって、そこから完全に動線が上がっているので分離されていて、ここは図書室になっていて、駐在する先生方など人の力でまたここで止めるような形になっています。
光嶋　じゃあ交流しないの?
土田　直接的な交流というよりは上下の…。
光嶋　ああ、「なんかおっちゃんいる!」みたいな。
土田　はい、そうです。
光嶋　そういう関係なの?関わらないの?
土田　そうです。「あのおじいちゃん来てるよー」という感じです。
光嶋　これは卒計?
土田　いえ、3年の課題です。
光嶋　小学校を設計しようという課題でこれを出したの?
土田　はい、そうです。
光嶋　こことここを斜めに結んだ意図は何なの?
土田　ここにメイン通りがあるのですが、肥前浜の魅力としてメイン通り以外のこういう細い路地空間の魅力というものがあります。現状ではこのメイン通りに隠れてその路地空間の魅力が隠れてしまっているので、あえて画一された経路ではなくて、もう1本そこに道を通すことによって新たな見方を提案するという形ですね。
光嶋　それは「みんな黒だから自分は黄色を着てみました」みたいな話で、黄色であることの意味はないよね。むしろここがいいって思うんだったら、「ルールに従わないため斜めにしました」ではなくて、こういう細い道でもっと大雑把な斜めに、ここの良さをこの中にグリグリ作った方が良かったんじゃないの?何より、紡いでいるという割には全然紡いでいないというか、水と油の状態じゃない。やっぱり絡めないと。絡まないんだけど絡める限界をこういうところから学ぶべきなんじゃないの?それが「はい、ブリッジです!渡れるようになったでしょ?」ということでしかないんだったら、子どもたちの学びにつながらないような気がするよね。

# 都市ニテ登ル
## ― 高尾山に学ぶ都市型高齢者施設の提案

高齢化が進み、高齢者施設が増えていくと考えられる都市部において、老若男女が登山を楽しむ高尾山での登山体験を手掛かりに高齢者へ新たなモビリティを与える建築を提案する。登山道を地域に開放し、多世代交流の核となる。

ID27

### 西堀 槙一 　Nishibori Shinichi

慶應義塾大学 理工学部システムデザイン工学科 B4

**Answer** 1. Rhinoceros、Illustrator、Photoshop　2. 輸送費含め15万円　3. 3ヶ月　4. わかりやすさと、密度　5. 谷尻誠　6. 田舎のばあちゃんの家に魅せられて　7. 設計系　8. 床に寝る　9. 世界堂、レモン

### Presentation Board

西堀　都市における高齢化に伴うさまざまな問題に対して、建築はどのように挑むことができるのかということを考えて卒業設計に臨みました。高齢者施設の増加の一方で、高齢化により高層の高齢者施設というものが見られるようになりました。私はそこに対してあるパラドックスを用いて、新たなモビリティを提案するというのが概要です。そのパラドックスというのが、高齢者が足腰が弱くなっても山に登り、楽しむことができる、登山を楽しむという一見バリアフリーに相反した傾斜を登るという行為が興味深いと思い、そのモビリティの限定されがちな高層の施設に登山体験を参照して、登るモビリティを設計しました。調査を通して多様な登山体験を明らかにして、登山道とその周辺の立面的、平面的関係性を反映して、雲形定規を用いて設計しました。プログラムとしてはいろいろな周りの人も使えるものを取り入れていて、もちろん老人ホームも含まれています。

土居　ル・コルビュジエならエッフェル塔の上に登って、下を歩く人を見てトレースしてとかそういうことを考えたけど。これは雲形定規である根拠は？

西堀　根拠というか、登山体験というものを1つの媒体に記録しようと思っていて、この定規に対して、登山道の形状とその周りの登山体験を記録して、その記録したものを作りました。私はこういうスロープを用いた登る施設というものを他の場所にも作りたいと考えています。

土居　だから、登山は単に上に上にではなくて、特色のある場所から場所へという移動なんだよね。この道をそれぞれ個性をもった1つの場所として作っていくということなんじゃないかと思うけど、普通の階高によって制約されているというのは鬱陶しいと思うんだよね。

西堀　自分のグリッドシステムを使ったのですが、それは敷地のある周辺の月島のスケールに合わせたものです。

土居　いやいや、普通にやればどこか梁を抜いたりしないと通れないよ。だからこれをやるなら外側に自由にやるか、外側にグルグルって回すか、それくらいの大胆さが必要だと思う。

西堀　そうですね、外側を通しているものもあります。内部に入っているプログラムに対して、スロープとの関係性も考えているのでなかを通したいと思って通しています。

土居　模型は面白いけどさ、やってみるのは辛いと思う。

西堀　そうですか。実際に施工するといろいろ考えることがあると思うのですが、この卒業設計という段階ではこういう風にしています。

土居　それをコンパクトな都市のなかでやるというのがまた難しいんだけどね。三分一博志さんが広島で作った平和祈念堂を見下ろす、普通のオフィスビルの会社があるんだけど、それは最上階が展望室になっていて、普通上にあるところがフラットなスラブだけだと端に行かないと見えないわけ。彼はこういう風に盛り上げて、二層分くらいは1つの空間に、そのなかにこんもりとした小山を作る。するとフロアーの真ん中にいても見下ろす形で景色が見えるんだよ。だから、これを生かすのもいいけど、これは固有の見え方があるから、それはすごく参考になると思うけどね。だから、普通はやっぱり2層2層2層ぐらいにどんどん抜いていかないと。そしたら耐震補強をやりつつ、大きな開口部を作って立体的に通していく。

西堀　補強とかはこういう風にしていくつもりなんですけど…。

土居　君は簡単にやっているけどさ、これは辛いと思うよ。

西堀　私は都市における高齢化に伴い生じるさまざまな問題に対して、建築家はどのように挑むことができるのかということを考えて、卒業設計に取り組んでいます。高齢者施設の増加の一方で、都市部で高層化が進んで、高層の高齢者施設というものが見られるようになりました。本提案では、こういった高層の高齢者施設にあるパラドックスを用いて、新たなモビリティを提案します。

藤村　敷地はどこですか？

西堀　敷地は月島になります。

藤村　高齢者施設をこういう積層型でやっているの？

西堀　はい、そうです。パラドックスというのは、足腰が弱くなっている高齢者にとって山に登ること自体というのは、体力的には負担のかかることではあるけれども、山に登り楽しむというその事実を利用して、新たな登るというモビリティを提案しました。

藤村　車椅子がどうとかではなく、歩いて登るということ？

西堀　車椅子でも通ることができるようになっています。

藤村　インタビューを元にスケッチを作ったの？

西堀　はい。山を登ることの楽しさに何が影響しているかを明らかにするために、高齢者登山客に対してインタビューを実施し、その結果として登山道沿いのさまざまな登山体験が影響しているということがわかりました。

藤村　スケッチを元にこれが設計されたということ？

西堀　そうですね。今回高尾山を選定したのですが、高尾山というものが気軽に楽しめる、カジュアルな服装で楽しめる、かつ老若男女に親しまれる山として私は見ていて、都市に対して近い山として選定しています。

藤村　高尾山を月島に挿入するみたいな感じですか？

西堀　そうですね。

藤村　とはいえ、高尾山をあくまでモデル化したわけだよね。そのモデル化したものをどう再構成したのか、その辺をもうちょっと知りたいのですが。

西堀　モデル化として雲形定規というものを使いました。

藤村　このなかからこれを作るの？

西堀　はい。登山道の形状とその周りの登山体験みたいなものを一つの雲形定規に記録して、それを元に設計をしていきました。立面的にも考えています。

藤村　プランには表れているのかもしれないけど、立体にはどう表れているの？

西堀　ここだと登山をしているときに、下の道を歩いている人が見えるという事実などがこの辺に表れています。それから、通るときに賑わいやそういうところで足を思わず止めてしまうといったことも。

藤村　内側の道は、ここでも断面に使うの？これって平面？

西堀　平面でやっていますけど、断面的な関係性にも利用しています。

藤村　だからこの方法化しているところの残余がまだ結構大きくて、そこがランダムに設計している感じがまだ見えてしまう。それでもいいかもしれないけど、せっかくこの情報量に対して、ここら辺がまだ普通に見えているからね。こういうところは方法の外になってしまっているかなという感じがします。

西堀　ここに入れているプログラムも賑わいがあったり、香りがといったそういう経験を…。

藤村　経験に連続するんだと思うけどね。設計の出来は、主題としてちょっと余っているみたいに見えてしまうんだけど、そういう印象ですかね。

西堀　いちおうプログラムは1つ1つ考えた上で設計しています。

藤村　考えてなくはないんだけど、もう少し方法のなかにこういう取り込む論理が、もう何個かあっても良かったかなという気がします。抽出したあとにプランでスロープの形が決まっているだけに見えてしまう。経験自体は登山の経験という総合的なものだよね。

西堀　総合的というのは？

藤村　いろいろな経験をするわけだよね。例えば、歩いているけど景色が見えたり何かを食べたり、そういうものがもう少し総合的に言語化されていると、こういうものを取り込む方法がもうちょっと抽出された気がする。

西堀　なるほど。総合的に形にした結果がこういう形になっているのですが…。そこにいろいろな体験が含まれています。

藤村　じゃあもう少し話を聞かないとわからないかもしれない。これはすごい平面的に見えたので、いろいろな情報が一次元的になってしまっているなという感じに見えたけど、そこに折り畳まれた情報があるわけだね、そうすると。わかりました。

# 天草廻りて

現在『長崎と天草地方の潜伏キリシタン関連遺産』として長崎と天草地方の教会などが世界文化遺産に登録されたことから、天草市は、国内外からの増加が想定される来訪者への対応が迫られる。しかし多くの魅力は広大な面積の市域にそれぞれが点在していることから相互の結びつきが弱く拠点化が困難となっている。文化的な景観の保全と、地域住民のための建築にもする必要がある。したがって、観光客と地域住民、自然・文化景観と建築が調和する建築空間を有機的に提案する。

ID28

## 屋宜 望　Yagi Nozomi

福岡大学 工学部建築学科 B4

**Answer** 1. Vectorworks、Illustrator、Photoshop　2. 2万円　3. 800時間　4. フォントや質感、色使いで設計内容の雰囲気を追求しました。　5. ピーターズントー 魔女裁判の犠牲者達のための記念館　6. 最初は建物の柱が好きで、そこから徐々に建築自体に興味を持ちました。　7. 考え中です。　8. 胃薬が常備薬　9. 大学の売店や天神赤坂の山本文房堂

**Presentation Board**

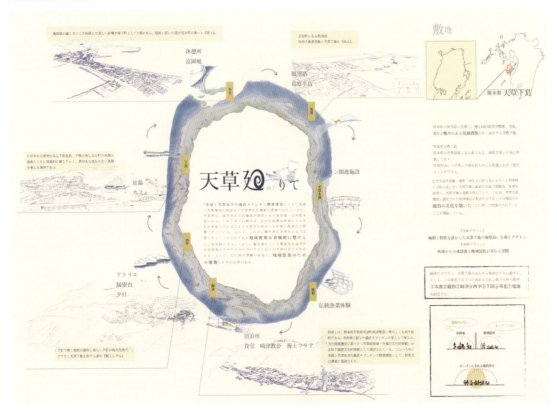

屋宜　私は敷地を天草に設定していて、天草下島の島全体を設計しました。コンセプトは天草の写真を貼っているようにいろいろな魅力があるのですが、そのなかでも崎津地区が潜伏キリシタンの関連遺産なので注目されていて、世界文化遺産に登録されて観光客が増加しています。そのときに、天草下島自体にはたくさん魅力はあるのですが、それらが点在しているので相互の結びつきが弱く、拠点化がなされていません。そういうことから私は、地域資源を有機的につなげて、天草下島は小さいものですがそれらが集まってできているというようにデザインしました。それぞれ敷地を天草本土、新和、崎津、西平、下田、苓北、鬼池と7つ設定しているのですが、全体のデザインとしては、地形と特性を生かした海岸を回るようなデザインとし、各所のデザインは観光客のための建物というよりは、地域住民と来訪者のためのものを作ろうと思って設計しました。ここの2つは交わる空間ができているので、あとの5つを設計して、1つ1つの建物は小さいのですが、設計をしてデザインしました。

島田　例えばこれはどこの何？

屋宜　これは崎津の一番のメイン、というよりはここが発端となったところです。

島田　ここが大きなしっかりとした建物があるということか。他の建物は例えばこれは何を示しているの？

屋宜　これはダイアグラムのイメージをここに書いているのですが、ここは交流空間がなく人里から離れているところです。昔から創作活動をしたり、夕日が綺麗なため度々人が訪れるところで、農業というか段々畑があって、若い人が来たら交流をしたいということが調査でわかりました。

島田　これは段々畑みたいなところに住宅みたいなものを作ろうという計画？

屋宜　そうですね。ここはアトリエだったり、足跡を残すという意味でギャラリーを作って作品を残していくところです。

島田　全体の模型はないの？

屋宜　これがここの模型なんですけど置けなくて…。

島田　なるほど。決して小さくはないそれぞれのものを組み合わせて、結構大きな介入をして天草を組み立てようという考えだね。

屋宜　はい。

屋宜　私は天草の下島を敷地として、下島全体をデザインしました。なぜ下島全体をデザインしようと思ったかというと、去年「長崎と天草潜伏キリシタン関連遺産」としてこの崎津地区が世界文化遺産に登録されたため、多くの人がここを目的として天草を訪れるようになったんですけど、ここだけでなく魅力がたくさん点在しています。主に7つありまして、この小さな1つ1つの魅力で天草が成り立っているということをデザインしたいと思い設計しました。観光客やいろいろな来訪者が来るため、今まで来訪者を受け入れる場所がなかったところに、各所のデザインとして外部からの来訪者と地域住民が交わるような空間を作ろうと考えました。天草本土から鬼池まで7つの敷地を設定して、そのうち天草本土と新和はもうすでに地域住民と来訪者が交わるような空間が作られています。それ以外の西側の方は作られていなくて、結びつきが弱く、ここ1つのために天草というものがわかりにくかったので、地形などの特性を生かして、規模は小さいけれど建物を設計して交流空間を作ることで、「人々が天草を渡り歩くことで有機的につながっている」というのをデザインしました。

光嶋　これは卒業設計？

屋宜　卒業設計になります。

光嶋　あなたは天草出身なの？

屋宜　出身ではないです。

光嶋　言っていることが電通的というか、みんな考えそうじゃない？「ここでは漁業体験ができます、ここには展望台、カフェがあります」って。電通がよく地方都市に持っていく企画みたいな感じだよね。これをあなたがやらなければいけない切実な理由は説明できる？出身じゃなくて、ここでやりたいと思った大前提は何なの？

屋宜　私の祖先というか、代を巡っていくと潜伏キリシタンがいまして。

光嶋　それで関心を持ったの？

屋宜　関心を持ちました。私たちの生活は宗教から遠いイメージがあるんですけど、ここはすごく根深くなっています。仏教とカトリックが交わっている空間で、元々隠れたいと思っている人たちがいたところに人が訪れたらどうなるのか、どういう気持ちで開くのか。最初から上手くいくとは思わないんですけど、オープンせざるを得ない状況の時にどういう風に建物を作ると、建物が地域住民とどう関わっていくのかということに興味を持って設計しました。

光嶋　そこをもっと考えた方がいいんじゃないの？今の話は興味あるけど、これは全然表層的だし、今の話から卒計をどうするかといったら、隠れていたのは昔で、隠れていた理由は仏教とキリスト教の対立があったからでもうないわけよね。今は隠れていないんだけど、昔隠れていた何かが、対立がないのに未だに隠れる何か要素があるとあなたが発見したなら、そこにカフェを作るという発想にはならないと思うんだよ。この発想があまりにイージー過ぎて、「カフェを作ったら人が来るよな、気持ちいいよな、ここに泊まれたらいいよね」ではなくて、隠れてしまう何か本質的なものを見出したら、それ1個で良かったんじゃないかな？それを7個やることによって「コンプリートしました」みたいに、1個1個が薄いカルピスでしかなくて、あなたの最後の話はすごい重いカルピスなのに、何でこんなに薄まっちゃったんだろうって。そこを考えたら多分すごいことになる。でもまだデザインで生き急いでいて、カルピスを薄くしちゃダメなんだよ。すごい薄いからそこを考えて欲しい。

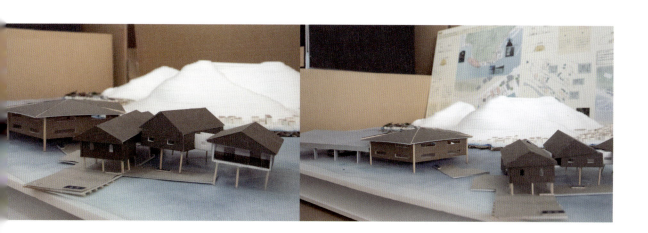

# 大和の暁 ― リニア新幹線地下駅計画 ―

2045年、大阪〜東京間がリニア新幹線によって結ばれる。その中間駅として古都、奈良が選定された。経路のほとんどが地下であるリニア新幹線。交通機関の発展によりますます都市間の時間的距離は短くなり、都市の均質化が進む。地下54mと地上を1本の階段で結び、この大階段はならまちへと出ていくための『予告編』として機能する。ならまちへとかけ出ていくための駅舎の提案です。

ID29

## 田中 惇　Tanaka Makoto

神戸大学 工学部建築学科 B4

**Answer** 1. Rhinoceros、Photoshop、Illustrator　2. 10万円ほど　3. 半年　4. 何をやったのか、わかりやすく、図面のサイズに緩急をつける　5. 原広司、京都駅　6. 高校の時、サクラダファミリアを見て　7. ゼネコンの設計部に行きたいです　8. 徹夜　9. KAWACHI 三宮店

## Poster Session

**田中**　2045年に、現在のJR奈良駅にリニア新幹線が通ることが奈良県から発表されています。東京〜大阪間のリニア新幹線が実現すれば、1時間半で結ばれます。その未来のよくわからない乗り物に対して、奈良という、地下54mから地上に出るまでをどのような空間で出迎えるべきかということを考えました。地下54mと地上を一つなぎにして、この階段を通って最後に奈良の観光地へ出ていくための予告編の駅として作品は機能しています。

**竹山**　このフレームは何ですか？

**田中**　最後が屋根になっているのですが、模型上は少しわかりにくいので表現しませんでした。

**竹山**　屋根を支えるためのもの？本当の構造体なの？

**田中**　これが最後屋根になって、下のほうでは梁とか柱として効いてくる構造体です。

**竹山**　この下はどうなっているの？関係ないの？

**田中**　鼻が出ているというだけの装飾でもあります。

**竹山**　それはどうやって支えるの？

**田中**　本当はこちらにもビルがあって、今は断面模型になっているのですが、最後にこう合わさって、お互いを支え合っているという形式になっています。

**竹山**　この断面図みたいなのはないの？これは長手方向でしょう？両方からこう、そこにどのように力が流れているのかな。

**田中**　お互いのビルのこういう…。

**竹山**　ここからキャンチレバーでずっと出てくるわけ？

**田中**　そうです。

**竹山**　だからそういうのを見せないと駄目だし、そうしたときに元の支えの部分が果たして構造的に大丈夫かというところが効いてくるから、ここで支えるとしたらここの向こうの構造体は大丈夫なんだろうかって思いますよね？上にしっかりとした大空間を作って、地下は自由に掘れるというのはいいアイディアだと思うんだけど、その上に大規模な構造体を作るという部分の支えが、どこで支えられているかというのがすごい重要なんですよね。そこをきっちりしないと、ここが自由に作れますということが上手く伝わらないと思うんですよ。そういう構造体のシステムをもっと語っているともっと説得力があると思うんですけどね。そういうことを考えてはいるんだろうとは思うけどね。

**田中**　ビル自体は直径1mの柱で、きちんと中身も木造というわけにはいかなかったので…。

**竹山**　もちろんそれは無理だし、ここの木造もかなり怪しいと思うけど。だから直径1mじゃ多分保たないからね？この大構造体が。だからこういうところを嘘でもいいから、とにかくしっかりと支える何かがあって、そこからこうやってここから出ていると…。

**田中**　ここからですか？

**竹山**　うん、ここの構造体をしっかり描いておかないと。あなたはここだけしか描いていなくて、この下がいきなり浮いているから大丈夫かなって感じがする。

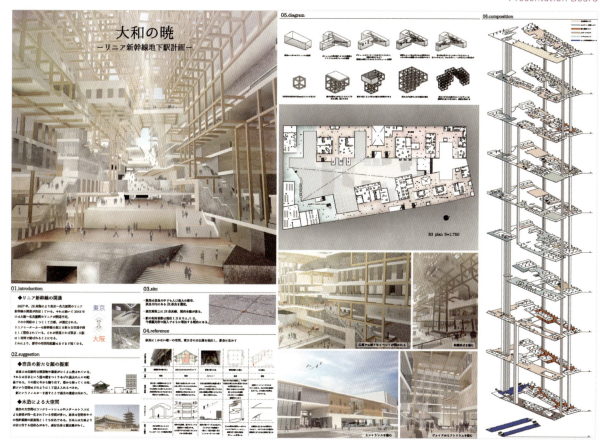

田中　2045年に東京〜大阪間がリニア新幹線で結ばれます。それが実現すると、東京〜大阪間が1時間半で結ばれることになります。その中間駅として奈良駅が選定されました。敷地が現在のJR奈良駅とその地下の周辺です。リニア新幹線というすごい速くて、未来のよくわからない乗り物に対して、奈良で降りた人をどういう空間で迎え入れるべきかというのを考えました。地下54mと地上を1つの階段で結んで、大空間で観光客を迎え入れるべきではないかと思いました。この階段を上がって最後、奈良の観光地に出ていくための予告編の階段として機能していると考えています。

土居　でも54m一気に上る人はそうはいないと思うけど…。

田中　登る方はいないと思うのでいちおうエレベーターを用意しています。

土居　エスカレーターは？

田中　ビルのなかにエスカレーターやそういう機能があります。

土居　あれは地上だけど、京都駅は真ん中のアトリウムは何mだっけ？

田中　あれは40mです。

土居　だからあれより1.5倍高いぐらいだからあり得ないスケールではない。けれども、こういう造形は何のためなの？木を見せたいわけ？

田中　格子ですか？

土居　うん。

田中　懸造といった日本古来からある格子に、グリッドに並んだ木を用いることで奈良らしさを、奈良に来たんだなという思いを持って欲しくて。

土居　あれは奈良的なの？

田中　そう思います。東大寺の持ち上がり構造であったり、そういう木で大スパンを飛ばすというのは奈良でしかやっていないのではないかなと思いました。

土居　いつの時代の奈良かによるけどね。

田中　奈良時代の東大寺です。

土居　東大寺と言えば、やっぱり南大門の雄渾なものが良いと思うし、これはやはり木だとしてもそんなに雄大でもないよね。グリッドは幾何学的で、むしろ架構というよりも抽象的な空間の図式だから、本当にこれが奈良的なものなのか、日本的な空間だと縮地というか架構とか、どういうコンストラクションなのかということがはっきりしないといけない。あの抜きというのは丸太状の柱に穴を開けてそこに差すわけだよね。だから、これが本当に奈良的かというと、ちょっと僕は違うと思う。どこを念頭に置いているのかはわからないけどね。でもそれを象徴的にも一種のオブジェとして置くことはいいと思う。今は地下が吹き抜けの空間でも木は使えるから、まあいいんだけど、ちょっと違うような気がする。

田中　造形がですか？

土居　京都駅がいいなら、これはむしろ磯崎新さんの造形であって、あんまり原広司さんぽくない。だからもう少し京都駅の大きな空間の文節の仕方とかを習ったらいいと思うね。

# となりの空き地は使えない。

空き地・空き家という形で町から私たちの場所が削除されていく。現代家族を見直し社会システムを改めることで、空いた場所を開放し真に利用できる空き家問題を解消する新たな集合住宅モデルを提案する。

ID32

## 春田 隆道　Haruta Takamichi

北九州市立大学 国際環境工学部建築デザイン学科 B4

**Answer** 1. Vectorworks, Illustrator　2. 約5万円　3. 1.5ヶ月　4. 自分の卒業設計作品の広告ポスターであることを意識しました。　5. メディアコスモス　6. 家を建ててあげるねと言ってきたみんなに家を作りたいから。　7. 生活を良くする楽しくする建築家　8. 模型材料選びの100均が楽しい　9. Amazon

Presentation Board

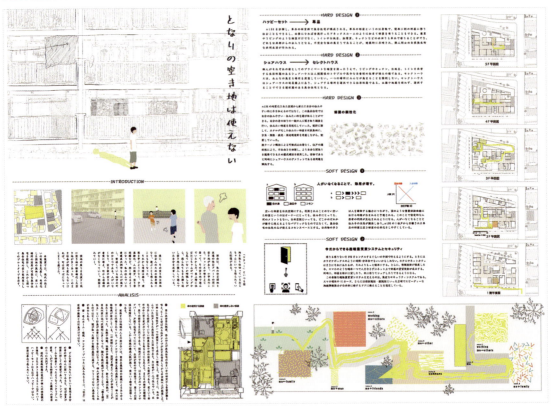

春田　私の住んでいた団地は、隣の空き地が使えませんでした。小学校の頃よくそこで遊んでいると、団地に住むおじさんに怒られていた記憶があります。団地というのは私たちが使えない場所だとその時理解しました。しかし人口減少が確実に進み、空き地、空き家の増加は目に見えています。私たちの街から居場所が削除されていく、そんな感情を覚えました。本卒業設計では、私の住んでいた団地の敷地に集合住宅を設計しました。集合住宅という都市の中に、これからの社会の在り方、暮らし方というのを提案します。実際には私はこの空き地を使ってはいません。現状空き地は、法や権利関係から使えないものであると諦め、集合住宅内における空き地、空き家の利用システムとその住戸プランを考えました。これからの都市にあるべき社会構造を、この集合住宅には反映させました。これは集合住宅のプロパガンダです。

土居　これとこれはどう対応しているの？

春田　これは空き地の目の前にある自分が設計した住宅です。これはnLDKの自分が住んでいた団地の間取りなんですけど、それが今母一人だけになって、nLDKのなかでも空き地のような状態というか、全然使っていないようなものが存在していて、そこが現在の空き地問題を作っているのではないかと考え、一度そのnLDKを全て分解していきました。

土居　僕はヴォイドを悪いものと言うのではなくて、もっと自分から認めてそれを論理化したほうがいい気がする。空き地の模型がすごくいい気がするんだよね。事前のPDFにはなかったんだけど、あれはすごく良い。だから君はヴォイドを埋めなければいけないというような、トラウマにとらわれている気がする。空き地は認めたっていい、「空き地はいいんだ」と思ったら空き地問題はなくなるわけだよ。そういうのってできないのかな？

春田　実際には空き地というものを勝手に使っていたら本当に怒られて、でも街のなかで空き地というのが絶対に増えています。住んでいる人にとって空き地が増えていっても何のメリットもなくて、全然使えない場所が増えていって、それってこのままでいいのかなという感覚が僕のなかにありました。

土居　だからこれを放っておくという手もあるし、必ず有効活用しなければいけないというのは、それは建築家のトラウマ、勝手な思い込みじゃないかなという気がする。発想の転換があればいいと思うけどね。

春田　「ドラえもん」でも、のび太君たちが使っている空き地が使えなかったら、全然面白くない漫画だと思うんですよ。

土居　結局人の土地だから使えないんであって、土地の所有権というのがあって、地主がそのうち売れるとか考えているから使えないわけ。それはそれで、もしかしたら空き地だけど使っているということかもしれない。

春田　私は従来の土地利用を変える生活形態と、それを可能にする集合住宅を設計しました。今の空き地問題を作っているのはnLDKという住戸プランだと思っています。これは私が住んでいた団地の間取りです。今は母が一人で住んでいて、このなかでも空き地のように使われていない場所が存在しているというのが感じられました。nLDKを考えた西山夘三さんに倣い、家族の実態を見て、この集合住宅を設計しようと考えました。家族というのは昔は近くの存在であった気がするのですが、今は距離感が出てきてしまっています。たくさんの情報技術だったり、移動手段が増えたりしたことによって、たくさんの縁があるなかで、家族というのがそのなかの1つに過ぎないという風になっているのではないかというのが感じられました。

藤村　最終的に設計しているのは何ですか？

春田　この敷地にある団地の建て替えです。

藤村　建て替えて変わったことってどういうことなんですか？

春田　これが先ほど見ていただいた住戸プランなんですけど、建て替え1つ1つをバラバラにします。1つ1つにこの道路から廊下にアクセスできるというのと、老人ホームとかシェアハウスに近い形にはなっています。

藤村　シェア機能は高め？

春田　今までのシェアの、1つのリビングにみんなが集まって仲良くするというのを僕は不思議に思っていて、仲のいい人とシェアする場所があってもいいなと思っています。そこで、そういう空間の在り方についても考えました。

藤村　じゃあ全体としては住宅の設備の再発見というか、提案という感じがしますね。

春田　そうですね。

藤村　でも床面積が大きくないよね。この廊下の分、全体の面積が大きくなってしまうじゃないですか。そんなことないですか？

春田　いちおう部屋をバラバラにして、専有部分でないところが大きくならないようにくっつけられるところはくっつけるようにしました。

藤村　わかりました。

# "東向き"商店街

奈良の中心市街地に、ひがしむき商店街という名の商店街がある。名前の由来は、12世紀ごろ通りの東側にある興福寺が権力を持っていた際、通りの西側にしか建物が建っておらず、全て東を向いていたからだと言われている。しかし今では通りの両側に建物が建ったため、かつての東向きは失われてしまい、量販店が建ち並ぶありふれた商店街となってしまった。そこで、もう一度東向きを新しい形で蘇らせ、来街者で溢れる、宿泊施設を備えた商店街を提案する。

ID33

## 堅田 千尋　Katada Chihiro

神戸大学 工学部建築学科 B4

**Answer** 1. Rhinoceros, Illustrator, Photoshop　2. 10万円　3. 半年　4. パースのタッチ　5. 豊島美術館　6. 家の間取りを見るのが好きだったから　7. 未定　8. 家が寝るためだけの場所になる　9. KAWACHI

## Poster Session

**島田**　説明はもう大丈夫です。なぜこれを作り直さなかったの？みんながこれを作り直したほうがいいと言っていたのに。

**堅田**　こちらから見たら大丈夫です。

**島田**　大丈夫かな？割と言い尽くした気もするんだけど、ハーフティンバーとこっちの立面が日本的な立ち上がり方と違う気がすごいするんだよね。

**堅田**　構造は町家の建物の構造から作っていて、町家という木組みを見せたかったので、柱と梁を見せました。

**島田**　外壁が漆喰で仕上がったみたいな作り方が、見慣れないものとして立ち現れているかなという気はする。それから、やっぱりこれは町家にしても、本来こういう立ち上がり方をするべきものではないところが出てきているから、もしこう出てくるなら庇なり少し居場所みたいなものがあったほうがいいんじゃないかな。普通、町家ってこれぐらいのところにまずあって、こう下がってこうあるじゃない。それがバーンと2階部分から始まっているから、プロポーションとしてはやりたかったことであろうことに対して「本当にそうかな？」みたいな感じをもちました。

**堅田**　もう少し抜きとか操作をして…？

**島田**　そう。グランドレベルに対してその庇下空間とか軒下空間とかが、この計画であればあるべきなんじゃないかなというところですかね。あとこの屋根はなぜ？

**堅田**　これは本当はガラス張りで、屋根はかかってるんですけど。

**島田**　これはお堂を見るためだけのもの？

**堅田**　見て、最後に東に向かって坂を登っていって、終着点として展望台からお堂を見るという感じです。

**島田**　仕方のないことではあると思うんだけど、シークエンスとして一回上がってきたところをまた降りていく、割と同じところに降りていくというのも…。

**堅田**　入口と出口ですか？

**島田**　うん。楽しい回遊性という感じではないので、ここからこうして下に行くとか、結局同じところを越えていくのがちょっとどうなんだろうという感じがしました。

堅田　敷地は奈良の中心市街地にある東向商店街というところでして、その東向商店街という名前の由来が、そもそも商店街の東側に12世紀頃に権力をもっていた興福寺というお寺がありました。

土居　興福寺は超有名だから知っている。坂があって、こうなってるわけ。君はその坂に沿うというか逆らってやるわけだ。それで？

堅田　興福寺は今は西側にしか建っていなくて、東を向いていたのですが、両側に建物が建ってしまったので、もう一度東向きというのを現代の形に蘇らせるという提案をしています。どうやって東を向かせるかというと、2つの要素として路地と屋根の傾斜というのを自分のなかではもっていて、4軒×8軒の建物を配置することで路地を操作して東に向かってより進みたくなるようにします。

土居　こういう場合は軸線を付けて、街路さえ向けていればいいなと思うのが普通の都市計画だけど、君はそれぞれの内部空間から興福寺を意識させたいわけだ。それはなぜ？

堅田　建物を配置させて、路地空間なので外部空間を意識して…。

土居　だから今の商店街があるんだけど、それは商店街通りに向いているわけだね？そうすると興福寺に向けるためには逆転させなければいけないし、路地といっても、あれは割と町家っぽい路地ではないよね？創作路地だよね。それはいいの？

堅田　自分のなかで町家にある簡素な路地ではなくて、1軒とか2軒とかバリエーションを増やすことによっていろいろな空間を作ることで、東に向かって人を流していこうと思っています。

土居　かなりアプローチはいいなと思うけど、例えばああいうふうに雁行する先にお寺があっていいのか。いちおう設計はしているけれど、もっとそこにコンセプトがいるんじゃないかな。断面はいい。君のやりたいことがよくわかる。ただ一直線でなくて、うねうねってしていて、その先にお寺が見えるのは本当にそれでいいのだろうか？その方針はなぜ生まれたの？

堅田　屋根が見え隠れすることによって、大きく見えたり小さく見えたり、興福寺のお堂が見えることによって、もう一度新しい東を提案するということを私は意識しています。

土居　筋はいいと思うけど、今度は見せ方のスタディ、見せ方に方針がないといけない。だからモニュメントの見せ方というのは結構あるから、それとは違う奈良ならではのものとか、そういうものが何か1つあればいいと思う。

# カバタの共同利用コミュニティ

ID34

大崎 真幸　Osaki Masayuki

神戸大学大学院 工学研究科 建築学専攻 M2

Answer 1. Illustrator、Photoshop、Rhinoceros　2. 2万円　3. 4ヶ月　4. 水の色　5. フランクロイドライト　落水荘　6. 建築家になるため　7. 建築家　8. 光と影を意識してみてしまう　9. レモン画翠

湧き水が豊富な針江集落では水を大切に扱う文化が継承され、カバタと呼ばれる湧き水を用いた台所としての空間を住宅にもつ。このカバタは個人利用による台所であるため、閉ざされた空間であり、上水道の設置以降減りつつある。そこで個人の台所であるカバタを共同利用とし、開放する。またカバタの共同利用が行われる生活体験型長期宿泊施設において宿泊者はカバタによる新しい生活体験をし、宿泊者と住民の交流によってカバタの新しい使われ方と文化継承が行われる。また集落における空間構成要素とカバタにおける水循環システムを空間に用いることで集落にあるべき姿である建築のかたちを見出す。

**大崎**　集落固有の形を作りたいと思って設計に取り組みました。敷地は滋賀県の針江集落というところで、湧き水が豊富な集落で、水路が家のなかに入ってきているんですよ。湧き水が汲み上がってきて3つの池があって、それぞれ飲用水であったり便所、台所であったり冷蔵庫であったり。坪池というところで洗い物をして、それを鯉が食べて綺麗な水が流れていくというシステムになっています。集落固有の形を作るためにスケッチだったり住宅の間取りを調査して、それから空間構成要素を抽出して平面計画に取り入れました。川端のそれぞれがもつ池の領域性というものがあって、これは飲用水のみのためプライベートであったり、坪池はいろいろな使われ方をするのでパブリックであったり、端池は水を汚してはいけないという共通認識なので、コモンとしての領域性があります。建築ではプライベート、コモン、パブリックですけど、川端だったらプライベート、パブリック、コモンと、コモンとパブリックがほぼ反転しているので、今回コモンとパブリックを反転させた現象を設計に取り入れようと行いました。

**島田**　実際には川端というのは飲み水なり排水なりに利用されているの?

**大崎**　はい、現在でも利用されています。ただ川端というのが針江集落で閉ざされていて、かつ個人利用なのでどんどん減少しているんですよ。それを共同利用して、川端を新しく次世代へ、見える化して新しくしたいと思っています。

**島田**　実際には今の川端はどう使っているのかわからないけど、「排水を鯉が」とかいう話があったけど、現状の洗剤とかはどういう扱いになるの?

**大崎**　それぞれの家が川端をもっていて、水路とつながっているので、洗剤とかは使わないようになっているんです。鯉がいるので。

**島田**　死んでしまうから?

**大崎**　はい。

**島田**　ここに住んでいる人はそういうことにとても気を使って暮らすということ?

**大崎**　そうですね。新しく若い世代は蛇口をひねってやるんですけど、今でも高齢者の方というか、シニア世代は川端を使っています。

**島田**　このガラス張りみたいに見えるところは何ですか?

**大崎**　集落でポリカ板というものが川端に使われていまして、半透明なのであまり見える化していないのですが、僕は共同利用のシーンを外に見せたいということで透明なポリカ板を使っています。

**島田**　これは例えばどこが住居なの?

**大崎**　これは生活体験型長期宿泊施設です。観光があるのですが、宿泊する場所だったりレストランみたいな飲食する場所がないので、それを含めた施設を提案しています。

**島田**　なるほど。川端を体験しながらという話?

**大崎**　そうですね。それと移住も考えた施設です。

**島田**　ポリカーボネート波板で囲まれた空間は、夏は非常に暑くなりそうだけど。

**大崎**　湧き水が低温で12、3度なので、この空間が涼しくなるということを考えて計画しています。

**島田**　冬は?

**大崎**　冬は暖かくなります。

**島田**　なるほど。わかりました。

Presentation Board

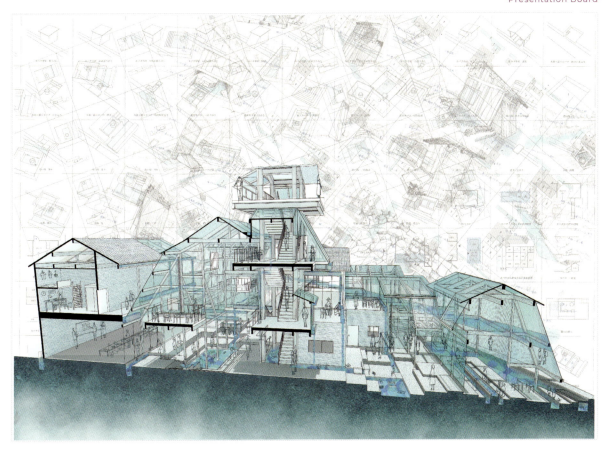

大崎　僕は今回、集落固有の形の建築を作りたいと思い設計に取り組みました。敷地は滋賀県高島市針江集落というところで、ここは湧き水がとても豊富な集落で、湧き水を用いた住宅の台所として川端（かばた）というのがあります。針江集落の住宅というのは水路を家のなかに引き込んでいるのですが、それはなぜかというと、湧き水が井戸のなかでちょろちょろと出ていてそれを排水するためです。その川端には3つの池があり、それぞれの特性をもっていて、この元池と言われる場所が一番湧き水が来ます。ここは飲料水として利用されて、壺池が洗面所とか冷蔵庫、洗い物用として利用されています。ここで食べ物とかを洗ったりするのですが、鯉が飼われていて、食べ物の残りかすを鯉が食べて水が浄化され水路に流れていくというシステムです。集落固有の形を作るために景観を分析したり、住宅の間取りを聞き取り調査して、空間構成要素、集落のルールみたいなものを見つけ出して、それを平面計画に適応して作りました。もう一つ、その3つの池からプライベート、パブリック、コモンと使われ方によって領域性があって、建築ではプライベート、コモン、パブリックと変化していくのですが、この川端ではプライベート、パブリック、コモンとなっていて、パブリックとコモンが反転しています。その領域性、システムみたいなものを建築に取り入れて、建築ではパブリックとコモンを反転させて、それで集落固有の建築を作りました。

土居　集落の人口は100人でしょう？アイデアとか湧き水水路の話はとてもいいんだけど、センターだけで100人ぐらい簡単に入って、スカスカに余るよね。

大崎　これは生活体験型長期宿泊施設で、川端には観光があります。

土居　そこに1日に何人ぐらい来るの？

大崎　ここは観光で2〜30人来るので、10人ぐらい泊まるというのを想定しています。

土居　そこで観光客は何をするの？

大崎　観光客は川端を体験する足湯川端や川端レストランがあったりという風に、それぞれ機能を考えています。川端を展示するスペースもあります。

土居　100人の集落が全体で観光経営をすると思えば成り立つかもしれないけど、人口規模と比較して立派過ぎない？

大崎　コモン空間を充実するために、個人利用の川端なので共同利用にして、新しい川端文化を次世代に継承していくということを、ここの集落の課題を解決するプログラムとしています。それを解決するためにコモン空間を充実させて、少し大きく見えるんですけど、2層ぐらいというのは他の集落と変わっていなくて、展望台以外は基本的に高さは集落に馴染むように計画しています。

土居　もっと大きな街だったら面白そうだけどね。

大崎　そこまで限界集落というわけではないです。

土居　この辺の人は農業で生活しているの？

大崎　ベッドタウンに近い場所なので、若い世代も住んでいます。だから京都とかに仕事に行ったり、滋賀県内の都市部に行ったりという感じです。

土居　だから1つの事業だと思えば、事業計画みたいなものの抑えが欲しいんだよね。1つずつのアイデアはとても面白いんだけどね、全体として、利害的な部分で本当にできるのかなという感じがする。それから水利用は面白いけど、それだけで、すごい文化的なもので観光客をたくさん呼べるのかなという集客力の問題がある。

大崎　実はもう集客率は上がってきてるんです。

土居　本当に？

大崎　それを目がけて川端を残して、復活させられればと考えています。

# 甲斐絹は、彩る。
― 山梨県・猿橋における絹生産ミュージアム ―

地場産業の生産を介して、個々の体験を彩り、まちの風景を彩る地域アイデンティティの表出したミュージアムを提案する。かつて山梨県・猿橋地区のアイデンティティであった「甲斐絹」によって形成される空間の中で絹生産を行い、生産風景を体感し、桑畑や織り上げられた絹が地域に溢れ出していくことで、地場産業と密接に関わった原体験・原風景を作り出していく。4つの役割の絹を組み合わせ、形態・色彩を操作していくことで、「甲斐絹」を多角的に体感可能な多彩な空間を生成した。

ID35
**永本 聡**　Nagamoto Satoru
神戸大学 工学部建築学科 B4

## Poster Session

**永本**　見て欲しい所は、地域要素を落とし込んだプランニングと…。

**光嶋**　変えたの?

**永本**　いえ、変えようかと思ったんですけど変えてないです。

**光嶋**　屋根がない方がいいんだよ。これを取っ払ってこの状態の方が美しいよね。

**永本**　内部空間だけを考えていたというのが一番大きい理由です。

**光嶋**　そうそう、だからこのパースがやりたい訳でしょ。これはかっこいいけど、実際にできたらウォーズマンみたいに何かによきによきと出てきているだけで、こんな柔らかい状態は作れない。そのテキスタイルというか布によって空間を作るという大きなチャレンジが、「強度はどうなの」と言われたら、「強度はいずれ入れます」とか、芯やワイヤーとかで今はごまかしてもそれはいいと思う。だけどやっぱり、結構器用に欲張っていて、欲張りすぎているから「何がやりたいの?」となる。足が速い、球が速い、守備が上手い、バントも上手い、でもそれでどうしたいのと。

**永本**　元々は布の空間構成と色彩だけをやりたかったときに、屋根はどういう形態が一番適しているのか聞きたかったんです。

**光嶋**　ああ、それだったらどうするか?屋根はパンチングメタルだっけ?

**永本**　ステンレスメッシュみたいな格子構造です。

**光嶋**　それを普通にガラス張りの実在する作り方で、屋根に関しては透明度が高い状態でその布に対して光を当てるというのをやりたかったと、割り切るというか。このいろいろな要素がある中で、優先順位というのが必要で、設計をするときにこれだけは外せない、このコンセプトで行くんだったらこの部分は外せないみたいに、そういう関係性がある。この屋根の造形はかなり下の方にあると思うけど、それを切り落とすことによってこっちのコンセプトがより輝く。そこをどうやって調理するかというところは、自分でわかっていると思うんだよね。こういうパースが一番素敵な淡い空間が生まれてるじゃない。この地面のボコボコした畑だっけ?

**永本**　桑畑です。

**光嶋**　そこに柔らかいテントがかかっていて、淡い境界線が揺らぐような空間が作りたいのに、屋根が乗っているが故に、まずこれがうさん臭く見えてしまう。それをリアルに作るのか、造形的に作るのかを明確にしないで、何となくフワフワしてるから突っ込まれてしまう。絵はいいけど、これはどうやって成り立っているのかという点だと思う。

**永本**　内部空間についてはどう思いますか?

**光嶋**　良い内部空間だと思うよ。でもそれもこの柱というのが、ドームにするんだったらいらないからさ。下が強ければ。それも関係性で、それだったらパラボラみたいに組んだものの柱で立たせるべきだし、そこも矛盾しているんだよね。何がやりたいかはっきりしないと、あれもこれもになって結局どのコンセプトもどのアイデアも輝かない。

**永本**　わかりました。

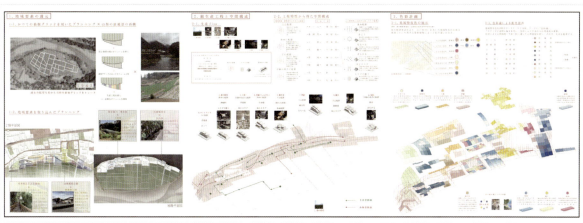

永本　敷地は山梨県大月市猿橋町というところで、ここの課題として、地域の要素を体験できる場所がないということ、地場産業は元々絹織物を作っていたのですが、それもなくなってしまったということ、地域内に塀とフェンスが張り巡らされていて、地域に彩りが全くないということがあります。その3つの地域要素を生かして、地場産業を復活させる生産拠点であるとともに、その生産工程を体験できる感覚型ミュージアムとして、絹生産ミュージアムというものを提案します。設計した要素の3つの1つ目がプランニングに地域要素を落とし込んだということ。2つ目が生産工程を感覚的に、よりわかりやすく体験するために梁と柱と布の傾きなどを設計しまして、生産工程を強調したということ。3つ目が地域の色というものを取り出して、色彩を用いて生産工程と結び付けて、生産工程で得られる感覚を強調する色彩計画をしたこと。この3つを用いてミュージアムを設計しました。

竹山　これは柱の上に布か何かかけてあるの？

永本　1番上の屋根は金属になります。

竹山　その金属の構造体は何？図面を見ても、これを見ても、下からキャンチレバーで建てて、それにそのままフワッと乗っかっている感じ。

永本　厚さは10cm程度の金属の格子構造になっています。内部がメインで、絹織物の空間構成などを設計しました。

竹山　空間的には面白くなるかもしれないんだけど、学生なのであまり構造のことを言っても仕方ないかもしれないけれど、これだと風とかが吹いたら柱が全部バーッと倒れるよね。だからここも張弦梁といって全部こうやって…。

永本　両側はガラスで閉じてあって、風はあまり入ってこない状況にはなっています。

竹山　いやいや、1級建築士の勉強をしたらわかるけど、屋根はこうなっているだけで風が吹いたらこちらが圧縮して、あちらが飛ばされるから、批判しているわけではなくて、やっぱりそういうことも考えていったほうがいいよね。つまり、この屋根の構造体というのはすごい重要なので、屋根だけで自立して保つように、張弦梁にしてますよね？そうでなければ、柱をきっちりと間をつないで飛ばないようにしないと。

永本　いちおう地面に付いているようになっています。

竹山　いや、地面じゃなくてここだよ？

永本　端っこは付いています。

竹山　いやいや、端っこが付いていてもここで全部あおられるから、そういうことも考えた方がいいよと言っているわけ。君のルールでそんなことを批判しても仕方ないけど、そういうことを考えていかないと説得力のある図面にはならないよね。この空間自体は面白いんだけどね。

# 災害と付き合う暮らし
― 桜島における日常と結びついた新たな防災提案 ―

ID36

## 小日向 孝夫　Kobinata Takao
小山 真由／坂井 高久

早稲田大学 創造理工学部建築学科 B4

**Answer** 1. Rhinoceros, Revit, Illustrator, Photoshop　2. 15万円　3. 3ヶ月　4. 伝えたいことが一目で分かるものにする　5. 堀部安嗣　6. 古寺巡りが趣味で日本の伝統建築に興味を持った　7. 建築を通して人に喜ばれるような仕事　8. 徹夜での作業　9. 世界堂　新宿本店

桜島における火山活動の再活発化を背景に、陸路と海路の2つの避難想定から「日常」と結びついた防災のあり方を提案する。計画Aでは、車やバスを利用した避難の重要性に着目し、本土の結節部に陸路避難拠点を確立する。計画Bでは、現在普段使いされていない避難港の改修を行う。地域の交流拠点として利用し日々の防災意識を高める。各拠点では「堅固に人を守る空間」と「災害を受容する空間」の対比の中で、人々の日常が営まれる。

## Presentation Board

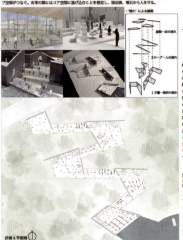

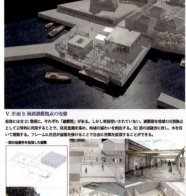

小日向　私たちは桜島を敷地として2つの計画を行いました。桜島では大規模な噴火が発生した際には、住民は避難港という港に避難します。その港は現在RCの避難所がただ存在しているだけで、普段使いされていないという現状があります。そこで私たちは、このRCの避難所に対して木造のフレームを設けることによって、市場や集会所としての機能を付加しました。日常的に人々が集う、その動線が有事の際の防災動線として人々に記憶されつつ、このRCの避難所が避難所として機能します。そして今回は代表的に湯の児を選定して計画したのですが、それらがやがて全ての20の避難港に適用されていくことをビジョンとしています。次に、行政においては海の避難想定はあるのですが、台風とかが被ると逃げれないといった際にどうすればいいかという点が行政的に弱点なので、本土と桜島の結節点に陸路の避難拠点ということで新築を計画しました。

島田　避難拠点というのは何か目的があるの？

小日向　ただ避難するための施設というよりは日常的に使えるように資料館であったり、市場の機能であったり、宿泊機能、避難所も兼ねているのですが、こういったものが上の層に入っていきます。このシークエンスの部分では、人の流れみたいな部分で空間を作っていて、建築のL字の躯体は、溶岩とかの流れみたいな、「流れ」というワードだけで建築を作っています。

島田　動線は何となくこちらのほうが眺めがいいと思っているんだけど。

小日向　はい。こっちに火口があって、左上のパースになるのですが、火山の火口を見ながら、桜島みたいなものを学んで欲しいという部分があります。

島田　こっちを向いているのは、こっちを見るため？

小日向　はい。それから、この溶岩の土壌に生える植物は少し変わっているというのがあるので、そういったものを散策するような気分で、火山を背に学びつつ、空間体験をするという想定です。

島田　こっちのこれは何？

小日向　既にこういう避難所があって、増築・改修の計画になります。

島田　これは天井高はどれくらい？ちょっと低過ぎるような気がしたんだけど。

小日向　これでちょうど3000です。

島田　用途的な広さでいうともう少し広いほうがいいんじゃないかなという気はするんだけど、理由としては、この避難代謝というコンクリートよりも下げたい、海の視線を道もこのまま引き込んで抜けるようにするということも考えての増築を考えている。ここにフレームから屋根をかけて、住民自身が空間的なものを拡張するというのが、集落のデザインされた、模型の背景として屋根をかけるという住民の工夫みたいなものをこちらにも転用するということでお願いします。

小日向　私たちは桜島を敷地として、2つ計画を行いました。桜島では大規模な噴火が発生した際には、住民は集落に1つずつある、避難港と呼ばれる港に避難します。その港は現状RCの避難所がただ建っているだけで、あまり日常使いされていないという現状がありました。それに対してまず私たちは、RCのこの避難所に対して、木造のフレーム空間を集落の道を引き込むように計画しました。これらに市場や集会所などとしての機能を持たせることによって、日常的な集いの動線が有事の際に防災動線として作用し、また有事に噴火が起こった際には、このRCの避難所が避難所として機能します。今回は湯の児を代表として選定したのですが、外周にある20の避難港に対しても、行く行くはこういった計画を拡張させていくビジョンです。これは海から逃げる想定で行政は考えているのですが、台風などと同時に重なったときには、この陸の桜島の結節点から逃げることが想定されています。陸路で逃げるにしても、渋滞をどうしたらいいんだろうというのが行政の見解で、そこで私たちの計画の中で、ここにある意味で避難所も兼ねた、日常使いされる避難所というのを新築で作ることを考えました。計画として5つのシェルターがあって、これは噴石とか溶岩から中の人を守ると考えています。溶岩の流れから造形ができていて、人の流れをシークエンシャルに、スロープ空間みたいなものを作っています。資料館であったり、日常使いできる機能をここに付加しています。この市場みたいなところから、こういった各集落の避難港にもつながっていく、ソフト面でも横につながっていく中で、島全体に外部観光者や地域の周遊性みたいなものも与えることを想定しています。

光嶋　これは溶岩から、いつ入るんだっけ？

小日向　これはどちらも大規模噴火時です。

光嶋　噴火したらここに逃げて待機して、ここからこのフェリーで逃げる。

小日向　このフェリーで逃げるというのが行政の考えです。

光嶋　ここまで降りてきて逃げると。計画地はあそこだから…。

小日向　道で逃げるときには、車とかで逃げることはできるんですけど、渋滞でいざ動かなくなったときには逃げ込める場所にはなっています。

光嶋　元々クローズドで、有事のときしか使わないものを一般的に使おうとして柔らかい建築を装着する。これは完全に新築なんだけど、有事でないときの一般ユーズは何だっけ？

小日向　資料館です。

光嶋　それは向こうの山側がコンクリートで、溶岩が来ても大丈夫なの？間が焼かれちゃうんじゃないの溶岩で。動線が取られちゃう。

小日向　いざ災害時には逃げ込むというか…。

光嶋　ああ、そういうことね。

小日向　全部RCで作るのではなくて、共通するワードとしては、「災害を受容する場所と対峙する」、「そこにいれば逃げ込める」というものを両方計画として作っていく感じですね。

光嶋　これは同じグリッドがあぶれ出して、非日常を日常化する根拠とルールがあるね。でもやっぱりすごく恣意的に見える。ルールとしては溶岩が来たら逃げるだけだから、如何様にもできる中でなぜこのスケールでこの感じでこの形になったのかが、その必然性に対してすごく弱い部分がある。それから、真ん中がすっ飛んでしまうところに対して、日常性の必然性と噴火したときの必然性をもう少し明確に言わないと弱いと思う。

# 貯水ビルディング

高度に都市化された地域では自然が排除され、都市型の災害が問題になっている。対象敷地は福岡市天神地区。この地区にはゲリラ豪雨による都市型洪水で地下街が浸水した過去があり、雨水の排水を下水のみに頼るのは心もとない。一方で、水不足にも悩まされている。現状生活用水は地方のダムからの供給に頼っており、約一年間の給水制限が過去二回起こっている。そこで、15,000㎡の雨水を受け止め、資源として活用していけるような建築を設計する。

ID37

## 小林 亮太　Kobayashi Ryota

九州大学 芸術工学部環境設計学科 B4

Answer 1. SketchUp　2. 8万円　3. 1ヶ月半　4. アピールポイントを伝える　5. 鵜飼哲矢　6. ものづくりに興味があった　7. 設計職　8. 徹夜すればなんとかなる　9. 大橋、Art Box

## Presentation Board

### 01 対象敷地

対象敷地は福岡県福岡市天神地区。九州を代表する繁華街である。このように高度に都市化された地域では、自然を排除したことによる都市型災害が問題になっている。
また、天神地区は福岡市主導の規制緩和による民間再開発促進事業「天神ビッグバン」の対象地域になっており、建て替えが決定しているイムズビルを敷地とする。

### 02 問題点

1999年にこの地区にはゲリラ豪雨による都市型洪水で地下街が浸水した過去がある。雨水の排水を下水のみに頼るのは心もとない。一方で、水不足にも悩まされている。現状生活用水は地方のダムからの供給に頼っており、約一年間の給水制限が過去二回起こっている。

**都市型洪水**
緑が少なく、地表をコンクリートやアスファルトで覆われた大都市は、雨が地下に浸透せず保水能力が低い。大雨が降ればその排水は下水道だけが頼りだ。福岡市では5年に一度の大雨を想定し、1時間に52mmの雨が降っても対応できるよう、34か所に雨水排水用のポンプ場を設けている。しかし、1999年の豪雨はその排水能力をはるかに超え、福岡市の中心部であるJR博多駅周辺のビル街では、行き場をなくした雨水が道路にあふれて内水氾濫を引き起こした。

**水不足**
福岡県福岡市では1978年5月から翌1979年3月まで渇水が続いた経験がある。前年の夏から翌春にかけての降水量が平年の70%以下となったことが引き金となり、水源をダムに頼っていたため回復が遅れ、287日間にわたって時間指定断水による給水制限が行われることになった。電気を発電所によっているのと同じく、水源を遠くのダムに頼り切りの都市が多く、分散型の貯水を提案する。

### 03 コンセプト

大雨の際に一時的な雨水の受けざらとなり、保持しつつ、それをきれいにして資源として活用していけるような建築を設計する。

**ダイアグラム**

雨水を受け止め、きれいにし、循環させる自然のような建築を目指す

ろ過した水をポンプアップして、きれいな水を循環させる。

### 04

断面図

### 05 水量

人が一日生活するのに必要な水の量は280L。1999年の水害を受けて博多につくられた山王2号調整池が15,000㎥。これと同等の貯水能力を有するこの建築は、最大15,000,000Lの水を循環させながら小さなダムとなる。

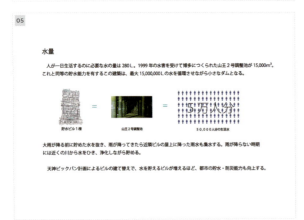

大雨が降る前に貯めた水を抜き、雨が降ってきたら近隣ビルの屋上に降った雨水も集水する。雨が降らない時期には近くの川から水をひき、浄化しながら貯める。

天神ビッグバン計画によるビルの建て替えで、水を貯えるビルが増えるほど、都市の貯水・防災能力も向上する。

### 06

他より低い壁面から水が流れ出る。

小林　貯水ビルディングということで、敷地は天神地区で、「天神ビッグバン」があって今すごい建て替えが起こっているところを対象敷地としています。ここは結構土地が低いところで、都市型の洪水の危険性があります。
藤村　イムズの建っているところですか？
小林　イムズも営業終了予定なので、そこの建て替えです。
藤村　商業施設なの？
小林　イムズも少しオフィスも入っているので、オフィスとほぼ商業施設です。大雨のときに一時的に水を貯めたりします。
藤村　ここに貯まるんですか？怖いよね。これとか怖くないですか？
小林　上から照明とかにしたら綺麗かなと。
藤村　まあ綺麗ですけど、そんなに美しい水ばかりなわけではないよね。

小林　綺麗な水に柱の中で…。
藤村　ろ過するってこと？
小林　はい。どんどん循環させながらろ過して綺麗な水を15,000㎥貯めます。
藤村　見せるようにするっていうこと？
小林　はい。ダムも、遠くのダムから引いているというのが現状あって、遠くのダムも貯水率40％くらいです。都心にこういうダム、水を貯められる建物があると非常時にもいいし、普段から循環させて使えるといいなという思いがあります。
藤村　こういうのはまだわかるんだけど、下向きに見えてくるのは結構大胆だよね。まだ構造もよくわからないし。
小林　確かにそうですね。
藤村　例えばガラスのこういうところに水がドーンと貯まっているよね。構造的にはかなり補強しないといけないから、そんなに綺麗に見えるのかな？イメージはわかりますけど。そういうところが問題ではなくて、いろいろな形で水が見えているところに住むというか、働いたりするということ？
小林　そうですね。オフィスとか、静かに過ごせるところはぽたぽた雨みたいに落としたりします。
藤村　見せないといけないんだよね。でも、例えば地下に貯めておけばいいじゃないって話にもなるよね。
小林　地下に貯めるところは、博多のほうには作られたりしています。
藤村　見せたいということ？
小林　はい。確かに水を排出するだけでなくて循環して、貯めておけたり…。
藤村　循環するべきだし、それをもっと見るべきだということ？
小林　はい、そうですね。
藤村　考え方としてはわかりました。

小林　敷地は福岡の中心地の天神地区というところで、豪雨のときに地下まで浸水しちゃうという問題があって、そういうときに一時的に建物で水を受け止めることはできないかなと思い設計したのがまず第一です。雨が降ったときも受け止めて、通常時も福岡市は生活水がかなり遠くのダムに頼ってしまっている。しかもそこが40％まで水が少なくなっている状況なので、普段から川の水とかを貯水したりしています。今、「天神ビッグバン」というものがあって、建て替えビルがどんどん増えているので、こうした少しずつでも水を貯められるような建築の内部空間で、水が落ちていったり、いろいろな落ち方をして、楽しい空間ができるよう考えました。
光嶋　あなたは4年生？
小林　はい。
光嶋　15,000㎥というのはどういう計算なの？綿密に計算されているの？
小林　モデルで建てた時に体積で出しています。
光嶋　体積が出ていると。それが流れているわけだよね。
小林　そうですね。
光嶋　それは何かに利用されないの？
小林　この中での生活水とかに…。

光嶋　給水するの？雨水を利用するなら、浄化して綺麗にしないの？
小林　いくつかの柱の中にろ過装置みたいなのを入れています。
光嶋　それでもう飲めるようになるの？
小林　飲むだけではなくて、トイレだとかいろいろなものに使っていきます。
光嶋　15,000㎥というのは、どれくらいのトイレを、どれくらいの人が使用すると大丈夫なの？
小林　人が一日普通に生活すると、5万人分ぐらいが15,000㎥になるのですが、災害時とかには飲むだけでなくて、お風呂やトイレの水とかが大事になってくるというのがあります。
光嶋　でも15,000㎥の水は止まっていないよね。だから入口と出口があるわけでしょ。雨で入ってくるんだからそれをポンプアップしないと上の階につなげない。
小林　はい。基本的に、一番多く貯まるのが一番下の層なんですけど、いろいろな屋根から落ちてきた雨をここに集めておいて、日常的に循環させて、この柱とかも綺麗にしながらある程度保ちつつ、雨が降る前にはこう放出したりします。
光嶋　断面図はないの？

小林　載せていません。
光嶋　載せてないというか、描いてないの？この機械室とか、配管図とかきちんと描いたの？
小林　機械室とかは描きました。
光嶋　どこにある機械室。どこにポンプがあるの？
小林　この断面図です。
光嶋　そこが言えないと、「こんな家に住みたいです」という幼稚園児のお絵かきになっちゃう。だから、15,000㎥という計算をしたんだったらそれをもっと根拠立てて、機械的に納得させられたらすごいことだと思うし。そこがやっぱり逃げちゃ駄目だと思うし、これからさらにできたらいいと思う。このアイデアは素晴らしいけど、これは床面積が少ない、削っちゃってるからダメだよね。だから、15,000㎥を獲得するためには建ぺい率を何％犠牲にしなければいけない、その代わり、自然災害のときにここは避難所としても扱えるということを、もっともっと厳密にやらないと。設計はこんな理想論を語って、「それがどうやればできるかはよくわかりません」とか、「水は何となくこの辺にポンプアップします」では駄目なんだよ。厳密にやると15,000㎥ではない気がするんだけどね。もっと小さくてもいいかもしれないです。

# expand

ID39

井上 恵友　　Inoue Keisuke

慶應義塾大学 環境情報学部環境情報学科 B4

金星上空に浮遊する探査施設の設計を行った。金星上空50~60kmのハビタブルゾーンに施設内部の地球大気を浮力ガスとして使用することで浮遊させる。ロケットに積み込み、金星上空で施設を展開させ、そのまま浮遊させることを課題として設定した。展開性を向上させるため、また軽量化のために膜材やワイヤーなどを主な構造として取り入れた。施設全体の大きさは浮遊させるための浮力を担保することを条件に決まり、重量20t、直径50mの設計となった。

**Answer** 1. Rhinoceros, Illustrator, Photoshop, InDesign　2. 約20万円　3. 1年間　4. メインビジュアルを押し出した　5. レベウス・ウッズ　6. 建築学科ではないが、プロダクトデザイナーになるため　7. デザイナー　8. 使っている接着剤戦争　9. 世界堂、レモン画翠、東急ハンズ

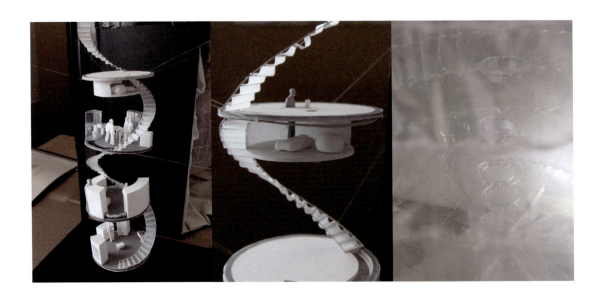

## Poster Session

井上　僕は金星上空に浮かぶ研究施設を設計しました。金星というのは、地表面が過酷な環境でして、探査機を送ってもすぐに機能が停止してしまうという問題点がありました。ですが、空を見上げてみると、高度50から60kmの地点では、気温と気圧において地球と同程度の環境になるので、人が居住できるという風に考えました。さらに嬉しいことに、金星の大気は二酸化炭素がほとんどなので、地球の大気のほうが軽いんですね。そのため、地球の大気を何かに密閉してもっていくと、プカプカと浮かぶことができるので、その力を利用してこのハビタブルゾーンに浮かばせようと考えました。全体模型を見て欲しいのですが、外側が膜材になっていて、そこからワイヤーが伸びていて中心のリングを吊っています。これがそのリングを拡大していて、このリングが金属のフレームになっていて、唯一硬い素材になっています。

竹山　これで吊っている？

井上　違います。この膜材に、さらに外側にワイヤーがスリーブのようなものに通されていて、そこからワイヤーが伸びています。

竹山　でもこれ、空気が軽いって言ったじゃない。

井上　はい。

竹山　下からアンカーしないといけないんじゃないの？

井上　いえ、アンカーは必要ないです。

竹山　アンカーというか、下につながらないと浮かないからさ。風船なわけでしょ？

井上　そうです。

竹山　こういうのって今の説明と矛盾しない？

井上　地球自体が浮いていて、その中からワイヤーがあって…。

竹山　あ、そのなかなのね。これは関係ないんだね？

井上　すみません、なかです。模型表現上でなかのリングを見て欲しいのですが、それを拡大しているものということです。さらに、軽量化のために上部は居住部なんですけども、床と壁も膜材で作られていて、家具も空気を膨らませてエアベッドみたいなインフレータブルな家具を考えています。全体の大きさは浮力を担保するために決定されるので、積載荷重と固定荷重を全部書き出してみて計算すると約20tになったので、直径は50mになって浮いてるという計算になりました。

竹山　二酸化炭素が多い空気は変動しないの？希薄になったり、あるいは密度が高くなったり。つまり安定して浮いていられるの？

井上　高度によって変わるのですが、ある程度上に行くと浮力が落ちてくるので、一定の場所に留まるというのが想定です。

竹山　風とかがないわけ？

井上　そうです。風はあって、風に流れて乗っていく想定で、それがこの研究施設の1日を作っていて、風に乗ると昼が2日、夜が2日続くんですね。暗いなかでも生活できるように、施設の上部に疑似太陽光のようなものを付けて、それで地球の1日のサイクルを表現しています。

竹山　でも太陽に近いから凄まじい温度になったりしない？直射だったら。

井上　直射はあまり考えなくても良くて、さらに大気が上にあります。

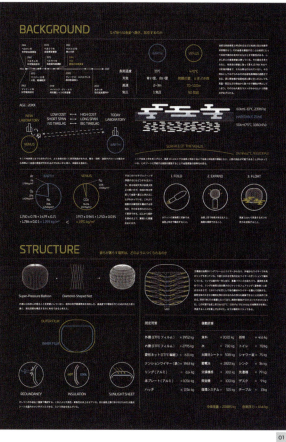

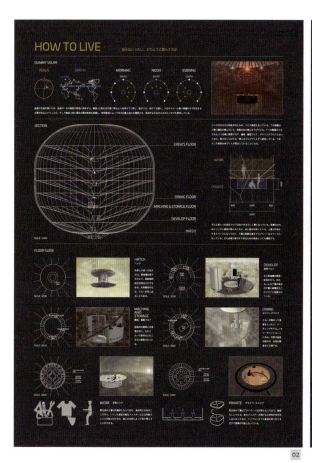

井上　僕は金星上空に浮かぶ研究施設を設計しました。金星というのは地表面がすごく過酷で、探査機を送ってもすぐに機能停止してしまうという問題点がありました。ですが空を見上げてみると、50から60kmの地点では地球と同程度の環境になっているため、人が居住できると考えました。さらに幸運なことに、金星の大気はほとんどが二酸化炭素なので、地球の大気のほうが軽いんです。そのため、密閉すればそのまま地球の大気が浮力ガスとなって、施設を浮かばせることができるのではないかと考えました。こちらが全体模型で、外が膜材になっていて、内側にリングが見えると思うのですが、それが固い金属のリングになっています。その膜材からワイヤーで吊るされていて、このリングの大きさがロケットの貨物庫と同じ大きさになっていて、外側の膜材とかワイヤーは畳んで収納して金星までもっていくというような構成になっています。さらに上のほうの4つが居住部でして、軽量化のために金属のフレームの他は膜材となっていて、こういう風に穴が開いているのですが、チャックで取り付け可能な収納ユニットなどを取り付けていたりします。この研究施設の浮力を担保するために、積載荷重と固定荷重を全部書き出してみると、約20tになって、それだけを浮かばせるためには直径50mの大きさになるということが計算でわかりました。

土居　数値的なことをきちんと押さえているのはなかなか良いプロジェクトだよね。それで何をするの、ここで？

井上　探査をします。

土居　金星の大気ってすごいんでしょう？すごい勢いで回っているんだよね？

井上　そうです、スーパーローテーションというのがあります。

土居　これは1点に留まるの？ぐるぐる回るわけだよね？

井上　そうですね、風に乗って留まります。

土居　すごい短期間で1周しちゃうよね。

井上　はい、それが結構面白い点でもあって、金星はとても自転が遅いので普通に留まっていると1日が何日間もかかってしまうんですよ。だけど僕が想定した場所で風に乗ると、4日で1周するので、昼が2日、夜が2日続くんです。それで、真っ暗ななかでも生活できるように疑似太陽光というのを施設の上のほうに付けていて、それが地球の1日のサイクルを表現しているということもやっています。

土居　地球で言えば飛行船というのかな？それに当たるものをやるわけだ。面白いけど、これでいいんだろうね。上空何kmだっけ？

井上　5〜60kmです。

土居　そこで1気圧になるわけだね？しかし何のためにあるのか。今は無人でかなりのことができる時代になったのに、人が行く意義って何だろうね？

井上　人が行く意義は探査のためもあるんですけど、後々は植民とか移民とかにも展開していきたいです。

# 匿名のヘテロトピア

均質化しバーチャル化しているロードサイドにおいて、匿名性を個性としたリアルな建築を目指した。世界中の都市空間から場所性を切り離し、用途を与える。それらを一つの建築にコラージュしていくことで、ショッピングセンターを提案する。さまざまな体験空間を巡ることで、体験は複合化し、人々の目的は消費から体験へと変化する。消費は副次的になり、ネットでの消費が潜在的に刷り込まれていく。

ID40

## 荒木 俊輔　Araki Shunsuke

九州大学 工学部建築学科 B4

**Answer 1.** Rhinoceros、Grasshopper、Illustrator、Photoshop、AutoCAD　**2.** 8万円　**3.** 1ヶ月　**4.** やったことが一目でわかるように　**5.** 末田美術館　**6.** レゴが好きだったから　**7.** 分からない　**8.** よく物がなくなる　**9.** 大崎周水堂

## Presentation Board

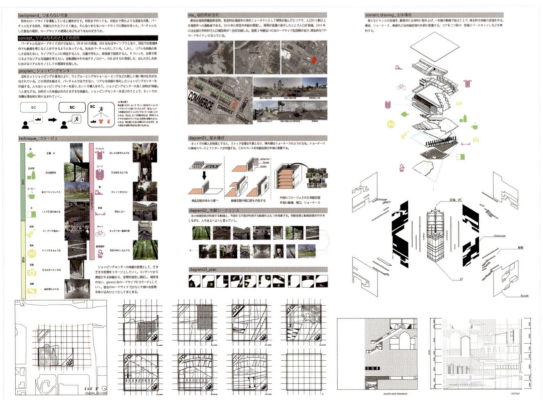

荒木　僕が設計したのはロードサイドに建つショッピングセンターです。この設計をやりたかったのは、何もない、どうしようもない場所の建築というものを考えたからです。無個性で場所性がなくて、バーチャル化するロードサイドに、何か五感で感じるリアルな体験とか、リアルなものとしての建築というものを目指しました。提案するのは体験型の商業施設でして、ウェブルーミングやショールーミングなど、いろいろなネットでのショッピングの方法を踏まえて、バーチャルではできないリアルな体験に特化したものを計画しています。ここでは人々の目的がものから体験に変わることで、消費が潜在的に刷り込まれるように想定しています。手法としては、世界中のさまざまな都市空間というのを匿名ジェネリックなロードサイドにコラージュして、それを体験空間という風にしています。大きく3つのジャンルのコンテンツを想定しているのですが、その3つのジャンルを螺旋状に組み立てることで、体験空間というものを構成しています。外側のファサードの部分にショーケースと設備スペース、動線、開口というのが付随しているような構成で、これを見てもらったらわかるのですが、コアが2つあってショーケースがあって、動線とファサード、そのなかに体験空間という風になっています。動線と体験空間というのを行ったり来たりしながら上に登っていくような全体の構成になっています。

竹山　これプランは、小さくてよくわかんないんだけど、コアみたいなものがあるの？

荒木　はい。ここに2つコアがあって、その周りを体験空間がぐるぐる回っていくという構成になっています。

竹山　この模型を見ていると、要するにいろいろな空間が埋め込まれた、悪い意味で言っているわけではないけど、幕の内弁当みたいなもの？

荒木　そういう感じです。

竹山　それぞれのエレメントの形やデザインの根拠とかはあるの？

荒木　これをもってきた根拠ということですか？

竹山　そうではなくて、思いついて面白いなと思ったものを、適当にいろいろな形を選んだ根拠…。つまり、これとかそれとか形があるけど、この形はどうやって決まるの？

荒木　それはショッピングセンターの、コンテンツからどういう体験が考えられるかということです。実際は自分が行った空間なんですけど、ほとんどがそのなかでここだったらこう、場所から切り離した時に…。

竹山　具体的にはどこなの？

荒木　例えばこれは、ピーター・アイゼンマンが作ったユダヤのホロコースト記念碑です。

竹山　これは？

荒木　ベルギーにあるサンテュベール。

竹山　これは？

荒木　これはモンマルトルの丘の路地です。自分が行った空間で、「ここがベルリンじゃなかったらこういうことをしたいな」という風に、機能というものから体験というものをもってきて、どんどん立体的に組み上げるという構成にしています。

荒木　ロードサイドに立つ商業施設を作りました。

光嶋　卒業設計？

荒木　はい。僕がこれでやりたかったのは、何もないどうしようもない場所の建築を考えたくて、無個性なロードサイドにリアルなものとして作る建築を目指しました。プログラムとしては体験型の複合施設で、ウェブルーミングやショールーミングなど新しい買い物の方法が出てきている中で、リアルな体験に特化したものを作ります。ここでは、ショッピングセンターに行く目的が体験になることで、その体験が複合化されて消費が潜在的に刷り込まれることを想定しています。手法としては、世界的なさまざまな都市空間というものを、匿名的なロードサイドにコラージュして体験空間というものを作っています。ショッピングセンターというコンテンツから体験という空間を作って、そこからこれを想定して空間を選んできています。

光嶋　実在する空間ね？

荒木　はい。全部実在する空間です。外側がショーケースと動線とファサードという風になっていて、動線はショーケースの中に埋め込まれているようになっています。動線と空間体験を行ったり来たりしながら、ぐるぐる上に登っていくような全体の構成になっています。

光嶋　最後、上に登り切った後はどうなるの？

荒木　登り切った後は2つのコアになっていて、片方はエレベーターで降りられるようになっています。

光嶋　もう片方は？どこがエレベーターなの？

荒木　ここがエレベーターで、こちらがトイレなどになっています。

光嶋　ここに来た人はどうやってこっちに帰るの？

荒木　基本的に一本道の動線で、今はファサードを外しています。

光嶋　あそこからあっちには降りられるの？二重螺旋じゃないの？

荒木　二重螺旋ではなく一本道の動線です。

光嶋　これはポストモダンだよね？

荒木　はい。

光嶋　ポストモダンは批判されて建築の歴史から消されていくわけだよね。無意味じゃないの？でも無意味なところに意味を持たせたいから、ポストモダン的手法というところを確信犯としてやっている。

荒木　そうです。それがロードサイドという何もない場所というか地域性みたいなものが…。

光嶋　どうやって地域性を獲得したの？

荒木　獲得したというよりも、匿名性を生かしています。

光嶋　匿名性じゃなくて、元々あるものだよね。

荒木　実際には僕が行った空間がほとんどで、例えばピーター・アイゼンマンの「ホロコースト記念碑」が、ベルリンになかったらどういう使われ方をするのかなと。

光嶋　でも実際はベルリンにあるし、ユダヤの記念碑だと思い出してしまうよね。それに場所性があるの？

荒木　ここは本を読むといった体験空間を作っていて、場所性を切り離したときにこういう使われ方をするのではないかということを全部詰め込んで、1個としてまとめたものが「ロードサイドの匿名性」という回答になるのではないかと考えました。

光嶋　これは結局どこにあってもいいということになってしまうんじゃないの。これが神奈川や千葉にないといけないということを説明できないと。そこのアイデンティティのなさというか、どこにでもないものにアイデンティティを持ち込もうとして、結果的には皮肉なことに継ぎ足したものでやっても、そ

れはあなたにとっての匿名のままでしかない。

荒木　その組み立て方に地域性というものが出るのではないかと考えました。

光嶋　それはわからない。これで説明してみせてよ。これはどこに建っているの？

荒木　これは福岡の新宮です。

光嶋　これが福岡らしいの？

荒木　福岡らしいというよりは、敷地のコンテクストから読み取ろうとしています。二重螺旋にした理由はここに大きな公園があって、ジェネリックで新しい街なんですけど、都市計画がすごい強烈になっていて…。

光嶋　それは全然福岡らしさじゃないよね。大きなヴォイドの公園なんていっぱいあるじゃない。

荒木　これは公園があってこちらに国道3号線が通っているんですけど、それ自体はこの敷地特有のものです。

光嶋　特有だけど、そのパターンは福岡特有には成り得ない。それが見つけられない限りは、これはポストモダンの後追いでしかない。「なるほどこれはポストモダンじゃない、ポストモダンを超えているね」と言えるものがないよ。そこはやっぱり自覚的でない限りこの先はなくて、どうやってこれを発展させるかという設定がセンター前ヒットでしかない。ホームランを狙わないと超える方法は見つからないと思いました。こういうものは見飽きていて、30年前にレム・コールハースは抽象的に図書館でもやったし、多くの建築家がやり尽くしている。それを「匿名のヘテロトピア」と名前を付けただけであって、できている空間に全くそうしたものがない。その辺の公園とか道をその場所性と言っても、絶対に似たような状態の場所は日本中にいくらでもあるからね。それだけで「福岡らしい」と組み立てるのは全然説得力がない。

# 美しい過去になる
― 暮らしと海を繋げる防潮堤の提案 ―

海に行くまでに、人は多くの海の要素を五感で感じ取る。海までの空間の変化は、海が作り出す空間のグラデーションである。その空間のグラデーションを断ち切ってしまうのが防潮堤である。空間が断ち切られ、かつての人々の海とつながりある暮らしも断ち切られてしまった。災害から暮らしを守ってきた防潮堤は、本当の意味で人々の暮らしと海の為のものだろうか？町から海へ向かう"町のグラデーション"を生み出す防潮堤を創造し、人々と海の繋がりある暮らしを再構築する。

ID 41

**山本 佳明** Yamamoto Yoshiaki
麻生建築＆デザイン専門学校建築士専攻B4

**Answer** 1. Vectorworks, Photoshop, SketchUp 2. 5万円 3. 半年 4. 手描きの線を使うこと 5. 丹下健三 東京カテドラル聖マリア大聖堂 6. 親の一言 7. 住宅設計 8. 入学後、急激に視力が落ちる 9. レモン画翠 通信販売

## Poster Session

**藤村** これは木造なんですか？なぜ？
**山本** 現地の写真を見てもらうと、この街は木造の古い街並みが広がっているので、それに合うように木造を取り入れました。
**藤村** ちょっとコンクリートだけど、まあいいや。高床なんですか？
**山本** はい。束で上げています。
**藤村** 上がっていくところはあそことここかしかないという感じですか？
**山本** そうですね。鉄筋の上を基本的に歩いていって、あちらから降りて行くという感じです。
**藤村** 何に使われる建築でしたっけ？
**山本** こちらは防潮堤になっています。
**藤村** この手前の機能とかは？
**山本** 海を眺める場所であったり…。
**藤村** 休憩所的な？
**山本** そんな感じですね。綺麗な干潟が広がっているので。
**藤村** わざわざ何のために作るの？
**山本** これは街との関係性が堤防という壁によって断たれてしまったので、そこを軒下の空間、デッキの空間というもので、街と海との境界を曖昧にしていこうというものです。
**藤村** 床はできているんだけど、床しかないというか、もう少しヒューマンスケールにする仕組みはないんですか？今パッと見ると床しかないような、床と軒だけがあるみたいに見えるんだよね。
**山本** 軒の出の深さとかで少し高さを抑えてあげて、スケールを合わせて、こちらのデッキのほうは波や自然に対するものなので巨大なスケールという風に自分は合わせました。
**藤村** でも海の家だったら海の家で家具というか、海の家として使うために飲み食いする場所とか料理する場所とかいるわけだよね？
**山本** いちおうああいう風にベンチとかを設けています。
**藤村** ちょっと公共施設っぽいんだよな。ガランとした公共施設に見えてしまいますね。意図としてはもう少し賑わっているイメージかもしれないけど、人が集まる場所という感じはちょっとしないかな。人を集めることに関して何か考えなかったんですか？
**山本** 逆側のほうから見ていただけると、街側の寄り合いの場所、畑のほうとかにこの空間を設けると、畑で休んでいる人がここにいて、そこを行き交う人がここの空間で寄り合いの場を形成していきます。
**藤村** みんなが暇だったらいいけどね。忙しい人を集めなければいけないときは、もっといろいろな仕掛けがないと人が集まらなさそうですけどね。アジアとかの労働力が余っているところで、みんな日陰にいるみたいな、そういう街だったらいいけど、今みたいに人口減社会で若い人がみんな忙しいときに来るかな？
**山本** いちおうシーズンではカイトサーフィンなどで賑わっていますので、その時には…。
**藤村** それだったらもうちょっとそういう機能を入れないとね。

山本　私は街と海のつながりを生む、防潮堤を提案します。計画地は私の故郷の山口県にある海水浴場です。津波の影響のない瀬戸内海にあります。ただ、遠浅の海なので、台風のときの高潮を防ぐ必要があります。高い波を防ぐ防潮堤とは異なる、高潮を防ぐ防潮堤です。防潮堤によって分けられた、街と海の関係性を再構築します。この防潮堤を街とつなげるようにするため、街側には人を引き込む寄り合いの空間を、海側には海を望めるデッキ部分を、街から人を引き込み、海まで人を誘い込みます。この空間を囲うのが軒下の空間であり、街と海の中間領域となります。それが境界を曖昧にして、街と海を緩くつなげるものとなります。この建築が、防潮堤という壁によって分けられていた、街と海の新たな関係性をつなぐ役割を担うものと考えます。

土居　アイデアはすごく良いと思うけどね。防潮堤、コンクリートの塊だけだとすごい殺風景になるから、そこをこういう建物で覆うと。これは実際は何なの？夏の間の海水浴場のときの施設になるの？

山本　出店とかはこのスパンの間でできるような想定はしています。

土居　夏は海水浴客は来るの？

山本　シーズンは賑わっていますね。

土居　じゃあ何となく可能性はあるんだけどね。でもこれ、こんなに永遠と続くものなのかな？水平線の彼方まで。

山本　800mくらいはずっと海岸線が続いています。

土居　これは基本的なアイデアとして面白いんだけど、木造のストラクチャーとRCはもっと無関係であったほうがいいような気がする。これだとべっとりまとわりついちゃって、隠すのが目的だったらいいけど、本当はもっと自由な関係であったっていいんじゃないかなという気がするけどね。

山本　RCとの関わり方…。

土居　うん。だから何となく本当にRCが木造の屋根を支えているような感じすらするけど、実際はそうじゃないよね？

山本　そうですね。浮いています。

土居　だから、もっと浮いている、違う構造体であるというずれを見せたほうがいいような気がする。それからこういう水門なんかももっと強調したほうがいいような気がするんだけど…。模型では何をするのかちょっとよくわからない。普通は海の家みたいなものがあって、シャワーがあって、その他いろいろあって、もっと幅の広いものではないかと思う。屋根の材料は何？

山本　屋根は瓦を想定しています。

土居　瓦かー。瓦は重いな。軽い材料のほうがいいんじゃないかな。でもすごく良いアイデアだね。

# 連なる風景の先に
― 住宅街に佇む木造建築の可能性 ―

戦後の住宅需要に伴い、均質的な住宅街の風景が生まれた。向原もその一つ。ここは穏やかな町環境でありながらも、著しく公共性に欠けていた。本提案では、住宅街における公共空間の在り方を追求し、建築的な答えによって、都市部における住宅街のこれからを設計した。

ID42

野尻 勇気　Nojiri Yuki

多摩美術大学 美術学部環境デザイン学科 B4

**Answer** 1. Vectorworks、Photoshop、Illustrator　2. 8万円ほど　3. 5ヶ月　4. 自分が設計したものを愛す　5. 堀部安嗣・鎌倉山集会所　6. 建築家になりたいため　7. 建築系　8. 提出前の作業場の汚さが異常。　9. 世界堂(池袋、新宿)、レモン画翠(御茶の水)

## Presentation Board

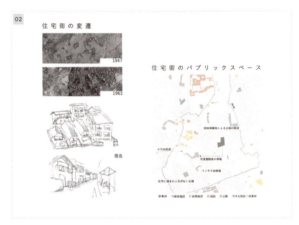

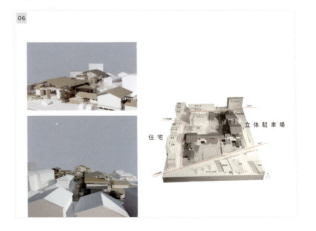

野尻　私は、これからの住宅街におけるパブリックスペースとそこで生まれる木造建築の可能性を考えました。敷地は板橋区向原です。ここは都市の典型的な住宅街が広がって、穏やかな住環境が整っているものの、年々パブリックスペースが減少しています。元々ここに公民館があって、児童施設と児童遊園があったのですが、大人の空間と子どもの空間が結構分断されていて、その分断された空間を緩やかにするというのがあります。設計主旨が、少し日常的でありながらもどこか非日常的な建築佇まいを目指して、均質化する住宅街の風景に優しく佇むような公共施設を提案しました。公共施設にとって大切なのは子どもの居場所であって、その子どもたちが走り回れるような抜け道だったり、半屋外空間であったり、またここを使う、管理する人にとっての機能的な空間構成も施しました。外観が切妻でとても簡素な感じなのですが、開けてみるとこのように、やはりパブリックスペースは子どもが重要だなとすごく感じていて、子どもたちが中心になって住宅街に住む大人たちも見守られるような風景を生み出せればいいなと思っています。

島田　それで木造になっている。

野尻　住宅は短い時間軸なんですけど、やはり街の中心に佇む公共施設というのは、長く佇む必要があって、そういったことも含めて木造が適しているのではないかなと思ってこういう形になっています。

島田　これ南北は？

野尻　こっちが北でこちらが南です。公園を囲むように建築を配置して、ここがカフェになっているのですが、そのカフェから公園が見えたりだとか、そういったつながりも考えて設計しています。西側が住宅が多くて、こっちが立体駐車場なので、こちら側を児童館だったりホールといったものにしています。

島田　駐車場？

野尻　ここです。

藤村　質問から聞いていいですか？これは機能はどういう感じなんですか？

野尻　機能は公共施設で、都市の住宅街のなかに佇む公共施設です。なかには…。

藤村　図書館、カフェ。

野尻　はい。元々公民館と児童施設と公園が隣接していて、そこのパブリックスペースが「大人はこっちを使って」、「子どもはこっちを使って」と空間が分かれていたので、それをもっと混じるように再編したという感じです。都市の住宅街に佇むものとして周辺環境に馴染みつつも、非日常性ではないですけど、子どもだったらここで冒険するような、大人だったら休日外に行く機会となる場所、パブリックスペースでもいいのでそういう非日常的な場所を与えることで、住宅街に何か豊かさが生まれるのではないかと思ってこのような提案をしました。

藤村　人が集まる仕掛けというのは何かあるんですか？

野尻　人が集まる仕掛けとしては、外観は結構落ち着いているのですが、こういう風にちょっと子どもが遊べる場所だったり、洞窟のように見えると思っています。

藤村　そうなんだけどさ、世の中競争で、今は人の奪い合いだよね。他の場所ではなくてここにどうしても来なきゃいけないというか、人が集まる理由みたいな、磁石的な要素はあるの？

野尻　磁石的な強い発信するようなものは正直ないと思うのですが、周りの住宅街の時間軸とは違って、すごく長くあり続けるものというのをとても感じていまして…。

藤村　日常的な。

野尻　そうです。

藤村　でも日常的と言っても、食堂だとか人が集まる理由があるよね？

野尻　真ん中にカフェも入っています。

藤村　カフェはここがそうですか？

野尻　そうです。中心にあって、そのカフェから2階が児童館になっていて、親と子どもがここでだんだん敷地の外に広がっていく様子が見られます。

藤村　これとこれは何ですか？

島田　あ、ここね。立体駐車場。

野尻　賑わいの機能としてあります。そしてこちらに図書館だったり受付という、公民館的な従来の機能が、静かなスペースがあるという感じになっています。アイレベルから見てもらえると、外からは感じられないのがより伝わるかなと思うのですが、ところどころでこういうたまり場というのを設けて、そこが子どもの遊び場になったり、大人が休日にここでくつろぐというか、子どもの様子を見守る場所となります。

島田　非常に抑制的でいいなとは思うんだけど、そういう意味で見るとこれがちょっと、こんなガラス張りの空間が本当に必要だったのだろうかみたいな気がする。

野尻　住宅街が多いので、住宅のように設計しつつもやはり公共空間としての開放性を取りたいなと…。

島田　こっちの意匠のほうが半分壁になっていたりして、僕は好みなんだけどね。

野尻　2階が児童館なので上は児童館のアトリエになっています。こちらは住宅街が結構密集しているので、図書館という少し静かな機能を与えています。こちらが駐車場なので少し賑やかなスペースという感じです。

藤村　一番象徴的な場所というとこのなかで何になるんですか？カフェになるんですかね？人を集める場所というか、磁石になる場所としてはカフェですか？中心にあって、動線の入り口にあって。でもそこがちょっと流れ過ぎるというか、流れるような架構になっているのが気になって。象徴的な架構のところが何でもない機能というのがまたちょっと気になります。形と象徴性みたいなものがあまり一致していないですよね。一致しない建築なのかもしれないけど、それが不思議に思いました。もう少し象徴化したっていいんですよ。だけどなぜかこういうところがすごく象徴化されていて、まあ、そういうのもあるかもしれない。形のバランスとしてはわかるんだけどね。

# ときの残し方
― 発掘が創る遺跡保存の未来 ―

わたしのまちから遺跡が消えた。土で全てを埋めてしまう現代の遺跡保存の仕方に疑問を感じる。近年、開発の波に飲まれ、ヒトの記憶から消えゆく遺跡は後を絶たない。未来へ託すタイムカプセルのような空間を創れないだろうか。1000年先もこの大地の履歴を継いでいくための作法の提案。

ID43
**竹内 宏輔** Takeuchi Kosuke
名古屋大学 工学部環境土木・建築学科 B4

Answer 1. Illustrator、Photoshop、Rhinoceros、ArchiCAD 2. 20万円くらい 3. 1ヶ月 4. 幻の異世界感ある建築を創りたかったので、ドロドロしたパースと荒々しい模型がよかった。 5. ギザのピラミッド 6. この大地にでかいもん創りたかったから 7. 設計できるところならどこでも 8. ― 9. ―

## Poster Session

藤村　どこに何を作ったのですか？
竹内　これは新しい遺跡の保存の手法の提案です。敷地は僕の地元の静岡県浜松市の伊場遺跡になります。
藤村　ここには何があるんですか？工場？
竹内　ここは元々遺跡の発掘とJR東海の新幹線開発の工場があります。
藤村　浜松工場？有名な工場だよね？
竹内　そうです。そこの開発と遺跡の発掘がぶつかってしまって、遺跡の発掘が止まってしまったという歴史をもっている場所です。
藤村　そこを再開する？
竹内　そうですね、そこの発掘をまた別に新しく、発掘の仕方から保存へのフローを作り出すための手法を今提案しています。
藤村　時系列的に言うとどっちが先なんですか？
竹内　こちらの下からです。発掘現場からだんだんと保存期に移るミュージアムというプログラムになっていくのですが、その変遷を今表しています。

藤村　これは構造ですよね？
竹内　はい、そうです。発掘の段階から考え直したときに、最初に発掘するときは杭を打つことだったのですが、その杭を建築化してあげます。
藤村　でも遺跡を壊してしまうのは大丈夫なんですか？
竹内　そういう考えもあるかもしれないですけど、僕は保存の仕方が問題であると思っていて、その保存がただ発掘面を覆うだけの保存だっていいと思います。新しく作ることに寄ってしまって、ミュージアムがなくなったときに、ここにあった土器とか人が全て関わらなくなってしまって、それが現在の資料館も失ってしまったこの場所の問題でした。そこで発掘から保存を考えたときに、発掘面に発掘土を覆ってあげることでこういう空間を作り出してだんだんとミュージアム化していきます。
藤村　シェルターにする。
竹内　そうですね。
藤村　これは発掘が終わってから作るの？

竹内　発掘の段階から最初に残して…。
藤村　そしたら遺跡を壊してしまうのではないかということで、ちょっとそれがよくわからない。それはいいとして、これは何ですか？この斜めの梁になっているのは。
竹内　これはこの杭にどんどん発掘土を覆っていくときに、杭と杭を支える構造体です。
藤村　これが屋根なんだ？
竹内　そうです。
藤村　これは布が破けてしまったらどうするの？
竹内　それに対しては今後新しい技術が開発されると考えています。何千年後の提案なので。
藤村　全く建築的じゃなくていいですね。発掘現場がテクスチャーになっちゃって、「Photoshop建築」だね。イメージはわかりました。

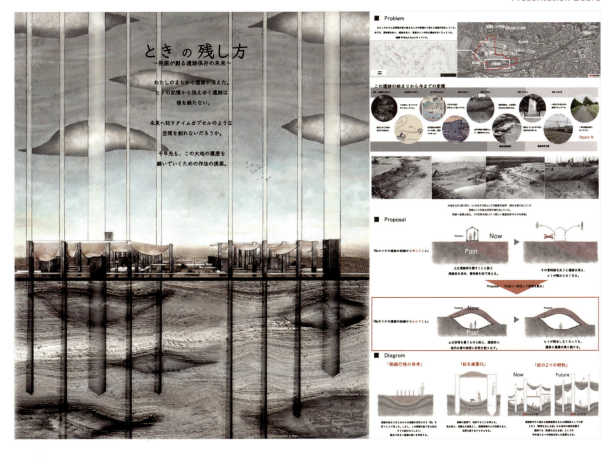

竹内　発掘が創る、遺跡の新しい保存の手法並びに、新しい遺跡の空間の提案です。今までこのように、遺跡の保存の仕方に僕は問題意識をもっていました。この遺跡の発掘面を遺跡土で最後に戻してしまう、発掘面を覆ってしまうことで、遺跡をブラックボックスとしてしまうことに問題意識をもっていました。敷地として選んだ僕の地元、静岡県浜松市には伊庭遺跡と言われる、JRの東海工場の開発の波に飲まれてしまった遺跡が存在していました。この上に、現代の面にミュージアムを建てることで、そのミュージアムを管理できなくなってしまったら、遺物として人が関わらなくなってしまいます。それに対する提案としては、遺構として過去の面に発掘土を覆ってこの空間を作って、この空間を保存していくことによって、人が関わらなくなっても、新しい保存ができるのではないかという提案です。何をしたかと言いますと、発掘の始まりの際に杭を打つことによって、その杭が発掘の始まりだったのですが、発掘から保存のフローを作り出すために杭を建築化し、杭を建築化することによって仮設の発掘現場、こちらの足場からどんどん発掘現場からミュージアムにプログラムを変えていきます。

土居　レイヤー構成しようというわけだよね、過去と現在のね。ある意味コンセプトとしては、青木淳さんの作品にちょっと似ている。青木さんの考え方は筋道がとても通っているんだけど、君の場合は杭というコンセプトをもっているため、杭自身が実は点ではなくて、相当なボリュームを取るし、相当な面積を取るわけだよね。だからこうやって模型になるとそれが非常によくわかる。古いレイヤーも杭で打ってしまうから、問題ではないかな。

竹内　今までの保存の方法ではただ地層を積み重ねているのですが、その地層の下から垂直的なつながりは今まで見られなくて、そういったところに空間を作り出してあげるためにこの杭は構造体として成り立っています。それが発掘から保存のフローを作り出すという形で、最初に発掘の始まりを示すこの杭というものを最後まで残して、打ちつないでいきます。

土居　それからね、レイヤーの考え方はいいけど、レイヤーを強調する違う手法があって、断面を示すということは、例えばこの辺でさくっと切って、上の地層は新しい、下の地層は古いというやり方があるよね？それはあえてやらなかったわけですか？

竹内　そうですね、僕はプログラムから入っているので、遺跡が今どんどん人と関わらなくなってただ存在だけしているなかで、住民がどんどん関与していったりする際に、最初に示す筋道として杭を…。

土居　ああ、なるほど。まあ杭に賛同するとしても、これは断面が四角いからあまり杭らしくないよね。だからもっと杭らしくしたほうがいいんじゃないかな。でもアイデアは貫通しているものがあっていいと思う。

# 重ねて、辿って
― 八幡の未来を創る道空間と建築 ―

現在八幡の街は、再開発によって官営八幡製鐵所の面影が薄れてきている。街の歴史を残していくために、製鉄所の施設を保存する。かつての構内の道を復元させ、また既存の道と重ね合わせることによって、点在する遺産を街に関連づけるための新たな街区構成をつくりだす。この時間のレイヤーや道空間、産業遺産である「鉄」を用いて、建築をつくっていく。よって、八幡の街の新たな景色となり、この風景や歴史を未来へ継承する空間を提案する。

ID44

## 永松 怜子　Nagamatsu Reiko

福岡大学 工学部建築学科 B4

**Answer** 1. VectorWorks、Photoshop、Illustrator　2. 2万円　3. 8ヶ月　4. "私らしさ"を表現する　5. 北九州市立美術館　6. 建築に興味があったから　7. 住宅の設計　8. 研究室が自宅だとiPhoneに認識される　9. 学校の売店、レモン画翠、山本文房堂

Presentation Board

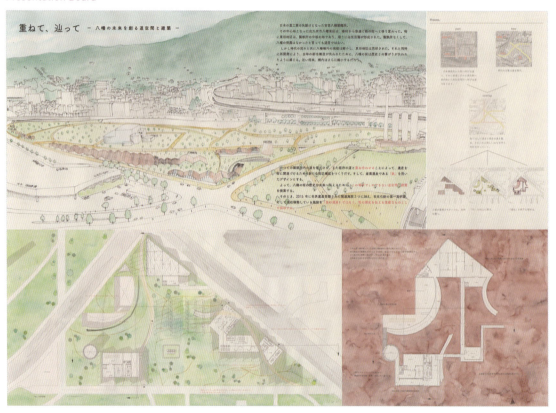

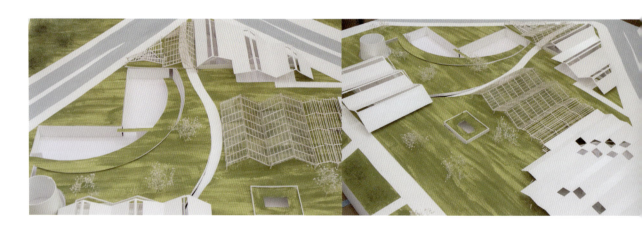

永松　まず敷地の説明からします。北九州市八幡東区の東田という土地になります。
藤村　機能は何ですか?
永松　機能は博物館です。ここは八幡製鉄所が栄えた場所です。
藤村　近代以降の展示みたいな感じですか?
永松　そうです。
藤村　屋根をかけてもらってもいいですか?
永松　はい。このような形になります。ここは工場の街でして、都市計画が崩れてしまって当時の街とその関係のつながりが薄れたように感じられます。
藤村　ここは何ですか?
永松　ここは鉄骨の骨組みで組んでいます。
藤村　屋根の下は何に使うところ?
永松　遊びの広場とか…。
藤村　遊びの広場?こっちは展示室ですよね?
永松　展示室は地下になります。左側に。
藤村　これ?入るところはどこにあるんですか?
永松　ここです。ここから地下のほうに戻ります。
藤村　あ、これが展示室か。
永松　地下が全体的に展示室になっています。
藤村　ここは何ですか?
永松　ここはワークショップや講義室とかになっています。
藤村　屋根が大き過ぎるよね。なぜこんなに屋根が大きいんですか?既存なの?これ。
永松　既存ではなくて新築で、工場の記憶を取り戻すために…。
藤村　記憶を取り戻すために随分お金をかけますね。敷地のことばかり考えてしまって、建築がふわっと、薄いですね。でもなかの機能とかよりも、敷地の記憶を守ることがすごい大事なんだ?
永松　そうですね。
藤村　すごい時代になりましたね。建築家ではなくて物語家というか、歴史家というか、語り部というか。そんな感じの建築ですね。大体のイメージはわかりました。博物館に行くと最初に着くところはどこですか?例えば玄関とか。
永松　最初に着くのはこちらですね。
藤村　ここに着いて、こう回って、ここでレクチャーとかがあるのではないですか?講義室とかカフェがあって。

永松　そうですね。
藤村　ここにたどり着いてお茶して帰るみたいな感じ?
永松　はい。市民の方も利用できるようになっています。
藤村　ちょっと開いちゃってますね。動線的には閉じたほうが最後もう一回帰る時に…。
永松　そうですね。企画展示室の前を通って帰ってきてもらうという感じになります。
藤村　もう一回戻ってくるの?こうやって?
永松　そうはならないです。こう来てこう戻ってきます。敷地の真ん中を通っていきます。
藤村　通って帰る?外を通らないといけない…。そうか、最初に荷物を預けてしまうとそこに戻らなければいかないみたいな。建築計画というのがあって、ミュージアムは一旦こう行ったらまた戻ってくるとかって習いませんでした?
永松　はい、習いました。
藤村　習いましたよね。そういう基本がもう少しあってもいいかな。もうちょっとだけ建築のことを考えてもいいかなと思います。

永松　この街の風景や歴史を残したくて、道空間とそれに付随する建築を設計しました。この場所は、官営八幡製鉄所の敷地があった北九州の八幡東区になります。縮小したために街とのつながりが薄れたので、道をヒントに、道空間を使って街とのつながりを設計しました。昔の軸と今の軸を重ねて、その道を重ねたようにその建築も地下空間と地上空間を重ねています。主な用途は博物館で、八幡製鉄所の歴史や製鉄ができるまでの工程、機械の展示をしています。また、地上には観光客の方や市民の方も交流できる場を設けています。
島田　「昔の道と今の道が」というのは、説明がよくわからなかったんだけど。
永松　一番上の右側の説明になります。昔の直交軸がありまして、そこが今再開発されて、主な軸とそれを重ね合わせて新しい街区を作っています。
島田　これで言うと、これがこのピンクの道?
永松　黄色い道です。
島田　これは黄色の道なの?
永松　この直交軸がピンクの道になります。
島田　ああ、なるほど。ただそれは建物とはあんまり関係ない?できたグリッドのなかに建物を作っているということだよね?
永松　ループしたような形になっています。
島田　それじゃあ家型の連続みたいなものは、何をデザインソースにしているのですか?
永松　参考資料なのですが、元々工場があったので、その工場の屋根の形を利用して配列も取り入れています。
島田　これが屋根がかかっているんですね。この屋根はかかっているけれど、オープンヤードは結構あるという話か。このガラスのところは何ですか?
永松　屋根の下でピクニックとか、子どもたちが座って何かをします。
島田　結構スケールが大きい。
永松　はい。そのスパンも工場の元々のスパンを取り入れています。
島田　なるほど。この丸いものは?
永松　これは高炉をイメージしています。
島田　あ、違うの?新しく作ったの?なるほどね。わかりました。

# 連なる水切り瓦
― 風土を継承する町の食堂 ―

風土的な建築形態はその土地らしさに繋がるヒントを私たちに教えてくれる。高知県佐川町には「水切り瓦」という土佐の横振り雨から壁面を守る瓦の風景が連なり町らしさを表していた。しかし、時の流れと共に町らしさは減少し、この町もどこかで見たことのあるような町になりつつある。この現状を変える水切り瓦の風景を再編する建築を提案する。風土性は建築の本質であり、多くの問題を解決する鍵を握っている。

ID46

田所 佑哉　Tadokoro Yuya

九州産業大学 工学部建築学科 B3

Answer 1. Illustrator、Photoshop、SketchUp、SU Podium　2. 1万円　3. 5ヶ月　4. シーンを見せる　5. 堀部安嗣　6. SDRを高校の授業で見たこと　7. 設計事務所　8. みんなマック　9. 丸善

田所　高知県の佐川町というところに建築を設計しました。佐川町の特徴として、こういう風に水切り瓦が続いて、酒蔵が80mくらい続く場所があって、それの横にこういう建築を作ります。佐川町の特徴である水切り瓦がいろいろな場所にあるのですが、その水切り瓦自体が高知県の横降りの雨から壁面の汚れを防ぐために取り付けられたというもので、この街らしさを表しています。それを今のこの減少している風景に対して、いかに昔の建物を守りながら、建築を街に溶け込ませるかを考えながら設計しています。何をやったかというと、こういう面（つら）に対して、この壁面とこの屋根のラインを揃えてあげました。

竹山　揃ってないよ。
田所　模型がちょっと前に…。
竹山　模型の問題？
田所　はい、すみません。
竹山　ものは何なの？
田所　食堂です。酒蔵に対して食堂を設計しています。
竹山　この2層分、全部？
田所　そうです。商売をするというよりは、酒蔵で作った酒を飲めるような場所を考えています。手法として、この揃えた部分で壁面をセットバックしていくことで、水切り瓦が縁側空間に変わって、最終的にはデッキ部分に変わるということを考えています。
竹山　厨房はどこにあるの？
田所　厨房はここです。
竹山　え、食堂の厨房がそれじゃ全然無理だよね。
田所　食堂と言ってはいますが、そんなに商売をするレベルのものではなくて、お酒なんかをみんなで飲めるような場所みたいなイメージです。
竹山　明快な構造体で魅力的なんだけど、その厨房が物足りないね。記号的にしても、そんな厨房を描くとだめじゃないかな？勿体ないよね。全体としてはエレベーションとか模型も全部素晴らしいのに、それからこの家具とこれで大分損しているよね。
田所　そうですね。それで何をしたいかというと、こういう取り残された水切り瓦の風景の建物に対して、こういう建築を建てていくことで、減少している建物に対して新しい風景のつながりみたいなものを再編していくことです。
竹山　これはここが傾ききついの？内側のほうが。
田所　はい。

# Presentation Board

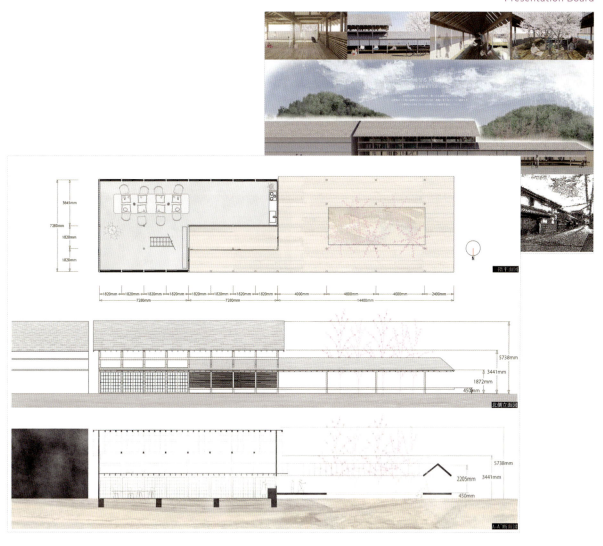

田所　自分は、高知県の佐川町というところに設計をしているのですが、佐川町がどういう街かというと、このような酒蔵がドーンと80m続くような場所があります。この酒蔵の特徴として水切り瓦というものが壁面に付いているのですが、なぜ付いているかというと、高知の風土、横降りの雨から壁面の汚れを防ぐために付いているところがあって、こういうのが多々、いろいろな場所にあるのがこの街の特徴です。それが今、生活の変化の流れとともに減少してしまっているということがあって、そこで、新しい建築をこういう酒蔵の隣にポンと置くことで、風土が街の賑わいに溶け込むような建築を設計しました。

島田　これは用途は何ですか？

田所　食堂を設計しています。

島田　酒蔵の食堂みたいなこと？

田所　はい、そうです。食堂といっても商売をするわけではなくて、住民の人たちが賑わえるような場所です。

島田　これは何？

田所　これはデッキなんですけど、この街は桜が有名で、桜を見ながら花見をするみたいな感じで考えています。

島田　ここから均等に割れているけど、これは何か勾配が変わっているのはなぜ？

田所　これはちょっとミスで、こっちのほうが正しいです。やったことは、ラインを揃えていて、それで壁面だけセットバックして、徐々に水切り瓦が縁側に変わり、デッキに変わるという感じで、徐々に段階を踏みながら、風土的なものが街の賑わいに変わっていくということを考えてやっています。

島田　まあ悪くないけど、花見をするときにちょっと軒が邪魔になるかなと思ったりもしました。これで正解だとも思うんだけど、気になるのは、結局このなかにいると花が見えないねと思って。

田所　そうですね。自分がやりたかったことが徐々に賑わいということで、これが一番適した形なのかはわからないのですが、こういう風土的な建築が徐々に段階を踏みながら街に溶け込むことで、こういう街並みが残っていって残された建築、水切り瓦の風景と連続性のある建物になると考えました。

島田　これはこのまま大きくなっててバカって開いているとか、ここだけぐっと低くしているのが良かったかどうかというのがちょっと引っかかるところではあるね。

田所　検討してみます。

# 衝突と葛藤
## 造船所跡地を利用したアーティスト・イン・レジデンス

モンタージュとは、独立する断片の衝突から葛藤を生み思想を発生させる手法である。これは空間構成においても起こると考える。シークエンスを断片としてモンタージュする事で、空間の葛藤と新たな意味を創出できるのではないだろうか？本計画では造船所跡地を芸術家が滞在しながら、その場で制作・展示を行うアート施設に改修する。ここには大きく三種類の衝突が生まれる。①形態　②活動　③分野　これらを建築的にモンタージュする。

ID51

山田 泰輔　Yamada Taisuke

大阪工業大学 工学部空間デザイン学科 B3

Answer 1. AutoCAD, ArchiCAD, Illustrator, Photoshop　2. 2万円　3. 2ヶ月　4. モンタージュ　5. チュミ・ラ・ヴィレット公園　6. 両親の家を建てるため　7. 建築の設計職　8. 寝てない自慢　9. KAWACHI

Presentation Board

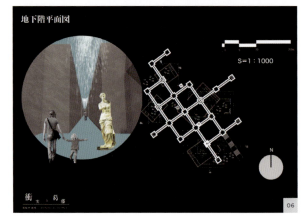

山田　この課題は造船所跡地をアーティストインレジデンスという機能をもったアート施設にコンバージョンするというものです。私はこの課題に対して、モンタージュ理論という100年以上前の映画の手法を用いました。これには大きく3種類の衝突があるとこの課題では考えました。1つ目は形態、2つ目は活動、3つ目は分野です。モンタージュ理論を用いることで「形態」は再編され、「活動」は合成され、「分野」は対比されます。この課題ではシークエンスを断片としてモンタージュし、空間の葛藤と意味の創出を目的としました。

島田　ここに示してあるのは造船所?

山田　造船所はこの二股の敷地のランドスケープなんですけど、そのうちの一股をオブジェクトとして、白い造船ドックとして切り取ったものです。

島田　これは既存の躯体?

山田　これは私が新しく配置した展示室です。

島田　この地中梁みたいなものを?

山田　地中梁みたいなものは展示室への回廊で、私が考えたものです。

島田　造船ドッグの下に通路ができているということですか?

山田　はい、通路を作りました。そしてこれが採光塔です。その展示室に、GLが本来ここにあるんですけど、この模型では貫通しています。

島田　それぞれいろいろなモンタージュがあって、これを参考に例えば「これがオーバートーンモンタージュを使っています」みたいなこと?

山田　例えばリズミックモンタージュという手法がありまして、それは等間隔のグリッドで作品を配置して、ストロボのように淡々と作品を対比することで、1つだけなら成しえない新しい意味や強調ができたりします。それを建築に翻訳するとグリッドで組むことかなと私は解釈して、こういう作り方をしました。

島田　例えばこれがアーティストインレジデンスのレジデンスで、その間のものがアートということですか?彼らはどこで作品を作るの?

山田　ボックスが芸術ジャンルとなっていまして、ドックを舞台とするのですがこれもまたモンタージュ手法でして、リズミックモンタージュです。

島田　リズミックモンタージュばかり出てくるけど大丈夫?

山田　すみません、これはメトリックモンタージュでした。これが入ることでそれぞれの分野が対比されて、ドックがニュートラルな空間でアート施設の舞台となるという感じです。

島田　同じものが2つできるの?2本あるけど。

山田　1本だけを使いました。1本だけにすべてを集めました。

山田　これは造船所跡地を、芸術家が滞在しながらその場所で製作展示を行うアート施設にコンバージョンするという学校課題です。これには大きく3種類の衝突があると感じました。1つ目は時間による形態の衝突です。2つ目は居住・製作・展示という全然違う活動の衝突です。3つ目は芸術分野による衝突です。これは全く違う軸をシークエンスを断片として、映画手法のモンタージュを援用することで、空間に葛藤と意味のあるシークエンスを生むことを目的としています。

土居　基本的な所で、場所はどこだっけ?

山田　大阪で、住之江区にある河川敷の造船所、名村造船所跡地です。

土居　この造船所は大体何くらいの船を作っていたの?

山田　正確な数字はわからないんですけど、中規模から小規模と見学したときに言われました。

土居　いつ頃まで操業していたの?

山田　100年くらい前です。

土居　今もやっているの?

山田　もうこれは100年以上前に閉鎖された跡地です。こういう造船ドックという二股のものだけが残っている状態です。

土居　これは何?

山田　これは造船ドックだけを切り取ったものです。

土居　今ドックは、普通は開けたら水が入ってしまうわけだよね。堰き止めているの?

山田　堰き止めています。

土居　モンタージュ云々は丁度100年前の手法だから、時代的には合っているわけだよね。そういう造船とかいったものも鉄のモンタージュであって、モンタージュ自体が近代の産業構造、近代的なものの作り方に合っていて、それが芸術と連動した。だからそこにあるべきは時代的な意識、時代的な意味付けだろうね。君はそう考えているの?100年前だからモンタージュという手法。

山田　それもありますが、現代は100年前よりも芸術が多様だ、個人が多様だと言われるじゃないですか。だからこそモンタージュは攻撃的な意味でどんどん衰退したのですが、もっと個人を尊重したり対比したり、明るい意味でモンタージュが100年後に使えるのではないかということで今回使ったというところもあります。

土居　単に古いというだけではなくて、そこの永遠の意味を見出すべきだろうね。でも面白かったです。

# くらしのモノサシ
— 地域内林業とモノづくりが紡ぐ風景 —

ID54

津田 健太　Tsuda Kenta

名古屋工業大学 工学部建築・デザイン工学科 B4

**Answer** 1. Rhinoceros、Illustrator、Photoshop　2. 5万円　3. 2ヶ月　4. テーマカラーを決める　5. 内藤廣　6. 祖父が大工　7. 新しいことができる仕事　8. 計画通りになんていかない　9. セントラル画材

地域内林業の拠点。従来の巨大な産業構造から脱却し、存在する資源をその場所で余すことなく消費することで搬送コストを削減し木材の適正価値を見直す。木材資源が循環する建築には林業やモノづくりに携わる人々のコミュニティが生まれ、地域内消費を生み出しやがて風景を紡ぐ。木材と共に暮らす小さくも豊かなライフスタイルの連なりは、現代の大量消費社会に対して物の価値を問い直すひとつのモノサシとなる。

**Presentation Board**

津田　愛知県豊田市足助地区を背景に、山間部の過疎化と現行林業の問題点を取り上げ、地域をつなぐコンパクトな自伐型林業の拠点を計画します。この建築の機能としては、第六次産業の林業のためのベースです。まず、計画地の裏手に手の入っていない杉の山林があるのですが、ここから架線集材方式という方式を採用して、ワイヤーで直接建築内部まで原木を引き込みます。そういう斜面に適した集材方式が存在しています。

光嶋　ドイツの3点で引っ張る方式ではないの？

津田　ちょっと近いかもしれません。

光嶋　こう絞ってシュって落としたやつでしょ？

津田　はい、ここから本当は山のレベルが来ていて、ここに落とされます。ここが原木市場として機能して、原木の取引が行われます。取引先が決まった原木は1個下のフロアに、ちょっと模型では見えないのですが、下の製材所フロアに落とされます。製材された木材は乾燥期間が必要なので、模型に見えている乾燥室に移動します。

光嶋　自然乾燥ではないの？

津田　自然乾燥です。巴川の流域を流れる自然風を建築に引き込んでいます。その乾燥期間もただ木材を積み上げるだけではなくて、このようにコワーキングオフィスとして機能させることを考えていて、室空間を構成するように木材を任意の形に積み上げて、そこで人と木材が共生するというストーリーが生まれます。乾燥が終わった木材はもう1個下の、1番下のフロアに落とされて、そこは木工のアトリエ空間になっていて、職人を誘致して木材を加工して製品にまで落とし込みます。そして木材は、ストーリーとしては、建築の内部を下層まで潜っていくことで形を変えて、建築の内部を巡っていくという形です。こちらは過疎化とか観光客数の低下といった問題がある観光地ですが、木橋でつないで、3,600単位のスケルトングリッドを配置しています。林業に携わりたい人も、ものづくりに興味がある人なども誘致してここに居住単位を構築していきます。

光嶋　居住単位？ブリッジの上に住むの？

津田　はい、住みます。

光嶋　自分で作るの？なぜこんな不安定なところでわざわざ住む必要があるの？

津田　そもそもこのエリアというのが、こちらは紅葉がすごく綺麗な観光地で、こちらは重要伝統的建造物群保存地区が残っています。一応そういったポテンシャルは持っているんですけど、こちらの山林だけ手が入らない、人が入らないという問題があって、どうにかこちらの山の資源をこの地域に還元したいということで、今切り離されているものと1つにつなぐという形で橋を架けます。こちら側は重要なベースとなって、こちらで供給するという、建築の体の中で木材が循環していくというスタイルです。

光嶋　この程度の需要じゃ足りないよね？もっともっと需要がないと、この山は循環しないでしょ？

津田　もっと長期的なスパンで見ていて、例えば架線集材方式なので、この辺の一部にまず手を入れて、それが終わったらこちらにワイヤーを張って、小さなスパンでこの山をだんだんと…。

光嶋　でもその都度その山を消費していく物量の木と、ここはもう一回作ったら、これが周期としては小さいよね。次の木材はどこに何を作るの？「ここで採れた木で作りました」という地産地消的美談はいらないと思う。アンバランスだから。圧倒的にもっとたくさんの物量が採れるわけで、採れ続ける物量に対してこれだけのグリッドの木材を組んで、ここに住んでもらいますというのは、多分1割2割だよね？8割はどこかにはけないと。

津田　その木材の需要として、観光客がこちらに来て、製材された木材を購入することもできます。

光嶋　観光客は木材を購入しないよね？

津田　観光客はいろんな人が来るんですよ。職人の村みたいなものがあったり、例えばその木材をここに買い付けに来る人もいて、観光地として来た人は下の加工製品みたいなものをアトリエで買ったりします。いろいろなニーズに合った供給ができると考えています。

光嶋　例えば1つ木が落ちていったときも、最終的に下で職人が何かしてるんだっけ？それは上にあるべきなんじゃないの？なぜそんな暗いところにあるの？この水の上に住むことに対して、もう少し何かが必要なんじゃないかな？空間的な豊かさみたいなものはポテンシャルとして持っていると思うし、橋を設計しているんだから、もっと必然性みたいなものがあるべき。そうすれば、もっと美しい建築になると思うし、あなたの言っていることがもっと伝わるんだけど、壮大なテーマに対してすごく荒削りだからもったいないという印象がある。もう少しそこら辺を精査したら伸びしろがあるという気がします。

津田　私は山間地域の過疎化を背景に、山林資源と地域をつなぐコンパクトな自伐型林業の拠点を計画しました。

藤村　どこにあるの？

津田　計画地は愛知県豊田市の足助町という山間部で、紅葉が有名な観光地としてポテンシャルを秘めているのですが、最近は観光客数も年々減少してきています。

藤村　どういった機能なんですか？

津田　裏手に荒れ地になってしまって手付かずの山林があるので、そこの木材を切り出して、「架線集材方式」といってワイヤーで直接建築内に木を引き込むところからストーリーが始まって、この上のフロアで原木の取引を行って、1個下のフロアで製材します。

藤村　製材所みたいな感じ？製材工場ですか？

津田　全てを一括して行う第6次産業の拠点としての機能をもっています。木材は製材後に乾燥期間が数年単位で必要なのですが、それもただ乾燥させるのでなく、コワーキングオフィスとして空間から積み上げて空間化させることで、人と木材が同じ時間を過ごして、それが景観としてファサードに表出するということを考えました。

藤村　じゃあどこから木が入ってくるの？

津田　模型上の表現ではこちらがないのですが、コップに地盤面があって、画面的にこっちの山林から木が下りてきて、ここで丸太の取引がされて、1個下のフロアで製材が行われて、さらに下のフロアで、それをさらにもっとヒューマンスケールの木工製品に加工するということが行われます。

藤村　真ん中のフロアから入ってきて、上にもっていく…。上は何ですか？

津田　ちょっと順番が前後していて、1階、2階、3階とあって、メインの機能が2階に一番集約されているので、2階をこちらにもってきました。

藤村　じゃあ上からだんだん降りてくるということですか？

津田　はい、そうです。そして観光地との関連というか、観光地との相乗効果を狙うために、観光地に向かって橋を架けてそこにスケルトングリッドを配置します。林業とかものづくりに携わる人が、この建築内で生まれた木材の材料や家具だとかをそこに自由に配置して組み合わせて、ここに住居単位が構築されていき、それが1つの風景として紡がれていくというプログラムを考えています。

藤村　下の鉄骨は？

津田　フレームは鉄骨の躯体があって、人が生活する住居空間はこちらで製材された木材を使って構築するという形です。

藤村　橋上建築みたいな感じですね。

津田　そうですね。この空間が、さっき申し上げました木材の乾燥期間を建築のファサードに表出させて、ここで木材を乾燥させて、橋の上に製材されたものがどんどん使われていくというストーリーです。

藤村　これは木材？

津田　そうです。これは木造の大屋根の恰好になっていて、規格材として取れる大きさの素材を細かく組み合わせて、カテナリー曲線の大屋根をかけています。

藤村　梁は？どうかかってるの？

津田　屋根を支えているのは鉄骨で、屋根だけ木材でかけています。

藤村　ここからこちらに梁がかかっているんですか？

津田　はい、設計ではそうです。模型ではちょっと表現できていません。

藤村　鉄でこういうカテナリー曲線の梁ががかっているということ？

津田　いえ、木材だけでカテナリーを…。

藤村　そうするとまたここで支えているんだね。じゃあこれはいらないよね？

津田　はい。

藤村　ここにごっつい梁がドーンってある感じ？

津田　そうですね。鉄骨のフレームに木の屋根をかけるという形です。

藤村　こっちを引っ張っていないとね。もう少し構造を頑張ったほうが良かった。ちょっとマテリアルっぽいですね。でもやりたいことはわかりました。

# 「生」を感じ、自我を深く内省する空間
― 藪塚石切場跡を環境芸術因子へ ―

情報技術による恩恵は大きいが、現実のものでなければ得られない感動体験は多くある。虚構が台頭している今だからこそ、本物を生で見て、触れて、感じてありのままの自分や現実を見つめる行為が大切である。そんなありのままの自分を表現することに長けた芸術家が数人石切場に住み、その制作過程の空気感や成果の存在感を肌で直接感じることで内省を更に促し、石切場を巡る中で唯一究極の現実・本物であるはずの自己を確立する。

ID57
### 横田 芙実子　Yokota Fumiko
立命館大学 理工学部建築都市デザイン学科 B4

Answer 1. 3ds Max,、Photoshop、Illustrator、SAI　2. 12万円（ほぼ送料）　3. 4ヶ月　4. パースで魅せる　5. ガウディ　6. 絵を描くスキルが活かせると思ったから　7. 徹夜が滅多にない仕事　8. 徹夜　9. 生協、レモン画翠

**Poster Session**

横田　私は群馬県太田市藪塚本町にある石切場跡のコンバージョンとして、生を感じ自我を深く内省する空間を設計しました。近年の目覚ましい情報技術の発展に伴い、現実よりネットの世界やバーチャル空間での活動が長くなり、両者間での自分の存在の乖離が始まって、本当の自分を見失う事例が見られるようになりました。そこで本物、リアルに囲まれた空間でこれまでの自己を内省することで、自己の確かな存在をもう一度確認しようというのがこの藪塚石切場です。プランですが、自己表現のプロである芸術家たちがアートインレジデンスを行い、そこで活動している様子に刺激を受けて、来訪者たちが生の石の空間を巡っていく構成になっています。空間は光を用いて多様性をもたせました。

島田　この色が塗ってあるのは何ですか？
横田　色が塗ってあるのは私が手を加えたところです。そうでないところは元々の石切場の跡です。
島田　これは？
横田　これはこの穴の下にあるものです。

島田　実際にはない空間を今から作るの？アートインレジデンスをアーティストが作るの？
横田　私が作ります。
島田　これは石でできている？
横田　石です。全部生物の石ですね。
島田　生と言っているのは「生の石」ということ以外に何か違う言い方はある？それで合っているのならいいんだけど。
横田　それもありますし、アートインレジデンスがあるのは、私が本当に手を加えていない生粋の石切場の部分です。それからこのドームは「生」という字、「生きる」という字を象徴したような、このパースで見ると樹木だったり木の根っこだったりというのを象徴しています。あとは「生」というと技術が未発達な部分とかそういう意味もありますので、その意味でも芸術家たちが住むのは妥当かなと思います。
島田　これとこれは結構違うけど、本当はこれが下だよね。
横田　はい。
島田　なるほどね。本当はもっとたくさん穴が開

いている？
横田　そうですね。
島田　これはそれを体験するミュージアム？
横田　ミュージアム的なものです。この空間そのものが見せるものであり、なかに何があってもいいんです。石のミュージアムでもいいですし、温泉が入っていても。
島田　生を感じる空間であればいいと。
横田　はい。
島田　ここはなぜガラス張りなの？
横田　人が手を加えていても極力それを感じさせないような工夫をしているのですが、ここは明らかに人の手を加えているというのがわかるということで、少し怖い石切場のなかでも安心できる場所として存在させています。ここはカフェとかもあるので、そこで食事をして言葉にすることで内省を省みます。
島田　これは何？
横田　掘ったあとにできる石柱です。
島田　じゃあそれは生なの？
横田　生です。

# 「生」を感じ、自我を深く内省する空間 —藪塚石切場跡を環境芸術因子へ—

現実（本物）が曖昧化する情報化時代だからこそ、
本物を生で見て、触れて、感じることで
唯一究極の現実であり本物であるはずの自分という存在を今一度確かめる。

◆敷地情報
群馬県　太田市　藪塚本町地区
人口　8千人（藪塚本町）/22万人（太田市）

◆既存の部分と新たに空間を創る部分の区別

既存
・リアルな場として相応しい、自己のリアルを追求する芸術家のためのアートインレジデンスとして活用
・殆ど手を加えない
・横縞の切り跡

新
・より多様な空間を生み出し、心の変化を促進させるために地中を掘る
・横縞の切り跡

◆アートインレジデンス
「生」のものとして演技や演奏を直接その場で見聞きできるもの——自己を顕示する芸術家、歌手、ダンサーをはじめとした表現者たちが現実世界に披瀝するもの——を体感し、彼らの生き様を心に留める。
自己表現の成果物が残るものに関しては、その創作の様子を垣間見ることもできるように、表現者にアトリエを貸し出す。

◆提案内容
{現実、本当、生（ありのまま）}の自分を見つけ、確立するためのきっかけを与える場所

◆現地の様子

自然の畏怖
・湿気
・ほの暗い
・ざわめき
・虫の羽音
・反響
・恐怖

新たな操作を加える
・恐怖を緩和し滞在時間を延ばす
・心にゆとりを持たせ、石切場の空間に対して思考する余地を与える
・場所ごとの特性を引き出し、感受しやすくする

---

横田　私は群馬県太田市藪塚本町にある石切場のコンバージョンとして、生を感じ自我を深く内省する空間を設計しました。

光嶋　生を感じ自我を深く内省…。

横田　そうです。生というのは本物である、現実であるということです。

光嶋　そもそも、自我は内省を通さないと見つけられないものなんじゃないの？さらに深く？

横田　強調しています。まず情報技術が発展してSNSだったりバーチャル空間であったり、架空のものや虚構のものに重きを置き始めています。そういう時代だからこそ、もう少し現実に向き合ってみてもいいんじゃないかなということです。

光嶋　それが生ね？

横田　はい。内省をするための空間です。プランですが、これ全体が藪塚石切場で、模型だと白い部分が元々の石切場跡で、黄色い部分が私が手を加えたところです。

光嶋　これはすでにこういう風に露出されちゃっているわけだね？

横田　そうです。黄色は床だったところをさらに私が掘りました。

光嶋　そして何をするの？

横田　ここに訪れた人たちに、結果的に内省してもらえるような空間を目指しています。ここの空間の中にたとえ何があったとしても、そもそもこの藪塚石切場自体が内省を促すような場所です。

光嶋　そうあなたは感じているわけだね？

横田　はい。この中に例えば温泉があろうと何があろうと。

光嶋　とは言え何を作ったの？機能的には。

横田　機能的には博物館のような美術館のような、この空間そのものを見せるものとしての建築です。

光嶋　展示物は空間なのね？空っぽの美術館ということ？

横田　そうです。

光嶋　光の効果とかをいろいろ工夫したの？

横田　はい。それを目的にそれを見たいという人がここに来て内省する。内省がしたいから来るのではなくて、ここの空間に共感したから来る。

光嶋　内省したらどうなるの？

横田　内省したら、今までへらへらしていたというか、あまり物事を深く考えず将来のこととか考えないで生きてきたり、ぬるま湯に浸かってきた人生をもう一度しっかりと顧みます。

光嶋　それはあなた自身が、自分も含めて、今の現代に感じる問題意識、危機感なの？

横田　そうです。

光嶋　もっと生を知り、もっと内省して物事を考えろ、もっと現実を見ろよと。それはここに入れば感じるし、それをさらに感じるようにしてあげたと思った結果がこれなの？何も展示しない空っぽの美術館、ここの空間そのもので、「現代ってどうなんだ？」という話を自分から考えて、自我とは何かというのをこの生で感じて欲しいということね？

横田　そういうことです。

光嶋　それはわかったけど、それをどう説明するかだよね？言われなければわからないことではなくて。ここって宗教とはどういう関係なの？宗教はそういう内省するためにあるんだよね？これはキリスト教的なものなのかとか、宗教との関係をもう少し考えたいよね。

# 建築大学

私はこの4年間、大学内での授業を超えてオープンデスクや講演会、コンペなど、あらゆる建築の活動に参加し、様々な環境で刺激を受けてきた。このような経験があったからこそ、私は今、建築に興味を持ち、建築を学び続けられている。だからこそ、大学のカリキュラムに導入されていない領域の建築教育が大学内で学ぶことができたら、私たち建築学生にとって、大学での学びが最も大きな価値に繋がるのではないだろうか。そこで、この大学4年間を振り返り、私の思い描く建築大学を提案する。

ID59

### 中村 勇太　Nakamura Yuta

愛知工業大学 工学部建築学科 B4

Answer 1. SketchUp、ArchiCAD、Adobe　2. 10万円　3. 3ヶ月　4. 中心にメインパースを置いたこと　5. 妹島和世　21世紀美術館　6. ハウスメーカーの広告を見て　7. 建築家　8. ―　9. セントラル画材

## Poster Session

**中村**　自分はこの大学4年間で、オープンデスクや建築の講演会とか講評会といったイベントに参加してきて、それらが自分にとっての大きな価値になったので、そういうことが大学内で行えたらと思い、自分の思い描くような建築の大学を提案しました。敷地としては名古屋市の白川公園を設定しているのですが、名古屋市美術館と名古屋市科学館が公園と一体となっていることから、「芸術と科学の杜」と呼ばれています。その「芸術と科学の杜」と呼ばれている地域の学びの拠点に対して、「建築」という学びを接続するという意味でこの建築を設計しました。敷地としては元々6つランドスケープがあって、メインホールを敷地中央に配置して6つのランドスケープをそれに引き込むように空間を形成しました。大学の機能を内側に配置して、街のプログラムを外側に配置することによって、街の人が気軽に使っていけるような大学を目指しました。シーンとしては建築新人戦や、そういう展覧会がここで行われているイメージなのですが、それを街の人に開放しながら空間としてこのホールに対して回廊でつないだり、屋根からホールに連続するようなスキップ状の空間を構成することによって、出展者にとって臨場感溢れる空間を作りました。他にも共有空間でワークショップを行ったり、そういう空間を点在させることによって、街の人がどんどん入っていけるような建築にしています。

**島田**　これは木造なの？

**中村**　木造で考えています。

**島田**　こっちの模型だとここは屋根がかかっているけど、実際には屋根がかかっているという感じ？

**中村**　一応ガラスで考えています。

**島田**　ガラスの上を人が歩行する？強化ガラスってこと？

**中村**　そうです。イメージとしてはそういう風に考えています。

**島田**　そこにあるのはスタディ模型？

**中村**　スタディ模型です。最初はスタディ模型でどんどん形態を変えていって、最終的な形態がこのようになっています。

**島田**　この段差というのは6方向から人が入ってくるの？

**中村**　はい。元々こういう風に6つのランドスケープがあって、それを引き込むようにこの空間を形成しました。

**島田**　これはスパンがいろいろ変わっているけれど、それはなぜなの？それぞれ特徴的に大きかったり狭かったりするけど。

**中村**　そうですね、街のプログラムを配置したり大学のプログラムを配置して、どれぐらいの共有空間があるかというのをスタディしながら、大きさを決めていきました。一応ここがステージ状になっているのですが、ここでイベントとかが行われるときにこの広場に人が集まるので、イベント性を担保するためにもこういう風に階段状の空間を挿入して建築が一体となって使えるようにしました。

**中村** この大学4年間で、オープンデスクや建築の講評会とか、そういういろいろな建築のイベントや外部の活動に参加してきたのですが、自分にとってそういう経験が建築を学び続けられる支えになっていて、とても自分のためになっているので、そういう自分の思い描く建築の大学を提案しました。敷地としては、名古屋市の白川公園を設定しています。

**藤村** 科学館だけ？

**中村** 科学館です。美術館もあって「芸術と科学の杜」と呼ばれています。その地域の学びに対して、建築を接続することによって、新しい学びができるといいのではないかと思ってこの敷地を選定しました。

**藤村** ここが舞台空間になっているんですか？

**中村** はい。

**藤村** 製図室がこう前にあるとか？

**中村** そうです。大学の機能を内側に配置しているのですが、製図室がこのような空間で、共有空間に開いたりして、街の人がワークショップとか制作室も使っていけるような空間にしています。これが建築新人戦とかのイメージでして、こういう大空間に対して2階の回廊でつないだりとか、屋根と連続するような空間をつなげることによって、出展した側として感情を揺さぶるような空間にしたかったのでこういうような大きい空間にしてみました。

**藤村** 鉄骨なんですか？

**中村** これは木造で考えています。

**藤村** 結構大空間だし、大架構じゃないですか。

**中村** そうですね。15m飛ばしているので、実際にできるかわかりませんが。

**藤村** 縦が15m？こっちが20mくらいあるってこと？

**中村** そうですね。そのぐらい飛ばしています。

**藤村** 下に本当はサブストラクションが出てくるんでしょうね。トラスとか張弦梁とか、そういうものが出てくるというイメージですね。

**中村** 実際に木造だけでできるかわからないのですが…。

**藤村** 無理でしょう。被覆ですよね。鉄骨がなかに入って。なるほど、わかりました。すごい急進的というか、古典的な形に見えるんですね。

**中村** そうですね。元々の敷地が左右対称になっていて、6つの道があって、そのランドスケープを引き込むように空間を形成したので、自然に左右対称のような建築になったという感じです。

**藤村** でも建築空間というのが教育思想の繁栄だとすると、ちょっと中心性が強過ぎるというか、ヒエラルキーのはっきりした、まさにスターシステムというか、スターを生むための建築みたいに見えるけど、そういうのじゃないの？

**中村** いえ、そういう意味ではなくて、僕も過程を大事にしているのですが、そう言われないためにもスタディをしていって、どんどんエスキスをしながら、後輩とかにも聞きながら、最終的な形態としてこうなったので…。

**藤村** 変わっていったかもしれないけど、最終形がすごい急進的な形をしているよね。

**中村** 自分の好きな形態になったのかもしれないですけど、空間と照らし合わせながら、そういう風に作っていきました。

**藤村** 逆に怖いというか、出てきてしまうんでしょうね。わかりました。

# 動態作法
― 卒業論文『利用者の主体的な行為を誘発する建築設計手法』の実践 ―

**ID60**

山口 裕太　Yamaguchi Yuta
名古屋工業大学 工学部建築・デザイン工学科 B4

Answer 1. Rhinoceros、Cinema 4D、Illustrator、Photoshop　2. 約5万円（交通費・運送費込み）　3. 約1.5ヶ月　4. 適度な密度感、文字を図として扱う、メリハリ　5. 平田晃久、中川エリカ、青木弘司／東京カテドラル聖マリア大聖堂、豊島美術館　6. 父親が建築関係の仕事をしていて憧れたから　7. 建築設計　8. もはや大学が家　9. セントラル画材、世界堂、ヴェラム

建築は今や工業製品となり下がってしまった。定められた機能を充足するための建築が都市を覆いつくし、自ら作り出した建築にまるでコントロールされるようにふるまう人間たち。機能によって固定化された建築と人間のスタティックな関係性を解体し、建築が機能を定めるのではなく、人間が建築から機能を見出しふるまうような本来あるべき動的な関係性を取り戻す。本卒業設計は、成熟した現代の都市における建築と人間の関係性を問い直し、人間がもう一度真の自由を獲得するための壮大な試論である。

**Poster Session**

山口　建築によって固定化された人間と建築の、機能によって固定化された人間と建築の関係性を構築して、建築が機能を定めるのではなく人間が機能を見出すような、そういう人間と建築の動的な関係性を築くためのものを提案します。その足掛かりとして、僕は卒業論文で利用者の行為に着目して、利用者の主体的な行為を誘発する建築設計手法というものを研究しました。そこで31の手法が類型として得られたので、その31の手法を実際に用いて作られる建築というものを提案しています。さらに、その手法というのも1つの静的な秩序によって体系的に定められるのではなく、31個の手法がそれぞれ論理をもって敷地の地形などから場当たり的に用いられていくものの総体として提案しています。例えばこの辺りだと、敷地の地形によって規定される行為の基盤という手法と、外部空間を取り込むとか、この階段も地形に合わせた勾配なんですけど、寸法というのが蹴上200に対して踏面が700取ってあって、あえて身体寸法に対して余白をもった寸法を用いることでただの階段としての機能だけでなく、そこに座ったりとかたまり場になったりといったことを誘発する手法があります。

島田　それはどこからサンプリングしたもの？
山口　そうですね。新建築の1950年から2017年までの…。
島田　新建築をアーカイブして、「主体的な行動を誘発する」と書かれているものを全部もってきて、サンプリングしてコラージュしたような作りということなのかな？
山口　そういうことですね。ただ設計手法というのも単なる形態操作だけでなくて、設計者がどういう思考の過程を踏んでいるかというところを重視して見てきているので、設計者が31の類型をそれぞれの論理で振舞っているようなものです。
島田　それを作り出して、そのプログラムは？
山口　プログラムは集合住宅がメインなんですけど、住宅が入っているなかでぽつぽつと公共空間やパブリックスペースも多くあります。
島田　例えば？
山口　この棟はカフェやショップなどが入っていたりするのですが、この辺などは住宅で、機能というのは事後的に決まっているものもあります。

島田　結果として天守閣みたいなものになったね。そんな感じがしない？お城みたいに見える。
山口　ビジュアル的にそうなっています。でもこの辺は立体的な動線と、それに対して軒下が出てきて中間領域が複合的になってきて、といった手法でできている部分なんです。敷地が山でこうなっています。
島田　結果的にはキメラ的なものに。
山口　そうですね。そういう場当たり的な論理で作られていくのは動的な使われ方をしていて、そこで人間と建築の関係性が動的になっていく。だから今決めた機能というのも必ずしもそのままではなくて、どんどん読み替えられていっていいと思っていますし、この辺とかは逆に機能とかは決まっていません。
島田　これは論文？
山口　卒業論文です。
島田　それぞれにサンプリングした何か、あるいは文章みたいなものが記述されているの？
山口　「あ」から「ま」までさらに手法が類型化されています。それぞれの手法に対してタイトルが付いていて、これを辿れば原文もあります。「何が元になっているのか」というのもあります。

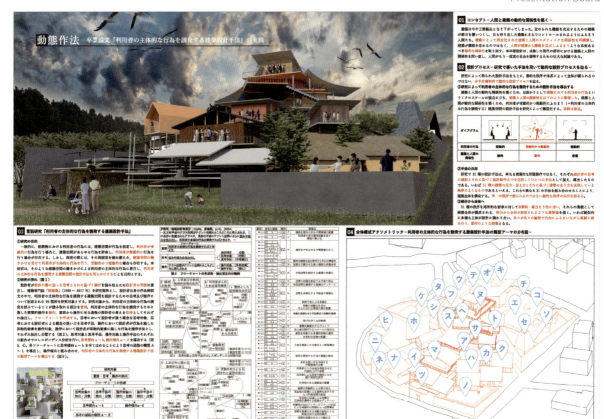

山口　建築も今や工業製品と成り下がってしまいました。機能によって固定化された人間と建築のスタティックな関係性というものを解体し、建築が機能を定めるのではなく人間が建築から機能を生み出していくような、そういった動的な関係性を取り戻すための設計です。その足がかりとして建築における利用者の行為に着目し、利用者の主体的な行為を誘発する建築空間を設計しようというのを新建築から研究しました。こちらが卒業論文でして、こういったものから設計手法の31種の類型が出てきたので、それらを用いて静的な秩序、体験によって全体が縛られるのではない31の手法がそれぞれの論理で振る舞いながらも、非予定調和的で動的な設計プロセスで全体が構築されるような、そういった手法によって出てきたものです。用途としては、集合住宅として住宅の機能とカフェやショップなどの機能が、受動的に付加されていってできている状態で、そんな全体像、建築です。

土居　こんなにバラバラな建築が組み合わさっているのはなぜ？

山口　僕の卒業論文の研究は31個の手法が単なる形態操作ではなくて、設計者の思考、どういう思考過程を経てそういう手法に至ったかというところを研究していて、それぞれの思考に基づいて、それぞれが自分たちの論理をもって作っていく、そのものの集合体です。それぞれが別の状態だけれども、それが複雑に関係性を結び合って、その関係性のほころびみたいなところに…。

土居　話を聞いていくとだんだん難しくなっていくね。これは何？

山口　これは住宅です。

土居　これは？

山口　これも住宅です。基本的には集合住宅です。ただ、ところどころにテナント空間があったり、ここにカフェが入っていたりというのはあります。

土居　でも何かごちゃごちゃしていて、本当に人は主体的に選べる？

山口　例えばこの空間は、地形に沿って行為の基盤が配置されていくという他律的に決まってくる手法で、さらにこの階段がすっ飛んだ階段ではなくて、蹴上200に対して踏面が700あるようなちょっと特殊な寸法を用いていて、ただの移動空間での階段ではありません。

土居　これはなぜ真ん中だけ高いの？城下町のお城みたいにも見えるし。僕は最初バラバラ感が嫌だなと思ったけど、でも話を聞いているとバラバラのほうがいいのかなと。バラバラのほうが人は選べるわけだよね。そういう意味で自由に考えて選ぶということで主体的になる。そうすると中心があるような、真ん中にタワーがあるような構成というのはそれと逆行するんじゃないかな？

山口　これは立体動線を取り巻くような手法が用いられていて、単に全体構成を最初に青写真的に決めて、3軸の手法をどこにどう用いるというのを決めてから作ったのではなくて、部分的に敷地の仕切りに合わせて、この手法を用いようというのがあって、それに対して表や図に出てきたものです。

土居　部分部分を見れば割と面白いところがいろいろあるから、そのバラバラ感を強調したほうがいいような気がする。

# 出展者企画回答

あなたの作品/建築的思想に影響を与えた"もの"と、その建築の設計者/本の著者

## 建築 Architecture

**アパートメントハウス／高橋一平**
従来の平面プランとは異なり、機能として不完全な個室群で構成されたハウスのようなアパート。自分が捻出した集合住宅のシステムと類似したものが採用されており、こういうことをしてもいいのだと後押しとなった。

**雲の上のギャラリー／隈研吾**
土木スケールと自然のスケールに調和した建築をつくりたいと考えており、その時にこの作品を見つけました。この作品を見て、自分がつくりたいと思う建築のかたちをより具体的に想像することができました。

**セルガス・カーノの建築作品**
建築における色彩の力を感じた。

**京都駅／原広司**
アトリウムの心地よい空間に影響を受けました。

**海の博物館／内藤廣**
構造とデザインが美しく融合している空間を初めて実感した建築です。

**ギザのピラミッド、伊勢神宮、サグラダファミリア／人類**
建築における時間の扱い方。何を後世に残したいのか、時を経て何が消えていくのか。

**竹林寺納骨堂／堀部安嗣**
建築がどうあるべきかを考えた作品でした。奥深く分かりやすい建築をつくりたいと感じた作品でした。

**東京カテドラル／丹下健三**
シェル構造の壁に反響する音の響きや、見た目のエッジの効いたデザインがとても魅力でした。

**エストニア国立博物館／田根剛**
単純明快な建築プロセスとその中に隠された考古学的なリサーチ、そして何よりも圧倒的なスケール感。建築を従えているわけでも、建築に従えているわけでもない。ただ荘厳に佇んでいた画面の中の建築は低身長の少年を建築の世界に誘いました。

**チャウドックの住宅／西澤俊理**
住まい手の生活に溢れる知恵を再編集し、建築を構成する要素として取り入れているところ。人の居場所の作り方、つなぎ方、スケールの落とし方。そして空間が何よりも豊かだと感じる点ですごく影響を受けました。

**パンテオン／ハドリアヌス**
学部2年の夏に友人に誘われて、建築を主目的とした海外旅行の際に訪れた。画像でしか見たことのないその建築は、圧倒的なスケール感と迫力で自分に衝撃を与えた。多種多様な建築を「見て」学ぶきっかけとなった。

**ジャパン・ハウス サンパウロ／隈研吾**
外観のデザインでは木の表情を全面に押し出し、空間に統一性を持たせたかったので、隈研吾先生の木を用いた有機的なデザインを参考にさせていただきました。

**牧野富太郎記念館／内藤廣**
自然環境を考慮してできた建築。そして建築が自然と一体になっているところ。

**神奈川工科大学KAIT工房／石上純也**
ランダムに見せていてしっかりその裏には合理性があるところにすごさを感じた。

**サグラダ・ファミリア／アントニオ・ガウディ**
建築の生命力を強く感じました。同時に、建築の寿命について深く考えるようになり、これまでの私の作品は、建築のライフサイクルを考えたものが多いと思われます。

**Green Village／Elora Hardy**
インドネシアバリ島の大自然の中にある竹建築。自然素材独特の有機的な曲線が美しく、竹の不整形さによって生まれる隙間は内外の境界を弱め、工業化され外部を遮断する今の建築にはない大胆さを感じたから。

**光の教会／安藤忠雄**
高校二年生の時に初めて光の教会を知りました。それまで建築は自然と真逆の次元にいると思っていましたが、自然を利用し内部空間の心地よく緊張感のある空間を演出するのに惹かれました。それがきっかけで建築学部に進学しようと決めました。

**光の教会／安藤忠雄**
RC造の重厚な建築に設けられた十字架のスリットから差し込む光が、建築内部を幻想的に包み込むような体験を、この建築を通じて感じた。

**Kame House カメハウス／河内一泰**
一つの図式で解くことの可能性。各部屋をつなぐためにくり抜くというシンプルな操作が、その操作以上の豊かさを生み出す「掛け算になる操作」という考え方をこの作品で知った。

**東大寺 不動堂／不明**
護摩行によって堂内は煤で真っ黒になっている。そのため昼でも暗い。障子戸から入る柔らかい光によってぼんやり照らされる空間は不動堂の持つ緊張感と共に優しさを感じる空間であった。

## 思想 Thought

**平田晃久**
太田市図書館美術館を見学して、からまりしろの良さを実際に体感しました！様々なシークエンスが展開されとても楽しげで好きです。

**自分**
ある1つの空間に自分を置いた時に抱く感情と他の空間に自分を置いた時に抱く感情が異なるのはなぜなのか疑問に思い、感情とは空間に対応しているものなのだと気付いた。

**奈良時代の奈良の人々**
ひがしむき商店街の歴史を調べる中で、当時の人々が興福寺という権力的な建物に対しての敬意の念を持っていたという事実が分かり、作品に反映させた。

**内田文雄**
建築にはなりたいかたちがある。その地域でしか咲かない花と同じように建築にもその場所でなりたいかたちがある。地域固有のあるべき姿の建築を地域固有の問題と照らし合わせてデザインする。

**平田晃久**
この世に存在するあらゆるものはそれぞれ他の何かと関係しあっており、そこには順々により高次のまとまりを形成するような階層構造が存在する。建築を設計する際にもそのことは忘れないようにする。

**山田かまち**
かまちは自分らしく生きたいという思いとそれを可能にしない社会との狭間で葛藤している際に17歳の若さで亡くなった。現代の日本には、今でもかまちの時代から続く日本人の同調意識や偏差値教育による生き方の決定のようなものが存在し、生きがいを無くしている人もいる。かまちのように自分らしく生きることのできる社会の実現が求められる時代なのではないかと思っている。

**カンディンスキー**
カンディンスキーが目指した綜合芸術は芸術と建築の融合であり、ナチスによって前衛芸術は弾圧されてしまいました。この実現できなかった廃退芸術に建築の新たな可能性を感じます。

**象設計集団**
宇宙の大きなスケールから、ほんとに小さなスケールまでの建築を捉えるいろいろな視点を持つこと、建築と私の身の回りの世界がつながっていることを学びました。

# 本 Book

**微視的設計論／中村拓志**
人と人や、モノ、空間との相互のコミュニケーションの必要性を考えて建築を構想することの重要性を学んだ。

**MASK OF MEDUSA／JOHN HEJDUK**
ドローイングや詩など近年の建築ではあまり考えられていないようなものを含めて建築を考える姿勢に影響を受けた。

**SMLXL／Rem Koolhaas**
ジャンクスペースの章における、「望みもしない遠回り」、「床はパッチワーク、床は一枚じゃ足りないのだ…」の言い回しは秀逸です。

**森の思想／南方熊楠**
相即入入という概念、そして全てが中間体という粘菌の事例に可能性を感じ、建築と自然環境にも応用できないかと考えた。

**里山資本主義／藻谷浩介**
建築空間という枠にとらわれず、資本主義が作る経済的観点からも建築や街に影響する建築を提案した。提案した建築プログラムは「林業プラットフォーム」である。衰退の一途を辿っている林業において建築が人々の中心に立つことでいかに経済に影響を与えるかを考えた。

**建築と断絶／ベルナール・チュミ**
モンタージュ理論によって公園のシークエンスが創出されているラヴィレット公園。建築の方法論に重点を置く作品のつくり方に影響を受けた。

**虚構の「近代」—科学人類学は警告する／ブルーノ・ラトゥール**
本制作はANTとしての建築‐Network Specifims‐の試行である。地域固有のモノ/ヒトのネットワークをつくるために、施工方法や素材の設計に可能性を感じている。

**覚悟の磨き方／吉田松陰**
吉田松陰先生の様々な教えから、設計に向かう姿勢を学んだ。特に感銘を受けた言葉は「逆境に礼を言う」。

**堀部安嗣作品集／堀部安嗣**
設計において、堀部安嗣さんが常に心がけている自然な佇まい。究極とも言える彼の言葉、建築、そして人柄に惹かれました。

**津久見のセメントと石灰石物語／織田清綱**
日本の建築の成長を支えてきた水晶山という山の存在を知った。コンクリートの建物が増えていく中で都市以外で一つの山が無くなったことに驚いた。

**築土構木の思想 土木で日本を建てなおす／藤井聡**
建築と土木の歴史を分かりやすくまとめてあり、現在の日本のインフラを改修して行く時代において、建築と土木が交わって行くことによって生まれる新たな都市像を学んだ。

**制作へ／上妻世海**
巻末の「制作的身体のエクササイズ」から出来たモノから得られるフィードバックで自己を再解釈して更新できる事を知り、それを信じることでどんなときも手を動かし続ける勇気をもらいました。

**沖縄子ども白書／「沖縄子ども白書」編集委員会**
現状の沖縄の子ども環境に対し、疑問に感じていました。やがて、この本を読むことで、その疑問が卒業設計で取り組むべき課題となりました。この本には、戦後間もない頃、子どもから見た沖縄の風景や、現状の沖縄子ども問題について書かれています。私は、この本を参考に、子ども環境の現状と過去を比較し、かつての沖縄の風景を取り戻す計画へと繋げました。

**Adhocism in Architecture(SD2017特集2)／吉村靖孝／門脇耕三／青木弘司**
それまで魅力的に感じてはいたが言語化できていなかった建築たちを「アドホック」というキーワードで鮮やかに読み解いていて、衝撃を受けた。卒論や卒計に取り組む前に自分自身の建築観を深掘りする契機となった。

**空気感／Peter Zumthor**
建築は好きだったが、自分がどんな建築が好きで、どういう建築が作りたいのかわからなかったときにヒントをくれた本です。作者を意識し、空気感を軸に建築を見て見ると自分の見たい建築が見えるようになりました。

**レム・コールハース｜OMA 驚異の構築／ロベルト・ガルジャーニ**
コールハースの建築一つ一つの考え方が記載されており、建築に対する考え方、ダイアグラムの考え方、そして形態への考え方が大きく変わりました。

**絵本「14ひきのあさごはん」／いわむらかずお**
卒業制作にとりかかる前に「自分の好きな空間とは何か」と考えたときに幼い頃に読んだ「14ひきのあさごはん」を思い出したから。家具のディテールだけでなく、床の材質やねずみの表情が繊細に丁寧に描かれているのを見て魅力的に感じ、建築に通ずるものがあると思ったから。

**floating view 郊外からうまれるアート／佐々木友輔**
それまで自分の中で批判的に捉えていた郊外のイメージが刷新された。

# その他 Other

**大学の設計の授業**
設計の授業のとき、エスキスの内容を深く理解し、熟考し、アウトプットすることが設計力を上げていったからです。

**スターウォーズ**
エピソード5の空中都市のような浮遊する建築を設計してみたかったため。

**青木淳「原っぱと遊園地」と三分一**
道から進化する建築"動線体"や、産業遺産を再生可能な資源として残す考え方を参考にした。

**旅先での経験**
暑さをしのぐようにドゥオーモに集まる人々、ロウリュの後に暖炉の火を囲う、ロッジアの下で開かれる蚤の市、森の墓地の丘でギターを奏でる少年。そういった旅先での様々な出会いが私の作品に影響しています。

**電車から見る街の風景**
電車の中で、風景とはと考えていたときに窓から流れる景色がディスプレイに映し出された物に見えました。そこから、「面と面に映し出される風景」というコンセプトを思いつき、今回出展する作品の核となりました。

**登山**
きれいな景色や空気を楽しめる登山が好きなのですが、もっと気軽に身近にそういった体験をできたらいいな、と思ったことがきっかけです。

**KJ法**
好きな空間や物の写真を集めて性質ごとに分類した後、それらをひとつのカテゴリにまとめ上げました。何気なく選んだもののなかで自然と発生する傾向に合った空間づくりをしようとしたとき、「石」に辿り着きました。

**宝塚歌劇**
宝塚市民として、宝塚歌劇をより身近に、より誇らしいものとして地域に還元することができるように建築を考えました。

**中山英之 スケッチング**
表現のテイストを考える上で、自らの想像する世界観の伝え方として独特なタッチの描き方に影響を受けました。

**バベルの塔**
縦に伸ばした凸型に、二重の皮を巻いた構造の木津南配水池は聖書に登場する「バベルの塔」と外見的によく似ている。その魅力的な空間を集合住宅に生かしたいと考えた。

**五島の教会**
五島の教会に前々から興味があり、ちょうどその教会が世界遺産の一部に含まれることになったことで、教会建築家の鉄川与助を知り興味を持ったから。

**私の姉**
私の姉が今年地元で結婚相手と出会い、来年結婚式を挙げることが決まり、そんな中今回の課題と重なり、身内だけでの式を挙げることが古民家で可能ならばとてもよいのではないかと思った。

**構法**
それ自体が持つ建築形態を根拠づける自律的な構築性を手掛かりに、奇妙な建築群を創作することを試みたから。

**経済的な側面**
過疎地域の問題点を経済的な側面から見出しそれを建築的に解決しようと試みた。

# 出展者データ・アンケート

## 在籍校

| 大学名 | 人数 |
|---|---|
| 九州大学 | 7 |
| 九州産業大学 | 5 |
| 神戸大学 | 5 |
| 慶應義塾大学 | 4 |
| 福岡大学 | 4 |
| 明治大学 | 4 |
| 愛知工業大学 | 3 |
| 名古屋工業大学 | 3 |
| 近畿大学 | 3 |
| 熊本大学 | 2 |
| 佐賀大学 | 2 |
| 多摩美術大学 | 2 |
| 名城大学 | 2 |
| 立命館大学 | 2 |
| 麻生建築&デザイン専門学校 | 1 |
| 大阪工業大学 | 1 |
| 大阪市立大学 | 1 |
| 北九州市立大学 | 1 |
| 滋賀県立大学 | 1 |
| 島根大学 | 1 |
| 信州大学 | 1 |
| 千葉工業大学 | 1 |
| 琉球大学 | 1 |
| 早稲田大学 | 1 |
| 名古屋大学 | 1 |
| 合計 | 59 |

## Q1 制作にはどんなソフトを使用しましたか？

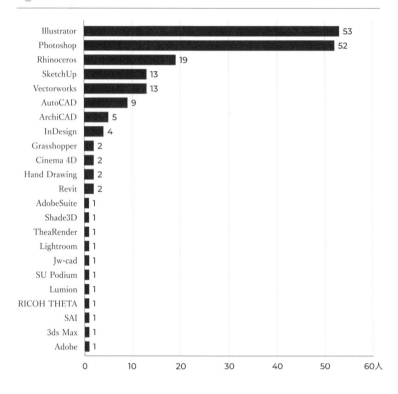

| ソフト | 人数 |
|---|---|
| Illustrator | 53 |
| Photoshop | 52 |
| Rhinoceros | 19 |
| SketchUp | 13 |
| Vectorworks | 13 |
| AutoCAD | 9 |
| ArchiCAD | 5 |
| InDesign | 4 |
| Grasshopper | 2 |
| Cinema 4D | 2 |
| Hand Drawing | 2 |
| Revit | 2 |
| AdobeSuite | 1 |
| Shade3D | 1 |
| TheaRender | 1 |
| Lightroom | 1 |
| Jw-cad | 1 |
| SU Podium | 1 |
| Lumion | 1 |
| RICOH THETA | 1 |
| SAI | 1 |
| 3ds Max | 1 |
| Adobe | 1 |

## Q2 模型の制作期間は？

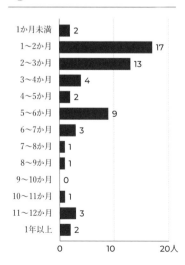

| 期間 | 人数 |
|---|---|
| 1か月未満 | 2 |
| 1〜2か月 | 17 |
| 2〜3か月 | 13 |
| 3〜4か月 | 4 |
| 4〜5か月 | 2 |
| 5〜6か月 | 9 |
| 6〜7か月 | 3 |
| 7〜8か月 | 1 |
| 8〜9か月 | 1 |
| 9〜10か月 | 0 |
| 10〜11か月 | 1 |
| 11〜12か月 | 3 |
| 1年以上 | 2 |

## Q3 模型の制作費用は？

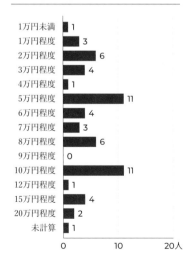

| 費用 | 人数 |
|---|---|
| 1万円未満 | 1 |
| 1万円程度 | 3 |
| 2万円程度 | 6 |
| 3万円程度 | 4 |
| 4万円程度 | 1 |
| 5万円程度 | 11 |
| 6万円程度 | 4 |
| 7万円程度 | 3 |
| 8万円程度 | 6 |
| 9万円程度 | 0 |
| 10万円程度 | 11 |
| 12万円程度 | 1 |
| 15万円程度 | 4 |
| 20万円程度 | 2 |
| 未計算 | 1 |

## Q4 プレゼンボードを作るうえでの工夫、こだわりは？

- インパクト・見やすさ・繊細さ
- 手でパースを描いた
- Ctrl+S
- リサーチから設計のストーリー
- 伝えたいことが一目で分かるものにする
- シーンを見せる
- 自分の卒業設計作品の広告ポスターであることを意識する
- メインビジュアルを押し出した
- やったことが一目でわかるように
- "私らしさ"を表現する
- 間隔
- 色使い
- モンタージュ
- テーマカラーを決める
- ダイナミック！
- 適度な密度感、文字を図として扱う、メリハリ

## Q5 建築学科に入ったきっかけは？

- 高校の時にたまたま見た田根剛さんの情熱大陸
- 漫才師か建築家で迷い、建築家を選んだため
- ものづくりが好きだから
- テレビ番組
- 昔から工作が好きだったから
- 海外での建築家事務所での職務体験の経験
- 理系だけど文系っぽいことがしたかった
- 一番かっこよかったから
- 行きつけのお好み焼きで、建築学科の教授に出会ったから
- 楽しそうだったから
- レゴが好きだったから
- 親の一言
- 建築家になりたいため
- この大地にでかいもん創りたかったから

## Q6 将来就きたい/就く予定の仕事

- 建築家
- 住宅設計
- 都市計画課の公務員
- 建築、都市計画系の仕事
- わからない
- 相手に寄り添える設計者
- アトリエ系に就きたい
- 組織設計事務所に就職
- ゼネコンの設計部に行きたいです
- 生活を良くする楽しくする建築家
- 建築を通して人に喜ばれるような仕事
- デザイナー
- 組織設計事務所
- 徹夜が滅多にない仕事
- 新しいことができる仕事
- 好きなことができる仕事

## Q7 建築学科あるあるといえば？

- 他の学部生からやばい人たちだと思われがち
- 不定期に起こるスチノリの爆発
- 夕日が朝日に見えました
- 睡眠は甘え
- 終電登校
- とにかく自己負担。
- 慢性睡眠不足症候群
- 白模型が一番かっこいいと盲信する時期がある
- 常に寝不足
- 課題提出直前に女子のスッピン見えがち。
- コンビニ商品に詳しくなる
- 製図室がやたらだらしない
- 現実世界においてもCtrl+Zを求めてしまう
- 古着がち。
- 製図室は第二の家。
- 床に寝る
- 講評会で誰か椅子から落ちる
- みんなマック
- 魔剤
- Pinterestあさりがち

## Q8 模型材料はどこで購入している？

- 世界堂、セントラル画材
- 紀伊国屋、世界堂、
- 甲玉堂、ハンズマン
- レモン画翠
- カワチ、東急ハンズ
- ナフコ
- 世界堂栄店
- 中洲川端・大崎周水堂
- ドラッグストア　コスモス
- 丸善
- 学校
- 佐賀県佐賀市、ワタナベ画材店
- 山本文房堂
- 大橋、Art Box
- FORICO

与えられた課題ではなくて、自分の問いを設定しているその深度、深さを見ています。

# Koshima Review

光嶋 裕介 講評

議論のなかでも言いましたが、一級建築士と建築家の違い、いつから建築家なのかというと大学3年生ぐらいではないかという意味で、卒業設計において僕の個人的なスタンスとして見るものは、皆さんの問いの設定です。与えられた課題ではなくて、自分の問いを設定しているその深度、深さを見ています。それが賞や議論を誘発します。あくまでこれはゲームなので勝った負けた、嬉しい悔しいというのはあると思いますが、「皆さんに将来建築家になって欲しい」という思いで僕はこういう場にいるので、田中さんの仰った「立ち位置」という話で言えば、一番大事なことは常に他者への想像力をもつということですよね。「やったことないからあなたには作れない」と言ってしまうと建築家なんて誕生しないです。体育館を設計したことのある建築家にしか体育館を設計させないコンペには新しい体育館を作り出すチャンスがないし、体育館に限らずどんな建築家もデビューできなくなってしまう。経験値ももちろん大事だけれども、「自由」というのはそうではないところ、他者への想像力でしか補えない。その際に立ち位置としてクリエーションするということはとても危険があって、わかりやすく言うと上から目線になってしまいがちであると思います。学生と対話していて時々思ったのは、「どこの位置から話しているのあなたは？」ということ。神の視点からのクリエーションは危ないです。神のことを想像して設計することはいいのだけれど、想像している自分自身も社会の一員であるということを、建築家の一員として忘れないようにする。そうすると、その対話において、「この人だったらどう思うか」という他者への想像力こそが建築家の栄養になります。皆さんはあと2年間しっかり勉強し、建築に没頭しろということです。建築に限らず、自分の他者への想像力の精度というのは、今の自分の時間をどれだけ味わえているかということで、それにより人の思いがわかるわけです。だからそういう点において、神の視点に行かないでねというか、上から目線でものを見ていると対話が対話的にならない。他者への想像力やそうした諸々をきちんと備えて、コンペに勝った負けたは関係なく皆さんに建築家になってもらいたい。どこかでまた再会できることを楽しみにしています。お疲れ様でした。

卒業設計というのは何かの終わりではなくて始まりだということを、皆さんは十分にわかっていると思います。常々言っているのは、こういう場での評価というのは議論のきっかけとして評価しているのであって、評価を得ることを目的に設計することほど虚しいことはないので、よく注意して欲しいと思います。我々が評価をしたり、8選を選んで3つ賞を選ぶのは、議論が盛り上がるからということでしかないわけです。今回評価を得た人はそれなりの作品だったし、得られなかった人は何かが足りないという話でもなかったのではないかと僕は思います。そういう意味では、ブラックボックスで評価を決めるというやり方は「どうなんだろう？」と思ったのですが、意外と運営する側はもはやそういうスタンスなのかなと。評価を得る得ないということにそれほど注目していないのではと思ったりもしていました。壇上での議論も比較的楽しみましたが、石橋さんの作品に対してあまり益体のない突っ込みをしたことは正直反省しています。今回多くの作品を見て、これまでと違った観点というものを発見したし、今の学生のスタンスというものがここにあるんだというのが見られて非常に楽しかったです。フォリーがすごく増えましたよね。要するに無目的な空間であって、皆さん「恣意性」ということに非常に囚われていたところがあると思うので、そういうところからある程度解放されつつあるという面もあるのかなという風に見ています。新しい時代の萌芽みたいなものを昨日今日と感じていました。お疲れ様でした。

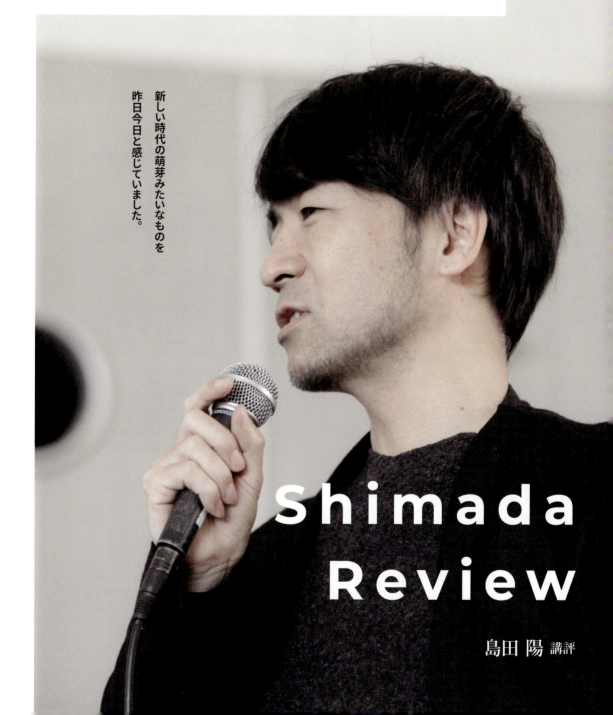

新しい時代の萌芽みたいなものを昨日今日と感じていました。

# Shimada Review

島田 陽 講評

自分が掘り進んでいく世界を
できるだけ広く深く
もっていてくれればいいなと思います。

# Takeyama Review

竹山 聖 講評

予選審査の資料があったので見させてもらったのですが、「これが落ちるのか?」という作品が結構落ちていました。どういうことかというと、審査員によって、しかも審査員は1人ではないので評価というものは動いていくわけですから、おそらく今日の5人でなければまた違う結果になると思います。もう1つ気づいたのは、これは半分冗談なので聞き飛ばしてくれればいいのですが、落ちた作品は曲線でくねくねしているものが多いです。残った作品に曲線はほとんどないですよね。これは予選審査の審査員がこの現場(ぐりんぐりん)を知っているから。この空間でこれをやるとバッティングしてしまうのではないかという潜在意識があったかもしれない。だから、曲線が連続するようなプロジェクトを出して落ちた人はたまたまですから。自分の作品が否定されたと思わないほうがいいですよ。どちらも冗談ですが、とにかく言いたいことは建築の評価というものはさまざまな観点があるので、あるときはテーマ性が非常に重視されるし、あるときは空間性が重視され、またあるときは構法とか素材が重視される。ただ、いずれも大切なんだということを肝に銘じて、自分が掘り進んでいく世界をできるだけ広く深くもっていてくれればいいなと思います。それから実行委員の皆さんは大変頑張ってサポートしてくださって、とてもチャーミングなパーカーも作っていて1つ欲しいなと思っていますけれども(笑)、参加された方も皆さんも本当にご苦労様でした。お疲れ様でした。

24回目のデザインレビューの体験は、大変楽しく充実していました。この幸せ感はどこから来るのか。これは明らかなことで、「建築界の一体性」というものです。僕が学生の頃は学校ごとに分かれていて横のつながりは希薄でしたが、留学して外国に行くと、「建築をやっている」と言った瞬間に受け入れられ方がガラリと変わりました。建築をやっているということは、建築という国際ギルドの一員になることで、建築を始めればまだ会っていない海外の建築の学生たちとも友人なんだということを、「こういうことなのか」と実感しました。それは僕が27歳の頃で遅いのですが、皆さんはもっと早く体験してください。デザインレビューは24回やってきていますが、それに対してどう考えるのか、あるいは暴力的にはっきり言って「やめちゃっていいですよ」という気もしないではない。スタッフの方々と議論すると、ややもすると前例主義になっているのではとも感じました。つまり先輩から引き継いできたものを自分たちがやめるわけにはいかない、というような重荷になってきているのではないかなという気がします。そうすると伝統といった名の下にやめられない、変えられない日本社会の構図のような気がします。僕はやめたほうがいいとは思いません。続けたほうが現実的にメリットがあるだろうと。ただ前例主義ではなく、踏襲するのではなくてもっと違う時代、次の時代の新しいことも考えてもらいたいと思います。このデザインレビューを始めたのは別に学生のスターシステムではなく、悩める大学教授、教員たちのお互いの勉強会でやっていたのです。だから学校ごとにカリキュラムを見せ合って、「うちではこんな課題をやっています」ということをやって、「それはこういうことが問題ではないですか」と突っ込んで気まずくなったりもしました。だから本当は難しいんです。さらに言えば、僕が始めたときはまだ37,8歳の助教授でしたから大先輩がいました。だから学外とそういうお付き合いをするのは先輩の教授たちが怒るのではないかとヒヤヒヤしました。今は毎年の繰り返しでもできますが、始めたときは相当冒険しました。昔に戻れとは言いませんが、初心はやはり常にどこかで冒険していくということではないかと思います。僕はこちらに来てから教育法をいろいろ考えまして、日本で受けたビルディングタイプ的な教育、それからフランスで勉強した課題解決型の教育では福岡ではどうもよろしくないので、ゼロから構築しようと思って坂茂さんに連絡して、クーパー・ユニオンの教育法を教えてもらい応用しました。それが1990年代のことです。何事もゼロから構築して、トライアンドエラーでやっていくものだという気がします。しかし今はこういう年齢ですからそういうことはやめまして、今の若い人には前の世代とは違うことをやってもらいたい。そのことを自覚してもらいたいなと期待しています。それはなぜかというと、大学の状況が厳しいのです。大学の状況だけを見ていても良くならないということがわかってきたので、それを含んだ「建築界」というものを作って、みんなで一緒に新しい建築や建築の教育法を考えないと、もう大学には期待できそうにないなと。率直な実感ですが、これは藤村先生辺りが何とかしてくれるかもしれませんが、若い皆さんも自ら変わることで建築を変えていくということをやっていただきたいと思います。皆さんは希望です、よろしくお願いします。ご苦労様でした。

踏襲するのではなくてもっと違う時代、次の時代の新しいことも考えてもらいたいと思います。

# Doi Review

土居 義岳 講評

夢中になっているものを
どこかで脱ぎ捨てる瞬間が来る、
そういう世代なのかなと思いました。

# Fujimura Review

藤村 龍至 講評

皆さんどうもお疲れ様でした。初日に実行委員長が「最優秀を決めるためのものではなくてレビューのためのもの」と挨拶をしていて、ツイッターで「ゆとり世代っぽい」と書くと、浅子佳英さんから「そんなこと言われないといけないのかしんどいな」と突っ込みをされてしまいました。確かに競争するスターシステムに対するアンチスターシステムとして始まっていて、2日目になったら「最優秀賞を決める議論は密室でいいです」と言っている。最優秀賞を決めるための議論に興味がないんだな、というかこれもアンチスターシステムの一部で、本当はそのなかで議論が活性化されて、審査員がそこでどんなスタンスを取るのかとか、なぜこれが1位になるのかとか、賞が決まるプロセスが私は非常に重要なことだと思っているのですが、そこに興味がないという運営の立ち位置が非常に印象に残っていて、これがゆとり世代、アンチスターシステムなんだと思いました。話を聞いてくれることを重要視していて、我々審査員が言うことには興味がないのかなとちょっと思ってしまいました。だから、ひょっとしたら今から言う分析にも興味がないかもしれませんけど頑張って分析します。改めてすごく印象に残ったのは領域性とか断片性です。土居さんが「歴史の研究でも建築や都市という単位がどんどん領域論になっている」と話をされていましたけれども、構成論なんかでも内部空間を構成する最低の単位を以前は「室」と言って、要するに部屋を単位として分析するというのがありました。だけど最近それをどんどん分解していく方向にあって、「部位」に向かっているんですね。軒とか窓辺とかそういうものにどんどん向かっているというのは、構成論の上ではある種の断片化とか領域化とかが起こっていて、皆さんが世代的に共有している感覚というのもそういうところにある。受賞者選抜議論では、どんどん断片を言語化していって精緻に組み合わせてというのをやっている鈴木君の作品に対して、竹山先生が「何が良いのか説明してくれ」と言って、我々が「そういえばなぜ良かったんだっけ？」と説明を始めた瞬間がありました。本当はそういう議論を聞いて欲しいのですが、ある時代感では評価されなかったことを皆さんは今一生懸命やっているんですよね。そういうことが起こってきているんだということを改めて思いました。そういう風に断片化したり領域化したりして、建築がどんどん解けていったときにそれが必然的にアートっぽくなっていくとか、あるいは建築的なゾーンでは済まなくなるということを、皆さんは今気分としてやっていると思いますけど、もう少し自覚的になったほうが良くて、建築論として見失うことになるのではないですかね。やがて「我々は何をやっていたんだっけ？」となっていき、そのときに苦しむことになると思います。皆さんが30代とか40代になって、仕事の種類が変わっていき、作家になって何か作っていくときに、そんな細かいことをやっていても多分社会には通じなくなるというか、内向きの言語と捉えられてしまう時代が来やしないだろうかと。それはおそらく、70年代に住宅をやっていた都市住宅の世代の人たちがある意味悩んでいたことで、伊東豊雄さんがまさにその世代の人かもしれませんが、そこを突き抜けてこのぐりんぐりんみたいなものに飛び抜けている。だから皆さんも今夢中になっているものをどこかで脱ぎ捨てる瞬間が来る、そういう世代なのかなと思いました。

今回僕は予選から担当しました。予選では228作品あって、そのなかから一次通過の67作品を選び、59作品が昨日今日と展示されて、そこから8選を選んで上位3作品が発表されます。そういうプロセスで選んできたのですが、評価されたもの、されなかったものがあるわけですよね。それには2つポイントがあったと思っています。1つはやはり皆さんのプロジェクト、卒業設計とか学部の課題や修士のプロジェクトなどいろいろありましたが、立ち位置の明確化ということがあると思います。自分のプロジェクトはどういう立ち位置なのか。今日も議論のなかでアート寄りなのか建築寄りなのか、あるいはマトリクスなのか、細かいものを集積してアセンブルするのかなどいろいろ種類がありましたよね。そのなかで自分のプロジェクトはどういうカテゴリーなのか。先ほど8選のグループを4つに分けて「○○対決」という風に言いましたけど、別に面白おかしくやっているわけではなくて、その立ち位置というものを皆さんに可視化する例なわけです。例えば「絵画対決」とか「受肉対決」とか「断片文脈対決」などがありましたけれど、自分のプロジェクトがどういうフィールド、テリトリーで戦っているのかをきちんとわきまえて、認識して、そのなかでどういうことを示そうとしているのかという前提の部分ですよね。それを明確化しないと何と戦っているのか、どこに石を投じようとしているのか、受け手としてはよくわからなくなる。何に、誰に向かって叫んでいるかがわからないから「ちょっとよくわからないよね」と、評価されなくなってしまうわけです。それが明確化されると、この人は例えばアートと建築があるなかで、建築寄りに立って建築の蓄積でアートと建築をつなごうとしているんだということが理解される。そうすると、そのなかでその人の特殊性とか個別性が見えてきて、上手くいっているのかいっていないのかという評価ができると思います。だから今日評価された人も、残念ながら評価されなかった人も、共通の話だと思うので是非とも認識していただきたいというのが1つ目です。2つ目は問題設定とプロジェクトのつなぎ方です。これは昨日クリティークの先生からもお話があったのですが、皆さんのプロジェクトは総じて問題設定とかコンセプトメイキングというのがあり、それを具体的な形とか建築、あるいは絵画にどういう風に変換していくのかが少し粗雑であったり、エネルギーが足りなかったりすると指摘されました。やはりそこだと思います。1つ目の立ち位置とか、問題設定やコンセプトの良し悪しで僕らは評価しているわけではないんですよ。そこの妥当性や的確さも大事ではあるのですが、どちらかというとそのことをどうやって最終的なプロジェクトにつなぐのかということです。プロジェクトはプロジェクションですから映すことであり、変換して具体的な何かに換えることです。そのプロセスというのをざっとザーッと適当にやってしまっているという人が結構多いわけですね。そこに綿密なリサーチがあったり、あるいは自分なりの考えがあると、プレゼンボードや模型からそれがにじみ出てきます。それが僕らにはよくわかるので、問題設定とプロジェクトのつなぎ方をどれだけ真剣にできたかということが問われるわけです。内藤廣さんがよく言っていますが、こういうアンビルドのプロジェクト、実現しないペーパーアーキテクチャーの場合に「どうせ」という風に思わなかったかどうか。皆さんがプロジェクトに関わったときに「どうせできないだろう」、「どうせ実現しないから」ということをどこか頭の片隅で思ってしまうと、そのプロジェクトを変換するという作業でどこか力が抜けてしまったり、本気度が抜けてしまったりする。そこで内藤さんは「どうせと思うな」と言います。本当に自分たちが今考えているものが現実の社会、現実の敷地でできるんだと、そういう前提で考えたら本気でやるよね。人命に関わったり、環境に影響を及ぼしたりするものですよね建築は。だからその変換のなかでどれだけ本気で、「どうせ」と思わずに向き合うことができたかということを是非皆さんに考えて欲しいです。それができた人がおそらく、今日ファイナルで壇上に上がった人だと思うし、残念ながら評価されなかった人は、その部分で何か少し足りなかったものがあるのかもしれない。そういうことを全体の審査を通じて非常に痛感しました。この2つのポイントについて、自分のプロジェクトではどうだったかを思い返して、それこそレビューしてみてください。

「どうせ」と思わずに向き合うことができたかということを是非皆さんに考えて欲しいです。

# Tanaka Review

田中 智之 講評

### 実行委員会／総務部

| | | |
|---|---|---|
| 実行委員長 | 日野 友太 | 九州大学3年 |
| 副実行委員長 | 西田 仁誠 | 九州大学3年 |
| 庶務 | 坂口 航平 | 九州大学3年 |

### 運営部

| | | | | | |
|---|---|---|---|---|---|
| 部長 | 水崎 裕也 | 九州大学3年 | | 石本 大歩 | 九州大学2年 |
| 副部長 | 鹿 圭登 | 佐賀大学2年 | | 永田 美咲 | 佐賀大学1年 |
| | 樋口 大成 | 佐賀大学2年 | | 森重 舞 | 福岡大学2年 |
| | 板谷 尚樹 | 佐賀大学1年 | | 彌永 楓 | 福岡大学2年 |
| | 吉永 広野 | 九州産業大2年 | | 白坂 沙佑希 | 福岡大学2年 |
| | 井本 大智 | 九州産業大2年 | | 山口 真希 | 福岡大学1年 |
| | 永田 智陽 | 九州産業大2年 | | 福田 葉音 | 福岡大学2年 |
| | 岩田 裕里 | 九州大学2年 | | 李 一諾 | 九州大学1年 |

## 広報部

| | | |
|---|---|---|
| 部長 | 樋口 紗矢 | 九州大学3年 |
| 副部長 | 今泉 達哉 | 熊本大学2年 |
| | 香月 みき | 九州大学2年 |
| | 関本 廉太郎 | 九州大学2年 |
| | 吉崎 颯一郎 | 福岡大学2年 |
| | 坂本 叡女 | 佐賀大学1年 |
| | 平川 成美 | 九州産業大1年 |
| | 池上 愛 | 熊本大学1年 |

## 財務部

| | | |
|---|---|---|
| 部長 | 山口 わかな | 九州大学3年 |
| 副部長 | 奥田 康太郎 | 佐賀大学3年 |
| | 舛友 飛斗 | 熊本大学3年 |
| | 佐野 春佳 | 九州大学2年 |
| | 吉留 仁哉 | 福岡大学2年 |
| | 荒川 みなみ | 九州産業大1年 |
| | 小村 茉優 | 佐賀大学1年 |
| | 大渕 瑞季 | 福岡大学1年 |

# NIKKEN
## EXPERIENCE, INTEGRATED

## 日建設計

代表取締役社長　亀井忠夫
執行役員 九州代表　妹尾賢二

| | | |
|---|---|---|
| 東　京 | 東京都千代田区飯田橋2-18-3 | Tel. 03-5226-3030 |
| 大　阪 | 大阪市中央区高麗橋4-6-2 | Tel. 06-6203-2361 |
| 名古屋 | 名古屋市中区栄4-15-32 | Tel. 052-261-6131 |
| ●九　州 | 福岡市中央区天神1-12-14 | Tel. 092-751-6533 |

支社・支所　北海道、東北、神奈川、静岡、長野、北陸、京滋、神戸、中国、熊本、沖縄
　　　　　　上海、北京、大連、ソウル、ハノイ、ホーチミン、シンガポール、バンコク、ドバイ、
　　　　　　リヤド、モスクワ、バルセロナ

http://www.nikken.jp

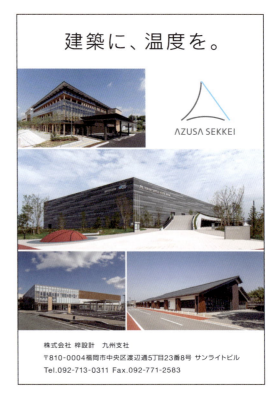

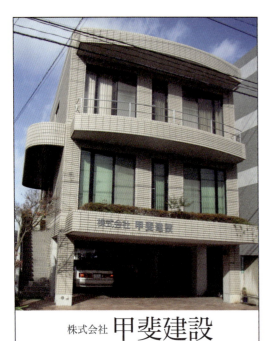

株式会社 大建設計

九州事務所
福岡市博多区住吉 3-1-1 富士フイルム福岡ビル 8F
TEL. 092-291-0717　　FAX. 092-291-0720　〒812-0018

本　社　東京都品川区東五反田 5-10-8 大建設計東京ビル
　　　　TEL. 03-5424-8600　　FAX. 03-5424-8615　〒141-0022
事務所　東京・大阪・名古屋・九州・札幌・広島
　　　　東北・沖縄・北九州・京都・静岡・横浜
　　　　松山・徳島・国際事業部・プラント事業部・医療事業部

http://www.daiken-sekkei.co.jp

TAIYO SEKKEI

株式会社　太陽設計

代表取締役社長　田中　一樹

本社/福岡市中央区草香江2丁目1-23
TEL 092-761-1266　FAX 092-761-4655
支社/東京都港区芝大門2丁目4-8 9F
TEL 03-6809-1350　FAX 03-6809-1351

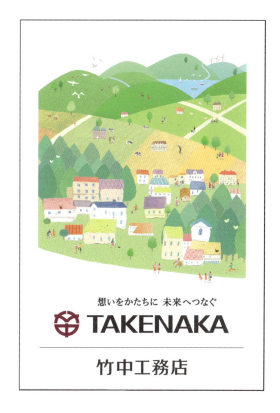

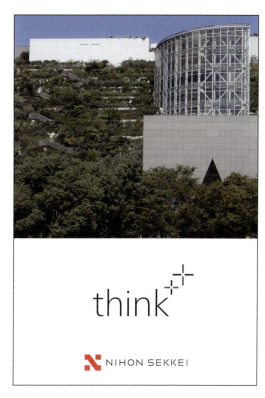

「建築士登録は建築士会へ」

公益社団法人
福岡県建築士会

会　長　鮎川　透

〒812-0013
福岡市博多区博多駅東3-14-18
　　　　福岡建設会館6F

Tel (092) 441-1867／Fax (092) 481-2355
E-mail : shikaihu@crocus.ocn.ne.jp
URL : http://www.f-shikai.org/

窓から夢をひろげていきます

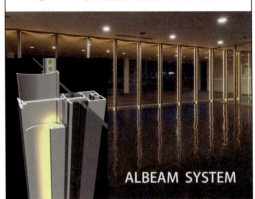
ALBEAM SYSTEM

株式会社　不二サッシ九州
〒812-0039　福岡市博多区冷泉町 2-1
博多祇園 M-SQUARE 6F
Tel 092-291-1134
Fax 092-291-1160
http://www.fujisash.co.jp/ss/kyusyu/

国内生産床材の
製造・販売・施工は
「北海道パーケット工業」へ
お任せ下さい！

北海道パーケット工業株式会社
TEL 0138-49-5871
北海道北斗市追分81-14
http://www.parquet.co.jp

MATSUYAMA
ARCHITECT
AND
ASSOCIATES

ARCHITECTURAL DESIGN.　INTERIOR DESIGN.　PRODUCT DESIGN

株式会社松山建築設計室

http://www.matsuyama-a.co.jp

株式会社 山下設計
YAMASHITA SEKKEI INC.

九州支社
〒812-0037 福岡市博多区御供所町 3-21
TEL:092-291-8030　FAX:092-291-8040

# あとがき

本年も「デザインレビュー2019」に協賛し、本設計展をまとめた作品集を発行いたしました。24回目を迎えた本年度も、開催地である九州をはじめ全国各地の学生の皆様より数多くの出展があり、本設計展は建築を議論・批評する場としてさらなる発展を見せています。本誌では、出展者の皆様の熱意の込められた作品を詳しく紹介しているほか、ポスターセッションやプレゼンテーション、選抜議論など、会期2日間に渡る審査・講評での貴重な議論を多数収録しており、資料としても大変価値のある、有益な内容となっております。また、出展者とクリティークによるライブ感溢れるリアルな対話が収められた本誌は、これから学校の課題や卒業設計などに取り組む学生の方々にとって非常に参考となる一冊です。本誌が社会に広く発信され、より多くの方々に読み継がれていくことを、そして「デザインレビュー」の今後の益々の発展を願っております。

私たち総合資格学院は、「ハイレベルなスキルと高い倫理観を持つ技術者の育成を通じ、安心・安全な社会づくりに貢献する」ことを企業理念として、創業以来、建築関係を中心とした資格スクールを運営してきました。昨今、「労働人口の減少」は社会全体の問題となっており、建設業界の「技術者」の不足が深刻化しています。当学院にとっても、技術者不足解消は使命であると考え、有資格者をはじめとした建築に関わる人々の育成に日々努めております。

その一環として、将来の活躍が期待される、建築の世界を志す学生の方々がさらに大きな夢を抱き、志望の進路に突き進むことができるよう、さまざまな支援を行っております。「デザインレビュー」をはじめとした全国の卒業設計展への協賛、設計コンクール・コンペティションの開催やそれらの作品集の発行、建設業界研究セミナーなどは代表的な例です。

「デザインレビュー2019」に参加された学生の皆様、また本誌をご覧になった若い方々が、時代の変化を捉えて新しい建築の在り方を構築し、高い倫理観と実務能力を持った建築家そして技術者となって、将来、家づくり、都市づくり、国づくりに貢献されることを期待しております。

総合資格学院 学院長
岸 隆司

はじめに、デザインレビュー2019を共催、後援、協賛いただいた多くの企業、団体、個人の皆様、全国から福岡に集まってくださった出展者の皆様、また当日に会場に足を運んでくださった来場者の皆様に今年度も大会を成功させることが出来ましたことを心より御礼申し上げます。

本大会は「繋花」というテーマのもと、大会を通じて関わったすべての人が刺激を受け、新たな価値観やアイデアの蕾が花開くことを目指して開催されました。本誌もそのテーマに則り、新たな蕾を見つけるきっかけの一つとなることを目指して製作致しました。

デザインレビューの最も大きな特徴は、出展者とクリティークが直接議論を交わすことが出来るということです。今年度も非常にたくさんの熱い議論が会場内では交わされていました。本誌ではそのポスターセッションを多く掲載することで、読者の皆様に少しでも大会当日の熱気が伝わればと考えています。

デザインレビュー実行委員として記録誌の制作に関わるのは昨年に続き二度目でしたが、先輩に頼りっぱなしだった昨年と違って自分がやらなければいけない立場になり、一から本を作る大変さを実感しました。特に編集スタッフの皆様にはお手数をお掛けすることが多く、大変申し訳なく感じています。そんな中でも丁寧にご指導いただき、普通は経験できない貴重な体験をさせていただきました。

本誌を制作するにあたり、誌面デザイン及び編集作業に尽力していただきましたゴーリーデザイン大川松樹様、大会当日の過密スケジュールの中で膨大な量の写真を撮影してくださったTechni Staffイクマサトシ様、中村勇介様、様々なデータ提供にご協力頂いた出展者の皆様、クリティークの先生方、予選審査員の先生方に心より御礼申し上げます。また、本誌発行を引き受けてくださいました総合資格学院岸隆司学院長及び梶田悠月様をはじめとする出版局の皆様、そして本大会に関わっていただいたすべての方々へ重ねて御礼申し上げます。

デザインレビュー2019実行委員会 広報部副部長
今泉 達哉

## 特別協賛

株式会社総合資格　総合資格学院

## 協賛団体

一般社団法人日本建築学会九州支部
JIA 九州支部
JIA 九州支部 大分地域会
JIA 九州支部 鹿児島地域会
JIA 九州支部 長崎地域会
JIA 九州支部 福岡地域会
JIA 九州支部 福岡地域会 協力会

## 企業協賛

アサヒ製鏡株式会社
株式会社梓設計 九州支社
株式会社甲斐建設
株式会社鹿島技研
鹿島建設株式会社
株式会社建築企画コム・フォレスト
株式会社佐藤総合計画
三協立山株式会社　三協アルミ社
株式会社志賀設計
新産住拓株式会社
株式会社スズキ設計
積水ハウス株式会社 アイランドシティ開発室
株式会社大建設計 九州事務所　九州事務所長 木幡悟
大光電機株式会社
株式会社太陽設計　代表取締役 田中一樹
髙藤建設株式会社
株式会社竹中工務店九州支店
立川ブラインド工業株式会社 福岡支店
学校法人中村産業学園(九州産業大学)
株式会社日建設計 九州オフィス
日本コンクリート工業株式会社 九州支店　支店長 吉野哲也
株式会社日本設計 九州支社
株式会社 野口直樹建築設計事務所　代表取締役 野口直樹
博多イベントセンター　代表取締役 門野美郎
公益社団法人福岡県建築士会　会長 鮎川透
株式会社不二サッシ九州
北海道パーケット工業株式会社 九州営業所
株式会社松山建築設計室　松山将勝
株式会社三津野建設
株式会社メイ建築研究所
株式会社森裕建築設計事務所
株式会社 YAMAGIWA 九州支社
株式会社山口瞬太郎建築設計事務所　山口瞬太郎
株式会社山下設計 九州支社
株式会社ライフジャム 一級建築士事務所

## 個人協賛

| | | | |
|---|---|---|---|
| 鮎川 透 | 株式会社環・設計工房 | 豊田 宏二 | トヨダデザインラボ |
| 有吉 兼次 | 有限会社ズーク | 中原 崇志 | |
| 家原 英生 | 有限会社Y設計室一級建築士事務所 | 中俣 知大 | 一級建築士事務所数寄楽舎有限会社 |
| 池浦 順一郎 | DABURA.i 一級建築士事務所 | 根本 修平 | 福山市立大学 |
| 板野 純 | ナガハマデザインスタジオ一級建築士事務所 | 馬場 泰造 | 有限会社草設計事務所 |
| 市川 清貴 | 有限会社市川建築設計事務所 | 林田 俊二 | 株式会社建築企画コム・フォレスト |
| 伊藤 隆宏 | 伊藤建築都市設計室一級建築士事務所 | 東大森 裕子 | 東大森裕子時空間設計室 -V |
| 井本 重美 | 株式会社無重力計画 | 樋口 稔 | 株式会社日新技建一級建築士事務所 |
| 上田 眞樹 | 有限会社祐建築設計事務所 | 福田 哲也 | 株式会社アーキタンツ福岡一級建築士事務所 |
| 上村 清次 | 上村設計工房 | 古森 弘一 | 株式会社古森弘一建築設計事務所 |
| 角銅 剛太 | 有限会社福岡建築設計事務所 | 堀田 実 | 有限会社堀田総合設計 |
| 川津 悠嗣 | 一級建築士事務所かわつひろし建築工房 | 前田 哲 | 株式会社日本設計　九州支社 |
| 小島 衆太 | 株式会社畝森泰行建築設計事務所 | 牧 敦司 | 株式会社醇建築まちづくり研究所 |
| 佐々木 翔 | 株式会社INTERMEDIA | 松田 満成 | マツダグミ一級建築士事務所 |
| 志賀 勉 | 九州大学 | 三迫 靖史 | 株式会社東畑建築事務所 |
| 末廣 香織 | 九州大学 | 三島 伸雄 | 佐賀大学 |
| 末廣 宣子 | NKSアーキテクツ | 水野 宏 | 株式会社水野宏建築事務所 |
| 田中 康裕 | 株式会社キャディスと風建築工房 | 森 浩 | 株式会社日本設計　九州支社 |
| 田中 俊彰 | 有限会社田中俊彰設計室一級建築士事務所 | 柳瀬 真澄 | 柳瀬真澄建築設計工房 |
| 谷口 遵 | 有限会社建築デザイン工房一級建築士事務所 | 山澤 宣勝 | てと建築工房 一級建築士事務所 |
| 趙 世晨 | 九州大学 | 和田 正樹 | 株式会社和田設計コンサルタント |

※五十音順　敬称略